शंकर पुणताम्बेकर

शंकर पुणताम्बेकर का जन्म 26 मई, 1925 को कुंभराज, गुना, मध्यप्रदेश में हुआ था। उन्होंने एम.ए. (हिन्दी), एम.ए. (इतिहास), पी-एच.डी. (हिन्दी) की उपाधि प्राप्त की। 1947 से 1960 तक विदिशा, मध्य प्रदेश और 1960 से 1985 तक जलगाँव, महाराष्ट्र में अध्यापन किया।

उनकी प्रमुख रचनाएँ हैं—*शतरंग के खिलाड़ी, दुर्घटना से दुर्घटना तक, मेरी फाँसी, गिद्ध मँडरा रहा है, कैक्टस के काँटे, प्रेम-विवाह, विजिट यमराज की, अंगूर खट्टे नहीं हैं, बदनामचा, तीन व्यंग्य नाटक, व्यंग्य अमरकोश, पतनजली, बाअदब बेमुलाहज़ा, एक मंत्री स्वर्गलोक में, जहाँ देवता मरते हैं, बिखरे पन्ने, रावण तुम बाहर आओ!, हरियाली और काँटे, कलंक रेखा, सबसे छोटा आदमी, शीशों के टुकड़े, रेडिमेड कपड़े।*

उन्हें *चकल्लस पुरस्कार, व्यंग्यश्री, मुक्तिबोध पुरस्कार, अक्षर साहित्य सम्मान* और केन्द्रीय हिन्दी निदेशालय के *अहिन्दी भाषी साहित्यकार पुरस्कार* से सम्मानित किया गया।

31 जनवरी, 2016 को उनका निधन हुआ।

एक मंत्री स्वर्गलोक में

शंकर पुणताम्बेकर

राजकमल पेपरबैक्स

राजकमल पेपरबैक्स में
पहला संस्करण : 1994
तीसरा संस्करण : 2025

राजकमल पेपरबैक्स : उत्कृष्ट साहित्य के जनसुलभ संस्करण

राजकमल प्रकाशन प्रा. लि.
1-बी, नेताजी सुभाष मार्ग, दरियागंज
नई दिल्ली-110 002
द्वारा प्रकाशित

शाखाएँ : अशोक राजपथ, साइंस कॉलेज के सामने, पटना-800 006
पहली मंजिल, दरबारी बिल्डिंग, महात्मा गांधी मार्ग, प्रयागराज-211 001
1, अनमोल सोराबजी सन्तुक लेन, मरीन लाइंस, मुम्बई-400002

वेबसाइट : www.rajkamalprakashan.com
ई-मेल : info@rajkamalprakashan.com

विकास कम्प्यूटर एंड प्रिंटर्स
ट्रॉनिका सिटी-201 102
द्वारा मुद्रित

मूल्य : ₹299

EK MANTRI SWARGLOK MEIN
Novel by Shankar Puntambeker

ISBN : 978-81-7178-315-1

प्रिय श्री अशोक रुद्र को

सस्नेह

श्रीगणेशायनमः

प्रयाण और प्रवेश

एक मंत्री महोदय स्वर्गलोक पहुँच गए।

हाँ, स्वर्गलोक!

मंत्री और स्वर्गलोक! यह कैसे सम्भव है। कोई मंत्री स्वर्गलोक कैसे पहुँच सकता है। कहीं कोई भूल जरूर है। या तो वह सच्चे मंत्री नहीं थे या स्वर्गलोक में ही कोई खोट आ गया है। नहीं साहब, कहीं कोई भूल नहीं है। मंत्री महोदय सच्चे मंत्री थे और स्वर्ग में भी कोई खोट नहीं आया है। पूरा किस्सा तो सुनिए। फिर इस बारे में कोई शंका नहीं रह जाएगी।

मृत्यु के पूर्व ये मंत्री महोदय, जिनका नाम था अ, एक लम्बे दौरे के बाद कार से राजधानी लौट रहे थे। अ के साथ उनके ड्राइवर के अलावा ब और क भी थे। ब उनकी पर्सनल असिस्टेंट थी और क उन्हीं के दल के एक साथी। वास्तव में क को अ का साथी मात्र कहना उचित न होगा। यह उनके अत्यन्त निकट के मित्र थे। अ ने आज तक के सभी चुनाव इन्हीं की मेहनत और हथकंडों से जीते थे। कोई आध घंटे पूर्व ही एक बस्ती से गुजरते हुए अ की इनसे भेंट हो गई थी और वे राजधानी जाने के लिए उनके साथ हो लिये थे। कार तेजी से चली जा रही थी कि एक मोड़ पर वह किनारे के एक पेड़

से जा टकराई और पलक झपते न झपते उतार से लुढ़कती हुई नीचे जा गिरी। नतीजा यह हुआ कि ड्राइवर को छोड़ (बड़े आश्चर्य की बात) अ, ब, क तीनों बुरी तरह घायल हो गए।

यमराज, जो उसी पेड़ के पीछे छिपे थे, तीनों के प्राणों को समेटने के लिए फौरन कार के पास पहुँचे।

यमराज ने ज्यों ही अ की ओर हाथ बढ़ाया, वे चिल्ला उठे, "कौन हो तुम? यहाँ क्या करने आए हो?"

"मैं यमराज हूँ। देख नहीं रहे मेरा भयानक रूप? बहुत दिखा चुके धरती पर खेल। अब मैं तुम्हें यहाँ से ले जा रहा हूँ।"

सुनकर अ चौंक गए। फिर भी हिम्मत करके बोले, "तुम जितने भयानक हो, उतने ही क्रूर और निर्मम भी। कैसा अचानक हमला किया तुमने! जानते नहीं, धरती को हमारी कितनी आवश्यकता है? मेरे तो कितने ही काम अधूरे पड़े हैं।"

यमराज ने सुना तो हँस पड़े। बोले, "हाँ-हाँ, जानता हूँ। तुम्हारी एक इमारत अभी अधूरी पड़ी है। कुछ रिश्तेदारों को दिये हुए वचन भी पूरे नहीं हो पाए हैं। तुम्हारा बेटा भी अभी..."

बीच ही में ब बोल उठी, "आपको कैसे मालूम हैं ये बातें?"

यह सुनकर यमराज ब की ओर देखकर मुस्कुराए। बोले, "मुझे कैसे मालूम हैं, यह भी कोई सवाल हुआ! मुझे तो और भी बहुत-सी बातें मालूम हैं। लेकिन वे तुम सुनना पसन्द नहीं करोगी। कहो तो सुनाऊँ!"

ब को काटो तो खून नहीं। वैसे वह पहले ही डर चुकी थी और बहुत सारा खून इधर-उधर बह चुका था। यमराज और आगे न बोलें यह सोचकर वह एकदम नरम हो गई और धीमे से उनके कान में बोली, "कृपया चुप ही रहें। वरना इन क के सामने मैं लज्जा से पानी-पानी हो जाऊँगी।"

यमराज ने अब तीनों की आत्माओं को उनके शरीरों से अलग किया और आकाश की ओर देखकर विशिष्ट प्रकार की आवाज की। तभी वहाँ एक यमदूत आ उपस्थित हुआ।

यमराज ने उन तीनों की ओर इशारा करते हुए उससे कहा, "इन्हें ले जाओ।"

यमदूत ने अ की आत्मा को देखा और फिर उनकी देह की ओर।

"क्या देख रहे हो?" यमराज ने कहा, "अ के शरीर की मुटाई देखकर डर रहे हो? अरे, इनका शरीर जितना भारी है, आत्मा उतनी ही हल्की, बिलकुल भूसे की तरह। शायद तुम्हारा, ऐसे लोगों को ले जाने का यह पहला ही अवसर है। निकालो अपना बोरा और भर लो उसमें इन तीनों की आत्माओं को।"

यमदूत अपने कन्धे पर बोरा लिये हुए था। उसने उसे उतारा और तीनों की आत्माओं को उसमें भर लिया।

जब वह उस बोरे को कन्धे पर डालकर चलने लगा तो यमराज ने कहा, "और देखो, चित्रगुप्त से कहना, वे इनके मामलों पर विचार करें और फैसला सुना दें।"

इधर धरती पर भुखमरी, हत्याकांड, आगजनी जैसी बढ़ती हुई वारदातों के कारण यमराज का काम बहुत बढ़ गया था। उन्हें अपने दूत कम पड़ने लगे थे। फिर महत्त्वपूर्ण वारदातों के लिए स्वयं उन्हें जाना पड़ता था। अत: अपने दरबार में मामले पेंडिंग न रहें, इसलिए उन्होंने अपने पाप-पुण्य के चीफ रेकॉर्ड-कीपर चित्रगुप्त को भी उनकी सुनवाई करने और फैसला सुनाने के अधिकार दे दिये थे।

"ठीक है!" यमदूत ने कहा और ऊपर की ओर चल दिया।

इधर बोरे में अ की आत्मा बड़ी व्याकुल हो उठी। यह उन्हें कैसे कचरे की तरह ले जाया जा रहा है। उन्होंने स्कूल में पढ़ा था कि महान आत्माओं को ऊपर पुष्पक विमान से ले जाया जाता है। क्या स्वर्ग में विमानों को तेल नहीं मिल रहा? हमारे देश की तरह वहाँ भी पेट्रोल की कमी हो गई है? उन्होंने पास ही पड़ी, क की आत्मा से कहा, "यमराज ने हमारी जान तो ले ली, लेकिन उसे हमारे साथ इस तरह का जंगली व्यवहार नहीं करना चाहिए था, यही ऊपर बोरे में भरकर भेजने का! आखिर उसे हमारी पोजीशन का तो खयाल करना चाहिए था।"

"मैं भी यही सोच रहा हूँ," क ने कहा, "यमराज को कम-से-कम तुम्हारे साथ तो ऐसा सलूक नहीं करना चाहिए था। जिसके लिए धरती पर

चन्दन की चिता सजेगी, भावभीनी श्रद्धांजलियों के अम्बार लग जाएँगे, उसकी आत्मा को इधर बोरे में भरकर ले जाया जाए! कैसी विडम्बना है!"

सुनकर अ ने दीर्घ नि:श्वास छोड़ा और बोले, "ओह! आज इस आत्मा में कितनी तड़पन है!"

क ने आगे कहा, "बस, तुम्हारा तन ही भाग्यवान रहा। क्या मरने से पहले और क्या मरने के बाद।"

ब एक कोने में इन दोनों से कुछ दूर पड़ी हुई थी। क की बात सुनकर बोली, "वैसे अ के सारे क्रियाकलाप अपने तन के लिए ही हुआ करते थे। आत्मा की बात तो उन्हें आज मरने के बाद सूझ रही है।"

इस पर अ ने चिढ़कर कहा, "तुम तो शायद हमेशा आत्मा की ही सोचती थीं। तभी तो तुमने अपनी देह की परवाह नहीं की।"

"हाँ-हाँ, नहीं की," ब ने कहा, "लेकिन तुम क्या जानो, इससे हमारी आत्माएँ किस तरह तड़पती हैं!"

इतना कहकर उसने बोरे के एक छिद्र से बाहर निगाह दौड़ाई और दूर जाते धरती के गोले को देखती रही।

रास्ता लम्बा था। कुछ देर बाद अ ऊँघने लगे।

बाहर यमदूत ने जब बोरे के नीचे लगा कन्धा बदला तो वे हड़बड़ाकर बोल उठे, "जरा स्लो ड्राइव करो भाई! रास्ता ऊबड़-खाबड़ मालूम पड़ता है।"

इस पर क ने कहा, "हम लोग गिट्टी-मुरम के रास्ते से नहीं, आकाश-मार्ग से जा रहे हैं।"

"ओह, तो एअर-पॉकेट पर विमान डगमगाया था।"

"अरे भाई, अब भी ऊँघ रहे हो क्या? हम लोग वायुयान में नहीं, यमदूत के बोरे में हैं।"

"ओह!" अ ने स्थिति की वास्तविकता को समझते हुए कहा और आँखें खोलीं।

"यह यमराज का रास्ता है। किसी इंजीनियर का होता तो हम रास्ते की नहीं, इंजीनियर की मरम्मत करते।" क ने कहा।

"इंजीनियर की मरम्मत!" ब ने कहा, "धरती पर कितने इंजीनियरों की मरम्मत की थी आप लोगों ने?"

अ ने आँखें तरेरते हुए ब की ओर देखा। कहा कुछ नहीं।

"तुम्हारी इमारत अब अधूरी ही रह जाएगी। सरकारी इंजीनियर तो अब भला..."

"चुप रहो," अ ने बीच में ही रोषपूर्वक कहा, "क्यों मुझे नंगा करने पर तुली हुई हो?" सुनकर ब मुस्कुरा दी और धीरे से बोली, "छिः, कैसी बात करते हो!"

"यह टाट साला चुभ रहा है। न मालूम हमारी यात्रा कब समाप्त होगी।" कुछ देर की चुप्पी के बाद अ ने कहा।

"स्वर्ग में तो सुना था रेशम-ही-रेशम होता है।" क बोले।

"हमारे देश की तरह इन लोगों के यहाँ भी यात्रा की तीन श्रेणियाँ मालूम होती हैं—रेशमी, सूती और टाट की।" ब ने कहा।

"हम ही यदि टाट-श्रेणी में जा रहे हैं तो सामान्य लोग किस श्रेणी में जाते होंगे। जरूर एकाध निचली श्रेणी और होगी।" अ बोले।

"सामान्य लोग," ब बोली, "जिन्हें तुम सामान्य मानते हो, वे तो आराम से रेशम-श्रेणी में जाते होंगे। स्वर्ग में धरती-जैसी धाँधली थोड़े ही है।"

"लगता है, ये साले स्वर्ग के लोग भी विरोधी पक्ष की भाँति बड़ों को बड़ा मानने को तैयार नहीं। खैर, यहाँ टाट में भले हों, धरती पर तो ठाट में थे।" अ ने कहा।

"हाँ, ठाट तो मौत के बाद भी रहेंगे, भले ही दो दिन के लिए हों," ब ने कहा, "अखबार सुर्खियों में समाचार छापेंगे। लोगों में हाहाकार मच जाएगा। आकाशवाणी और दूरदर्शन के समाचार बुलेटिनों में आधे से ज्यादा समय तुम पर ही निछावर किया जाएगा।"

सुनकर अ को लगा, टाट की चुभन कुछ कम हो गई है।

"लेकिन इस समाचार से ड मन-ही-मन प्रसन्न हो उठेगा," क ने कहा, "अ की जगह उसी को लिये जाने की सम्भावना है।"

"यह ड मुझसे बहुत जलता था। हाईकमान को न जाने क्या-क्या सुना आता था। लेकिन उसे क्या मालूम कि हाईकमान में मेरा एक स्ट्रांग सपोर्टर बैठा हुआ है। लाख गुनाह करूँ, मेरा बाल बाँका नहीं हो सकता।"

"ओह, तभी मैं कहूँ, तुम धड़ल्ले से कानून क्यों तोड़ते चले जाते थे!" ब ने कहा।

तभी यमदूत एकाएक रुक गया। क्या स्वर्गलोक आ गया? इन लोगों ने सोचा। पर नहीं, स्वर्ग तो अभी काफी दूर था। ऊपर से धरती की ओर आ रहे एक यमदूत के मिल जाने से यह यमदूत रुक गया था।

"कहो, कहाँ से शिकार करके आ रहे हो, सुबाहु?" उस यमदूत ने पूछा।

"मेरे नहीं, यमराज के शिकार हैं," सुबाहु ने कहा, "तीन-तीन हैं।"

"ओह, तो कोई बड़े प्राणी होंगे।"

"बड़े नहीं, साधारण ही हैं। देख नहीं रहे, बोरे में लिये जा रहा हूँ।"

"डकैत या खूनी होंगे, और क्या!"

"हाँ, ऐसा ही लगता है।" सुबाहु ने कहा।

"तब तो नरक में जाएँगे। साली, इधर नरक की जनसंख्या किस कदर बढ़ती जा रही है! जमीन कम पड़ने लगी है।...अच्छा, चलूँ भाई! यमराज ने कहा है कि जल्दी-से-जल्दी धरती पर उनके पास पहुँचूँ।"

नरक की बात सुनकर अ चौंक उठे। नरक...नरक क्यों भेजा जाएगा हम लोगों को? यमराज क्या सुनवाई के पूर्व ही अपना फैसला कर लेते हैं और उसी के अनुसार आत्माओं को रेशम या टाट के बोरों में रवाना करते हैं? यदि यह बात है, तो इस दूसरे लोक में निरा अन्धेर है। साली इस कैद से छूटकर कहीं जा भी नहीं सकते।

अ न जाने और क्या-क्या सोचते रहे। उनके चेहरे पर उदासी और मलिनता छा गई। इस तरह मुँह लटक जाने की नौबत पाँच वर्ष में सिर्फ एक बार आती थी, चुनाव के बाद मतगणनावाले दिन। जब-जब वे सुनते कि उनके निकटतम प्रतिद्वन्द्वी के मतों की संख्या उनके मतों से आगे बढ़ गई है, तो उनका मुँह बलि के बकरे की तरह अत्यन्त दीन-हीन और करुणाजनक हो जाता था।

"क्यों, क्या सोच रहे हो?" क ने उनके उदास चेहरे की ओर देखकर कहा।

"कुछ नहीं।"

"क्या नरक की बात सुनकर उदास हो गए हो?" ब ने कहा।

अ ने यों ही हँसने की कोशिश की, यह जताने के लिए कि मैं नरक से डरता थोड़े ही हूँ। लेकिन उनकी हँसी का असर क पर भले ही हुआ हो, ब पर नहीं। उसे उस हँसी के पीछे छिपे बनावटीपन को ताड़ते देर नहीं लगी।

वह घाट-घाट का पानी पी चुकी थी। अतः जानती थी कि बड़े-बड़े लोग भी छोटी-छोटी बातों से कैसे नर्वस हो जाते हैं, लेकिन अहंवश इसे बखूबी छिपाकर भी रखते हैं। फिर अ के मामले में तो बात छोटी नहीं थी। नरक की बात थी। अतः बोली, "तुम तो बात यों टाल रहे हो जैसे हमें चित्रगुप्त के सामने नहीं, किसी जाँच-कमीशन के सामने पेश किया जाएगा। खैर, जब चित्रगुप्त के सामने पेश किये जाएँगे, तो उनसे भी निबट लेंगे।"

"मैं नहीं जाऊँगा चित्रगुप्त के सामने," अ ने चिढ़कर कहा, "आज तक लोग मेरे सामने पेश हुए हैं। मैं कभी किसी के सामने पेश नहीं हुआ।"

"ओह, तो तुम समझते हो चित्रगुप्त तुम्हारे पास आएँगे! वाह खूब!"

"यमराज ने हम पर कैसा धोखे से हमला किया। वह जानता था, मेरा मुकाबला सीधे-सीधे नहीं कर सकेगा, तो इस तरह हमला बोला।"

"हाँ, अगर सीधे बीमारी वगैरह से हमला करता तो उसकी दाल न गलती। अस्पताल में चारों ओर डॉक्टरों और नर्सों की फौज देखकर उसका दिल काँप उठता।" ब बोली।

"अरे, मुझ-जैसे देशसेवक को मारकर इसे क्या मिल गया? मारना ही इसका धन्धा है, तो नंगों-भूखों की कमी थी हमारे देश में? हम तीन की जगह वह उन्हें हजारों की संख्या में मार सकता था। लगता है यह यमराज क्रूर ही नहीं, मूर्ख भी है।"

"अपना-अपना प्लैनिंग है। हम कौन होते हैं दखल देनेवाले?" ब ने कहा।

"क्यों नहीं? यमराज के गलत प्लैनिंग से हम सफर नहीं कर रहे हैं?" अ ने कहा।

"आदमी की आँखें मौत के बाद खुलती हैं क्या? आज तुमने जाना कि गलत प्लैनिंग से लोग सफर कर सकते हैं!" ब ने छींटा कसा।

"मेरे साथ तुम लोगों को भी नाहक शिकार होना पड़ा। मैं तो खैर मना रहा हूँ कि ड्राइवर बच गया। वरना उसके साथ तो इस बोरे में मेरी रूह सूख जाती।"

"मरने के बाद भी छोटे-बड़े का भेद," ब ने कहा, "आत्माएँ तो सबकी समान होती हैं। फिर धरती पर तुम्हारा नारा समाजवाद का था।"

इस पर क ने कहा, "जरूरी तो नहीं कि वह इसी बोरे में होता। रेशम या सूत के बोरे में भी हो सकता था।"

"फिर तो मैं उसे मुँह दिखाने लायक ही न रह जाता।" अ ने कहा।

"खैर, छोड़ो इन बातों को," ब ने कहा, "मैं चित्रगुप्त से कहूँगी, हम लोगों को नरक में नहीं, स्वर्ग में स्थान दिया जाए।"

"तुम समझती हो चित्रगुप्त तुम्हारी बात मान जाएँगे?" अ ने शंका प्रकट की।

"क्यों नहीं मानेंगे, जब धरती पर बड़े-बड़े लोग मेरी बात मानते थे।"

"भूल रही हो, अब तुम एक मंत्री की पर्सनल असिस्टेंट नहीं हो, और जिससे बात करोगी वह भी किसी महकमे का अफसर, फैक्टरी का मालिक या समाचार-पत्र का सम्पादक नहीं होगा। वह चित्रगुप्त है, यमराज का प्रमुख सहायक।" अ ने कहा।

"जानती हूँ," ब ने कहा, "लेकिन यह समझ लो, वह चित्रगुप्त है तो मैं बहूँ। मंत्री की पर्सनल असिस्टेंट आज भले न रह गई होऊँ, उसका तजुरबा तो रह गया है मेरे पास। वह तो यमराज ने नहीं छीन लिया।"

बाहर यमदूत तेजी से ऊपर बढ़ा जा रहा था। अन्दर अब वे तीनों मौन थे। अ फिर ऊँघने लगे थे। क छिद्ररूपी खिड़की में से बाहर आकाश की छटा निहारने में खोए हुए थे, जबकि ब बिलकुल मौन बैठी हुई थी। उसकी उस मौन मुखमुद्रा से लगता था कि वह किसी गहरे सोच में डूबी हुई है। शायद चित्रगुप्त से निबटने की बात सोच रही थी।

यमदूत जब स्वर्ग की जमीन पर पहुँचा, तो उसने तीनों को बोरे के बाहर उड़ेला और कहा, "लो भाई, आ गया स्वर्ग। अब जाकर कतार में खड़े हो जाओ!"

"कतार, कैसी कतार?" अ ने जैसे-तैसे उठते हुए कहा।

जिस स्थान पर इन्हें उड़ेला गया था, वह दूर तक फैला हुआ एक मैदान था। इसी मैदान में कुछ दूरी पर एक सुन्दर महल था और इस महल के सामने एक लम्बी क्यू लगी हुई थी। इसी क्यू की ओर इशारा करते हुए यमदूत ने कहा, "देखो, उस कतार में।"

उस क्यू को देखकर अ ने आश्चर्य के साथ कहा, "अरे, यहाँ यह क्यू कैसी? हमारे देश की भाँति यहाँ भी राशन की दुकानें हैं क्या?"

"नहीं जी! यह राशन की कतार नहीं है। यह महल यमराज की अदालत है। लोग अपना फैसला सुनने के लिए इस कतार में खड़े हैं।"

"यमराज की अदालत क्या लम्बी छुट्टियों के बाद खुली है आज? इतनी भारी संख्या में खड़े हैं लोग।"

"नहीं जी! लोग रोज ही इतनी संख्या में मरते हैं।" यमदूत ने कहा।

"इतनी बड़ी दुनिया में रोज इतने लोग तो मरेंगे ही।" क ने कहा।

"नहीं, यह कतार दुनिया के लोगों की नहीं है," यमदूत ने कहा, "सिर्फ तुम्हारे देश के लोगों की है। और लोगों के स्वर्ग-नरक दूसरी तरफ हैं।"

"ओह, तो यहाँ धरती के देशों के हिसाब से स्वर्ग-नरक हैं।" ब ने कहा।

"देशों के हिसाब से नहीं, पन्थों के हिसाब से हैं। जैसे ईसाइयों के अलग, पारसियों के अलग। हाँ, भारत के सभी सम्प्रदायों के स्वर्ग-नरक एक ही हैं।" यमदूत ने समझाया।

"तो हमारे अकेले एक देश में इतने लोग मरते हैं।" अ ने आश्चर्य से कहा।

"पहले तो इतने नहीं मरते थे," यमदूत ने कहा, "इधर 20-22 वर्षों से ज्यादा मर रहे हैं।"

"क्यों, क्यों मर रहे हैं ज्यादा?" अ बोले, "वहाँ बरसों से न कभी महामारी फैली है, न प्लेग।"

"बेशक-बेशक! लेकिन महामारी और प्लेग से भी भयंकर बीमारियाँ फैली हुई हैं तुम्हारे देश में।"

"महामारी और प्लेग से भी भयंकर बीमारियाँ! कौन-सी बीमारियाँ," अ ने कहा, "हम लोगों के तो देखने में नहीं आईं।"

इसका जवाब ब ने दिया। बोली, "तुम लोगों के देखने में कैसे आ सकती हैं? प्लेग जब फैलती है तो चूहों के देखने में नहीं आती!"

अ की समझ में कुछ नहीं आया। समझने के चक्कर में भी वे नहीं पड़े।

"इस लम्बी कतार में तो हमें बड़ी देर तक खड़ा रहना पड़ेगा।" क ने कहा।

"नहीं जी, हम कतार में नहीं खड़े होंगे।" अ ने कहा।

"क्यों?" यमदूत ने पूछा।

"हम साधारण आदमी नहीं हैं जो राशन लेनेवालों की तरह यहाँ कतार में खड़े रहें। हम धरती पर मंत्री थे।"

"ओह मंत्री!" यमदूत ने कहा, "तब तो तुम्हें देखना ही चाहिए कि साधारण लोगों को राशन की दुकानों के सामने कितनी तकलीफ उठानी पड़ती है। भूखे-प्यासे घंटों लाइन में खड़े रहते हैं बेचारे!...सुनो, तुमसे भी बड़े लोग खड़े हैं यहाँ।"

"हमसे भी बड़े लोग!" अ ने कहा, "हमसे भी बड़ा कोई हो सकता है! कुछ भी हो, हम कतार में नहीं खड़े रहेंगे। तुम हमारे लिए चित्रगुप्त से समय तय कर लो। आज का, कल का, कभी का भी। तब तक हम यहाँ किसी रेस्टहाउस या टूरिस्ट बँगले में रहेंगे।"

"यहाँ ऐसा कोई रेस्टहाउस या टूरिस्ट बँगला नहीं है।" यमदूत ने कहा।

"नहीं है तो हम रुकेंगे कहाँ? हम बिलकुल थक गए हैं। आराम की हमें सख्त जरूरत है।"

"यहाँ खुले में कहीं भी कर सकते हो आराम। तमाम लोग इसी तरह पड़े रहते हैं।"

"एक आदमी जो मंत्री था, उससे तुम कैसी बातें कर रहे हो!" अ ने चिढ़कर कहा।

तभी महल के अन्दर से एक आदमी उछलता-कूदता आया और द्वार पर रुककर उल्लास भरी आवाज में बोला, "भाइयो, मुझे स्वर्ग मिला है, स्वर्ग! हा...हा...स्वर्ग!" इतना कहकर वह उसी तरह उछलता-कूदता अन्दर चला गया।

तभी कतार में खड़ा एक आदमी चिल्लाया, "अरे, यह तो मेरे गाँव का मेहतर था।"

"क्या, मेहतर! यह स्वर्गलोक है या अन्धेरनगरी? अछूत को स्वर्ग में स्थान।" अ बोल उठे।

सुनकर ब हँसी। कहा, "धीरे बोलो। अगर कतार में तुम्हें पहचाननेवाले लोग होंगे तो वे कहेंगे, यह वही मंत्री है जो समानता का ढोल पीटा करता था। अरे, जिसके जैसे काम होंगे, उसी के हिसाब से तो उसे स्वर्ग-नरक मिलेगा।"

"हाँ, तो तुमने हमारे ठहरने के बारे में क्या सोचा?" अ ने यमदूत से कहा।

तभी ब ने कुछ सोचकर यमदूत की ओर एक कटाक्ष फेंका। ब काफी सुन्दर थी। उसकी अतीव सुन्दरता का अनुमान इसी से लगाया जा सकता है कि उसकी नियुक्ति से पूर्व अ ने योग्य उम्मीदवार के चुनाव के बहाने अनेक सुन्दरियों के इंटरव्यू लिये थे। अत: ब के एक कटाक्ष से ही यमदूत क्षत-विक्षत हो गया, यद्यपि वह मानव प्राणी नहीं था।

"ओह, कितने अच्छे हो तुम!" ब फुसफुसाई और यमदूत पर दूसरा वार किया।

यमदूत तो अब जैसे अपनी सुध-बुध ही खो बैठा।

धरती का प्रयोग यहाँ भी सफल हुआ देखकर ब ने कहा, "क्या तुम्हारे बँगले पर हमारी व्यवस्था नहीं हो सकती?"

"बँगला...मेरी तो एक छोटी अटारी है।" यमदूत ने कहा।

"अटारी...यहाँ की अटारी धरती की कोठी से क्या कम होगी! फिर मैं तो तुम्हारी झोंपड़ी में भी रहना पसन्द करूँगी।"

आखिरी बात ब ने कुछ ऐसी अदा से कही कि यमदूत की हालत ऐसी हो गई, जैसे उसे पूरी तरह से कील दिया गया हो। बोला, "ओह, तुम मेरी अटारी में रह सकते हो, तो चलो। स्वागत है।"

वह तीनों को अपने निवास स्थान की ओर ले चला।

यमराज के दरबार-महल के पीछे कुछ ही दूर छोटे-बड़े कई मकान थे। यहीं एक मकान में अन्य यमदूतों की भाँति सुबाहु भी रहता था।

घर पहुँचने पर सुबाहु ने तीनों की अच्छी खातिरदारी की और कहा, "अब तुम लोग आराम करो। मैं तब तक चित्रगुप्त के दफ्तर में तुम्हारे नाम दर्ज कराने जाता हूँ।"

"हाँ, देखो," अ ने कहा, "चित्रगुप्त से हम लोगों के लिए समय तय करना न भूलना।"

"यहाँ ऐसा नहीं होता। यह नियमबाह्य बात है।" यमदूत ने अपनी लाचारी प्रकट की।

इस पर ब बोली, "नियमबाह्य बात तो यह भी है कि कोई प्राणी यमदूत के यहाँ रुके।" फिर अपने आँचल को बखूबी खिसकने देते हुए उसने कहा, "अरे भाई, तुम कोई छोटे आसामी तो नहीं जो चित्रगुप्त बात टाल देंगे तुम्हारी!"

"अच्छी बात है, मैं कोशिश करूँगा।" यमदूत ने कहा और अपनी निगाहों को जैसे-तैसे ब की ओर से खींचकर वह दफ्तर के लिए चला।

और यमदूत चित्रगुप्त से समय तय करने में सफल भी हुआ, जो तीन दिन बाद का था।

जिस दिन चित्रगुप्त के दरबार में हाजिरी थी, ब इस तरह सजी कि उसके सामने अप्सराएँ भी फीकी पड़ जाएँ। उसने स्कर्ट-ब्लाउज पहने जिनमें उसके जिस्म की पुष्टता और वक्रता ऐसी उभर उठी कि देखनेवालों की आँखें गड़ी-की-गड़ी रह जाएँ। मेकअप भी ऐसा किया कि जूड़ा, आँखें, गाल, ठोड़ी सभी बड़े-बड़ों का संयम ढहा दें।

ब ने कपड़े और मेकअप आदि का सामान यमदूत के हाथों धरती से मँगवा लिया था। ड्यूटी बजाने वह रोज ही धरती पर जाता था। दूसरे दिन जब वह काम पर निकला तो ब ने उसके हाथ में एक लिस्ट थमा दी और कहा, "देखो, धरती से ये चीजें लेते आना।"

लिस्ट जब यमदूत ने देखी तो कहा, "अरे, इन चीजों की क्या आवश्यकता पड़ गई तुम्हें?"

"बताऊँगी लौटने पर।"

"ये तो यहाँ स्वर्ग में भी मिल जाएँगी।"

"नहीं मिलेंगी। जैसे ये स्कर्ट और ब्लाउज। मेकअप का सामान भी धरती-जैसा शायद ही मिले।"

यमदूत मना करने की हिम्मत नहीं कर सका था। वह ब का जैसे गुलाम बन गया था।

ब जब कठघरे में चित्रगुप्त के सामने पेश हुई तो वे और उनके मातहत उसकी ओर देखते ही रहे। उन्होंने अब तक किसी सुन्दरी को इस तरह की वेशभूषा में नहीं देखा था। वे सब उसकी ओर टकटकी लगाए देर तक देखते रहे। केशों का पहाड़, स्कर्ट-ब्लाउज का कट, होंठ, आँखें...सभी पर रुक-रुक जाती थीं नजरें। ब्लाउज का कट तो ऐसा था कि गले के नीचेवाले भाग की तरह पिछला भाग भी उतना ही आकर्षक हो सकता है, यह उन लोगों ने जैसे आज ही जाना।

“तुम्हारा नाम ब है?” चित्रगुप्त ने अपने को सँभालते हुए सवाल किया।

“जी श्रीमान!” ब ने अपने होंठों से शरारत की पंखुड़ियाँ बिखेरते हुए कहा।

“धरती से तुम अ और क के साथ आई हो?”

ब ने हाँ में गर्दन हिलाई।

“वहाँ तुम क्या करती थीं?”

“अ की पर्सनल असिस्टेंट थी।”

“पर्सनल असिस्टेंट के काम क्या-क्या होते हैं?”

“क्या करेंगे जानकर? क्या आप मुझ-जैसी कोई असिस्टेंट रखना चाहते हैं? चाहते हों तो मैं तैयार हूँ।”

यह सुनकर चित्रगुप्त के मुख पर मुस्कुराहट उभरी, हल्की-सी।

“मुझे अवसर दें। आप देखेंगे उलझे हुए मामलों में बहुत उपयोगी सिद्ध होऊँगी।”

“बड़ी चालाक हो,” चित्रगुप्त ने कहा, “कहाँ तक पढ़ी हो? कौन-सी डिगरी है तुम्हारे पास?”

“डिगरी!” ब ने मुस्कुराते हुए कहा, “जिन लोगों ने आज तक मुझे नौकरी पर रखा, किसी ने ऐसा सवाल नहीं किया। आप देख नहीं रहे, मैं खुद डिगरी हूँ।”

“मतलब?”

“अब इसका मतलब भी आपको समझाना पड़ेगा?”

दरबार के दूसरे लोग ब की इस बात पर एक-दूसरे की ओर देखते हुए मुस्कुरा उठे।

“अ के यहाँ की नौकरी से पहले तुम कहाँ थीं?” चित्रगुप्त ने अगला सवाल किया।

“एक बड़े कारखाने के मैनेजर की सेक्रेटरी थी।”

“ऊँचे-से-ऊँचे अफसरों और बड़े-से-बड़े मंत्रियों को अपनी उँगली पर नचाने की ट्रेनिंग तुम्हें यहीं मिली, नहीं? तुम अब हमें भी अपनी उँगली पर नचाना चाहती हो!”

“ओह, यह क्या कह रहे हैं आप! मैं, और आपको उँगली पर नचाऊँ!”

"तुम्हारा वह प्रस्ताव—मुझे अवसर दें वाला और क्या है! खैर, जाने दो। तुम अपना फैसला अभी सुनना चाहोगी या अ और क के फैसलों के साथ?"

"फैसला," ब ने आश्चर्य से कहा, "क्या हो गई सुनवाई पूरी? आपने मुझ पर आरोप तो लगाए ही नहीं। आरोप लगाकर आपने मुझे अपनी सफाई पेश करने का मौका तो दिया होता!"

"कोई एक गुनाह हो तो सुनाया जाए।" चित्रगुप्त ने कहा।

"सुनाइए न, डरते क्यों हैं?"

"धरती पर तुम कितनी बार गिरफ्तार होने से बचीं?"

"गुनाह किये होते, तभी तो गिरफ्तार होती, या यों ही?"

"किसकी मेहरबानी से तुम पुलिस के हाथों से बच जाती थीं।"

"जब आपके रेकॉर्ड में इतनी सब बातें हैं, तो यह भी होगी।" ब ने चिढ़कर कहा।

"तुम पर जो आरोप हैं, उन्हें तुम हमारे रेकॉर्ड में देख सकती हो। और चाहो तो अपनी सफाई लिखकर भी दे सकती हो। तुम्हें मालूम होना चाहिए, हमारे यहाँ के रेकॉर्ड गलत नहीं होते। अब तुम जा सकती हो।"

इतना कहकर चित्रगुप्त ने सामने की फाइल एक ओर सरकाई।

अब चित्रगुप्त के असिस्टेंट ने उनके सामने एकदम दो फाइलें रखीं और सन्तरी से अ और क को पेश करने को कहा।

ब अब तक कठघरे से निकलकर बाहर जा चुकी थी।

जब अ और क दोनों एक साथ कठघरे में आ खड़े हुए तो चित्रगुप्त ने असिस्टेंट से कहा, "अ का रेकॉर्ड पढ़ो।"

"ठहरिए," अ ने बीच में ही टोका, "मेरा रेकॉर्ड पढ़ा जाए, इसके पहले मैं आपसे एक सवाल करना चाहता हूँ।"

"बोलो।" चित्रगुप्त ने कहा।

"मुझ पर यमराज ने अचानक हमला क्यों किया? मुझे घर पर क्यों नहीं मरने दिया?"

"सुख से? यही कहना चाहते हो न! तुम लोग मरना भी सुख से चाहते हो, जनता को भले ही जिन्दगी में भी सुख प्राप्त न हो।"

"मैं इसमें यमराज की बुजदिली मानता हूँ।"

"यमराज तो दुनियावालों की नजरों में बुजदिल हैं, क्रूर हैं, आततायी आदि सब कुछ हैं। मगर दुनियावाले अपनी गलतियों को नहीं देखते। जानते हो, यमराज इनसान की गलतियों का ही फायदा उठाते हैं।"

"हम लोगों के हाथों कौन-सी गलती हुई थी?"

"तुम सूखाग्रस्त इलाके का दौरा करके राजधानी लौट रहे थे, नहीं?"

"जी!"

"सूखाग्रस्त लोगों की हालत देखकर तुमको कैसा अनुभव होता था?"

"पीड़ा होती थी।" अ ने कहा।

"और इस पीड़ा के कारण तुम्हें रात को नींद आती थी डाकबँगलों में?"

"जी!"

"तो पीड़ा को भूलने के लिए तुम क्या करते थे?"

अ ने इसका कोई जवाब नहीं दिया।

"गाँव के मुखिया तुम्हारी आला दरजे की खातिरदारी करते थे, लेकिन लोगों की हालत को याद कर तुम उसे ठुकरा देते थे। नहीं?"

"आखिर आप कहना क्या चाहते हैं?"

"क्या तुम्हें याद है कि मौत के दिन जब दौरे से लौट रहे थे तो तुम किस हालत में थे?"

"मुझे याद नहीं।"

"कैसे हो सकता है। तुम होश में कहाँ थे। तुम्हारे ये क कार में ड्राइवर के पास बैठे थे और तुम ब के साथ पीछे। बीच ही में तुमने ब के साथ जो कुछ किया, वह ड्राइवर ने अपने सामनेवाले आईने में देखा। ज्यादा देर नहीं, क्षण-दो क्षण। और बस, यमराज को इसी मौके का लाभ मिल गया।...वैसे यमराज ने आजकल तुम लोगों की ओर से मुँह फेर लिया है।"

"मतलब?"

"जनता ही तुम लोगों को वोट दे-देकर मार रही है। तुम जनता को भूख से मारते हो, जनता तुम्हें वोटों से मारती है।"

"मैं कुछ समझा नहीं।" अ ने कहा।

"मैं जानता हूँ, समझोगे भी नहीं। मुझे तो तुम मरनेवालों पर नहीं, तुम्हारी जनता पर तरस आता है। उसे अपनी भूख-प्यास और गरीबी इतनी प्यारी हो

गई है कि वह उसी में जीना और उसी में मरना पसन्द करती है। तभी तो वह तुम लोगों को ही वोट देती है—भूख-प्यास देनेवालों को।"

और इसके बाद चित्रगुप्त ने असिस्टेंट की ओर देखते हुए कहा, "हाँ, पढ़ो इनका रेकॉर्ड।"

असिस्टेंट ने मेज से उठाकर फाइल हाथ में ली और पढ़ने लगा, "अ के माता-पिता बड़े सुशील थे। अपने इकलौते बेटे को वे खूब पढ़ाना-लिखाना चाहते थे। लेकिन ये बचपन से ही बड़े नटखट थे और माता-पिता का कहना नहीं मानते थे। यही कारण है कि स्कूल-कॉलेज में इन्होंने पढ़ने-लिखने की ओर इतना ध्यान नहीं दिया। बस अवारागर्द दोस्तों के साथ अपना तमाम समय बरबाद करते थे।"

"ओह, कितनी छोटी-छोटी बातों का रेकॉर्ड रखते हैं आप लोग और अपना समय बरबाद करते हैं।"

"सिर्फ मोटी-मोटी बातें ही सुनाओ।" चित्रगुप्त ने कहा।

"एक दिन इनके कुछ अवारागर्द दोस्तों ने राजनीति की टोपी पहन ली, तो उनकी सलाह पर इन्होंने भी पहन ली। दोस्तों ने कहा, समय को समझो-बूझो और यह टोपी पहन लो। इन्होंने देखा, दोस्त ठीक ही कह रहे हैं। अपने पास जब कोई डिगरी नहीं, हुनर नहीं, पिता के पीछे छूटी जमीन भी इतनी नहीं कि चैन से रह सकें, तो जमाने को देखते हुए इस टोपी के नीचे आ जाना उचित है। एक दाँव है, जिन्दगी बन जाए तो बन जाए।"

"गलत हैं ये सब बातें," अ ने कहा, "मैं अपनी जिन्दगी बनाने के लिए नहीं, देशभक्ति से प्रेरित होकर दल में शामिल हुआ था।"

"और धीरे-धीरे दाँव इनका लगता भी गया," असिस्टेंट ने आगे पढ़ा, "कैसे न लगता! इनकी टोपी की महिमा ही ऐसी थी। उस टोपी की महिमा से धीरे-धीरे इनके व्यक्तित्व का ही नहीं, इनकी देह और जमीन का भी विस्तार होता गया।"

"इनके सिर की टोपी, यह जो इस समय पहने हैं, वही टोपी है?" चित्रगुप्त ने पूछा।

"जी हाँ, वही है। क्या आपको चाहिए अपने सिर पर रखने के लिए?" अ ने चिढ़कर कहा।

"इस टोपी को देशसेवा का प्रतीक बताकर ये हर बार चुनाव जीते और कई बार मंत्री भी बने।"

"लोकतंत्र में इस तरह की बातें कोई पाप तो नहीं।" बीच ही में क ने कहा।

"महाराज!" असिस्टेंट ने कहा, "यहाँ इन बातों का उल्लेख इसलिए किया है कि देशसेवा को इन्होंने अपनी निजी पूँजी बना रखा था।"

"यह गलत है, बिलकुल गलत है।" अ बोल उठे।

"यदि यह गलत है तो तुम देशसेवकों को चुनावों में पैसा पानी की तरह क्यों बहाना पड़ता था? और ये पैसा तुम लोगों के पास कहाँ से आता था?" असिस्टेंट ने कहा।

अ इस पर कुछ नहीं बोले।

"तुम्हारे पास जवाब है," चित्रगुप्त ने कहा, "पर हम जानते हैं तुम देना नहीं चाहोगे। तुम चुनाव जीत तो जाते थे, लेकिन जीतकर भी उन मुट्ठियों में बँध जाते थे जो तुम्हारे लिए पूरी-पूरी खुल जाती थीं। इसीलिए जब ये मुट्ठियाँ जनता को कसतीं, तब तुम टुकुर-टुकुर देखते रह जाते थे। ऐसा ही है न इनके रेकॉर्ड में?"

असिस्टेंट ने कहा, "जी हाँ।"

"लगता है किसी विरोधी दल की आत्मा ने आकर आपके कान भर दिये हैं।"

"प्रमाणस्वरूप साधारण जनता की अनेक आत्माओं को प्रस्तुत कर सकता " असिस्टेंट ने कहा।

"लेकिन ये आत्माएँ झूठी शहादत नहीं देंगी, इसका क्या भरोसा?" अ ने कहा।

"मृत आत्माएँ झूठ नहीं बोलतीं।"

"हम भी तो मृत आत्माएँ हैं।" अ ने कहा।

"लेकिन ये वे आत्माएँ हैं जो धरती पर मृत नहीं थीं।" असिस्टेंट ने कहा।

चित्रगुप्त बोले, "देखो भाई, हम यहाँ कोई झूठा रेकॉर्ड नहीं रखते। क्यों रखें? हमें गद्दी छिन जाने का डर तो है नहीं।"

अपनी आखिरी बात पर चित्रगुप्त कुछ मुस्कुराए।

असिस्टेंट ने आगे पढ़ा, "अ के कई गलत कार्यों में क उनके सहायक रहे हैं। अतः क को भी वही फल भोगने होंगे जो अ को भोगने हैं।"

"हम फल भोगने से नहीं डरते श्रीमान!" क ने कहा, "लेकिन मैं उन गलत कामों को भी तो सुनूँ, क्या हैं।"

"अ के गलत कामों में तुम सहायक थे ही। दल के सदस्य होने का फायदा उठाते हुए अलग से भी तुमने इतने गलत और भ्रष्ट काम किये हैं कि उन सबका उल्लेख यहाँ असम्भव है। उनकी लम्बी फेहरिस्त तुम स्वयं कार्यालय में देख सकते हो।"

असिस्टेंट ने अपनी बात समाप्त की ही थी कि बाहर पाँच का घंटा बज उठा।

दरबार पाँच तक ही लगता था। सुनवाई भी करीब-करीब खत्म हो चुकी थी। अतः चित्रगुप्त ने कहा, "इन लोगों को जाने दो। फैसला कल सुनाएँगे।"

इतना कहकर चित्रगुप्त अपने आसन से उठ गए।

लेकिन दूसरे दिन इतवार की छुट्टी थी।

उस दिन ब तड़के ही उठी और वही पिछले दिन वाली ड्रेस और मेकअप कर बाहर घूमने निकल पड़ी।

ज्यों ही धुँधलका हटा उसने देखा सामने से एक रथ चला आ रहा है।

यह रथ चित्रगुप्त का था। चित्रगुप्त यमदूत कॉलोनी से कोई चार-छह फर्लांग की दूरी पर रहते थे। वे नित्य मुँह-अँधेरे उठते और रथ पर बैठकर वायु-सेवन के लिए निकल पड़ते थे। घोड़ों को खुद हाँकते थे।

चित्रगुप्त प्रातः वायु-सेवन को जाते हैं, ब को यह मालूम था और उनसे मिलने के लिए ही वह इस तरह सज-धजकर बाहर निकली थी।

सामने से रथ आता देखकर वह खुश हो उठी।

रथ जब उसके निकट आया तो चित्रगुप्त आश्चर्य से उसे देखते रह गए और घोड़े की बाग खींचते हुए बोले, "ओह तुम!"

"जी श्रीमान!" ब ने कहा।

"क्या घूमने निकली हो?"

"नहीं श्रीमान! ऐसा हमारा भाग्य कहाँ! आपसे मिलना चाहती थी।"

"हमसे? क्यों?"

"आपसे एक प्रार्थना है श्रीमान!"

"प्रार्थना! क्या फैसला बदलवाना चाहती हो?"

"नहीं श्रीमान! भला, स्वर्ग में कोई गलत काम कराया जा सकता है।" अपनी आँखें चित्रगुप्त की आँखों में डालते हुए ब बोली।

क्षण-भर को चित्रगुप्त विचलित हो उठे। फिर अपनी नजर किसी तरह किनारे के वृक्ष पर टिकाते हुए कहा, "तो क्या फैसला कुछ दिन तक स्थगित कराना चाहती हो?"

"यह भी नहीं श्रीमान! हम पापी आत्माएँ ठहरीं। आज नरक गईं तो क्या, और कल गईं तो क्या!"

बड़ी अजीब स्त्री है, आखिर यह चाहती क्या है? चित्रगुप्त ने सोचा।

"तो बोलो, क्या चाहती हो?"

"एक छोटी-सी प्रार्थना है। उम्मीद है श्रीमान ठुकराएँगे नहीं।"

"आखिर बोलो भी तो, क्या प्रार्थना है।"

"आज रात हमारे यहाँ पार्टी है। प्रार्थना है आप उसमें उपस्थित रहें।"

"तुम्हारे यहाँ, मतलब?"

"हम लोग सुबाहु यमदूत के यहाँ रुके हुए हैं।"

"सुबाहु के यहाँ!"

"जी श्रीमान! वही हमें धरती से लाया था। आप तो जानते हैं, हम लोग बाहर खुले में रहने के आदी नहीं हैं।"

"पार्टी किस उपलक्ष्य में है?"

"यों ही। सोचते हैं, अब जब नरक जाना ही है तो जाते-जाते कुछ क्षण मजे में गुजार लें।"

"खूब गुजारो। वहाँ मेरी क्या जरूरत है?" इतना कहकर चित्रगुप्त ने बाग ढीली की।

लेकिन ब निराश नहीं हुई। ज्यों ही घोड़े चलने लगे, लपककर वह चित्रगुप्त के पासवाली सीट पर जा बैठी और बोली, "आखिर आपका हर्ज क्या है?"

चित्रगुप्त ब की उस छलाँग से चकित रह गए। साथ ही एक सिहरन-सी उनकी देह में दौड़ गई। कोई उन्हें देख तो नहीं रहा, इस भय से उन्होंने इधर-उधर दृष्टि दौड़ाई। रास्ता सुनसान पाकर उन्होंने उसके इस तरह आ बैठने का विरोध नहीं किया और रथ की चाल तेज नहीं होने दी।

"हर्ज क्यों नहीं," उन्होंने जवाब दिया, "जानती नहीं, हम यमराज के अधिकारी हैं।"

"जानती हूँ," ब ने कहा, "लेकिन आप विश्वास रखिए। आपके पार्टी में शरीक होने की बात पूरी तरह गुप्त रखी जाएगी।"

चित्रगुप्त कुछ देर तक कुछ नहीं बोले। रथ हाँकते रहे। बीच-बीच में उनकी दृष्टि बरबस ब की ओर—उसके कपड़ों और वक्ष की ओर चली जाती थी।

आखिर बस्ती निकट आते देखकर उन्होंने कहा, "अच्छा स्वीकार है तुम्हारा निमंत्रण। खयाल रखना, किसी को जरा भी खबर न होने पाए। सुबाहु को भेज देना। मैं सादे लिबास में पैदल ही आऊँगा।"

ब सुनकर खुश हो उठी। बोली, "धन्यवाद! सच, आप कितने अच्छे हैं!"

रथ से उतरकर ब जब घर की ओर चली तो उसके पैर जमीन पर नहीं पड़ रहे थे।

घर लौटते ही वह पार्टी की तैयारी में जुट गई। धरती पर ऊँची-से-ऊँची दावतों का इन्तजाम उसने कई बार किया था। पहला काम उसने यह किया कि पार्टी के सामान—खाद्य पदार्थ, पेय, फर्निचर, डेकोरेशन की चीजों आदि की एक लम्बी फेहरिस्त तैयार की और फिर उसे यमदूत के हाथों पकड़ाती हुई बोली, "सुबाहु डियर, मुझे शाम तक ये चीजें ला दो धरती से।"

यमदूत फेहरिस्त पर नजर दौड़ाने के बाद बोला, "अरे, अब इन चीजों की क्यों आवश्यकता पड़ गई?"

"बतलाऊँगी बाद में। और देखो, इनमें एक-एक चीज जरूरी है, भूलना नहीं।"

बेचारा यमदूत नाइट ड्यूटी से अभी-अभी मृत्युलोक से लौटा था, बिलकुल थककर। फिर भी उसने सूची चुपचाप अपने पास रख ली और दोपहर के भोजन के बाद बिना नींद लिये ही धरती की ओर निकल पड़ा।

रात नौ बजे तक पार्टी का पूरा इन्तजाम हो गया। सुबाहु जाकर चित्रगुप्त को ले आया। पार्टी में वह खुद नहीं रुक सका। धरती पर अपनी ड्यूटी पर चला गया।

चित्रगुप्त पार्टी का ठाटबाट देखकर बिलकुल दंग रह गए। उस जैसा आलीशान फर्नीचर उन्होंने इन्द्र के दरबार में भी नहीं देखा था। खाने की एक-एक चीज भी ऐसी सुस्वाद कि अपनी जिन्दगी में वे पहली बार ही चख रहे थे। मद्य का स्वाद भी कुछ और ही था। स्वर्ग की दावत और उस पार्टी में उन्हें जमीन-आसमान, बल्कि यों कहा जाए कि आसमान और जमीन का फर्क दिखाई दिया।

"आपके वेतन का ग्रेड क्या है?" खाते-खाते अ ने बात छेड़ी।

"यहाँ ग्रेड-ब्रेड कुछ नहीं होते।" चित्रगुप्त ने कहा।

"ओह, तो आप वही वेतन पा रहे हैं जो दस साल पहले पाते थे?"

"दस साल क्यों, मैं तो जब से नियुक्त हुआ हूँ, वही वेतन पा रहा हूँ।"

"गजब है!" अ बोले, "हमारी धरती पर ऐसा नहीं होता।"

"तुम्हारे यहाँ, ग्रेड जरूर हैं, लेकिन उससे कर्मचारियों को झूठे सन्तोष के सिवाय कोई ठोस फायदा तो होता नहीं। उन्हें प्रतिवर्ष जो इन्क्रिमेंट मिलता है उसे तुम अपने नये-नये करों से वापस छीन लेते हो। कभी-कभी तो उससे भी अधिक।"

"लगता है आप धरती की शासन-नीतियों से पूरी तरह परिचित हैं।" क ने कहा।

"आप तो अंग्रेजी शब्दों से भी भली-भाँति परिचित हैं।" ब ने कहा।

"हाँ, इधर हमारे दरबार में तुम्हारे यहाँ के लोग अंग्रेजी का ही ज्यादा प्रयोग करते हैं, और इस पर वे गर्व करते हैं।"

"आपका ऑफिस-स्टाफ कितने लोगों का है," अ ने कहा, "मेरा मतलब है स्टाफ में सेक्रेटरी होगा। फिर ज्वाइंट सेक्रेटरी, एडीशनल सेक्रेटरी, एडीशनल ज्वाइंट सेक्रेटरी, असिस्टेंट ज्वाइंट सेक्रेटरी, असिस्टेंट एडीशनल सेक्रेटरी, असिस्टेंट एडीशनल ज्वाइंट सेक्रेटरी, डिप्टी सेक्रेटरी, ज्वाइंट डिप्टी सेक्रेटरी, एडीशनल ज्वाइंट...।"

"बस-बस। एक लम्बी सूची ही सुना रहे हो तुम। हमारे ऑफिस में अफसरों की ऐसी फौज नहीं है। यमराज का सहायक मैं हूँ और मेरे दो सहायक हैं। बाकी के सारे साधारण कर्मचारी हैं। बात यह है, हम लोगों के यहाँ काम के लिए ही अधिकारियों या कर्मचारियों की नियुक्तियाँ होती हैं।"

"फिर आपके और बड़े-बड़े देवताओं के रिश्तेदारों का क्या होता होगा? बड़ी-बड़ी फैक्टरियों के पार्टनर बन जाते होंगे?"

"नहीं। यदि मूर्ख होते हैं तो मूर्खों की ही जिन्दगी जीते हैं, अधिकारियों या लखपतियों की नहीं।"

"आप लोग इधर भी ध्यान देंगे या बातें ही करते रहेंगे?" ब ने चित्रगुप्त के गिलास में मद्य उड़ेलते हुए कहा।

चित्रगुप्त ने गिलास उठाते हुए कहा, "तुम्हारे यहाँ सरकारी कर्मचारियों को पब्लिक सर्वेंट कहते हैं, नहीं?"

"जी हाँ।"

"मेरी राय में उन्हें पब्लिक सर्वेंट के बजाय पब्लिक मास्टर कहना चाहिए।"

"ऐसा क्यों?"

"इसलिए कि जनता के साथ उनका सलूक सर्वेंट जैसा नहीं, मास्टर जैसा—मालिक जैसा होता है। बेचारी जनता को सही मायने में मालिक को जो सहूलियतें पैसे देकर भी नहीं मिल पातीं, वे इन्हें बिना मूल्य सहज ही मिल जाती हैं।"

"मेरा खयाल है कि यदि हम उन्हें पब्लिक मास्टर कहने लग जाएँगे, तो इससे लोकतंत्र को धक्का लगेगा।" अ ने कहा।

"लोकतंत्र," चित्रगुप्त ठहाका लगाते हुए बोले, "पब्लिक सर्वेंट की तरह तुम्हारा यह लोकतंत्र भी बड़ा ठगाऊ शब्द है। जिसे तुम लोकतंत्र कहते हो, क्या सही मायने में वह लोकतंत्र ही है? वास्तव में इसे दलतंत्र कहना चाहिए। शासन का सारा तंत्र लोकहित के नाम पर शासक दल के ही हित-साधन में लगा रहता है।"

"मैं तो इस लोकतंत्र को धनतंत्र ही कहती हूँ," ब ने कहा, "यह एक ऐसी मशीन है जिसके आगे-पीछे स्लॉट बने हुए हैं। चुपके से पीछे की ओर के स्लॉट में पैसे डालते जाइए और बदले में आगे के स्लॉट से वोट-पर-वोट लेते जाइए।"

"मैंने सुना है, चुनाव के दिनों में पिछले स्लॉट पर शासक दल बड़ी चतुराई से कब्जा किये रहता है और उसमें भूसे की तरह पैसा उड़ेलता जाता है।" चित्रगुप्त ने कहा।

"कुछ भी हो," अ ने कहा, "हम मानवों ने शासनतंत्र के मामले में बहुत तरक्की की है। आपके स्वर्ग की तरह वहाँ राजतंत्र नहीं है। यहाँ तो इन्द्र ही सर्वेसर्वा हैं।"

ब ने देखा चित्रगुप्त का गिलास खाली हो गया है। उसने उसमें फिर शराब उड़ेल दी।

"ओह, कितनी अच्छी मदिरा है! मन करता है पीता ही जाऊँ। मैं नहीं जानता था कि धरती पर स्वर्गलोक से बढ़-चढ़कर मदिराएँ तैयार होती हैं!"

"आपने धरती के बारे में अभी जाना ही क्या है," ब ने कहा, "वहाँ ऐसी बहुत-सी चीजें हैं जो इस स्वर्गलोक में देखने को भी नहीं मिलेंगी।"

इतना कहकर ब ने चित्रगुप्त की ओर कटाक्ष फेंकते हुए उनके गिलास में और मद्य उड़ेल दिया।

आज ब दूसरे ही ढंग से सजी थी। कीमती नाइलान की साड़ी पर स्लीवलेस ब्लाउज पहने थी। बालों का पहाड़ नहीं, उसकी दो सर्पाकार चोटियाँ बनाई थीं। जब भी वह चित्रगुप्त के गिलास में मद्य उड़ेलती, उनसे सटकर खड़ी हो जाती। उस समय उसकी साड़ी का पल्लू ढलक-ढलक जाता और चोटी उनके कन्धों का स्पर्श कर जाती थी। चित्रगुप्त उस ढलकते पल्लू को देखते रह जाते थे और चोटी के स्पर्श से अन्दर-ही-अन्दर बुरी तरह आहत हो उठते थे।

चित्रगुप्त को अब धीरे-धीरे नशा चढ़ने लगा था। ब के कटाक्ष को जैसे-तैसे झेलते हुए उसके ढलकते पल्लू की ओर देखकर वे बोले, "हाँ, धरती पर ऐसी बहुत-सी चीजें हैं जो यहाँ देखने को नहीं मिलेंगी।"

"आपकी न्यायपालिका इन्द्र की कार्यपालिका से स्वतंत्र होगी?" अ ने पूछा।

"हाँ, है भी और नहीं भी।" चित्रगुप्त ने कहा।

"यह तो बड़ी अजीब बात है।"

"अजीब कैसी? तुम्हारे यहाँ भी तो यही बात है।"

"न्यायपालिका हमारे यहाँ पूरी तरह स्वतंत्र है।"

"मानता हूँ कि है। लेकिन साथ ही कार्यपालिका भी पूरी तरह स्वतंत्र है कि वह किसे न्यायाधीश नियुक्त करे और नियुक्त न्यायाधीशों का कब और कहाँ तबादला कर दे।"

इतना कहकर चित्रगुप्त अ की ओर देखकर मुस्कुरा दिये।

चित्रगुप्त को मेज की एक-एक चीज और मदिरा ने जैसे जकड़ लिया था। रकाबियों और गिलास की ओर उनका हाथ अपने-आप ही बढ़-बढ़ जाता था।

जाम-पर-जाम चल रहे थे कि अचानक छत पर किसी के कूदने-जैसी आवाज हुई।

"अरे, कोई चोर-वोर तो नहीं है?" अ ने कहा।

"नहीं, यहाँ धरती जैसी पुलिस-वुलिस नहीं है।" चित्रगुप्त ने जवाब दिया।

अ ने समझा, चित्रगुप्त नशे में उनकी बात को ठीक तरह से सुन नहीं पाए। अतः बोले, "मैं पुलिस की नहीं, चोर की बात कर रहा हूँ।"

"हाँ-हाँ भाई, मैंने भी जवाब तुम्हारी इसी बात का दिया है।"

"तो मैं आपकी बात का मतलब नहीं समझा।" अ ने कहा।

"तुम नहीं समझोगे," ब ने कहा, "इस तरह के जवाब धरती पर व्यंग्यकार भी देते रहे हैं, और तुमने कभी समझने की कोशिश नहीं की।"

"अच्छा, एक बात बताओ," चित्रगुप्त ने एक घूँट लेने के बाद कहा, "तुम्हारे यहाँ चोरियाँ बढ़ने पर पुलिस बढ़ती है या पुलिस बढ़ने पर चोरियाँ?"

"ओह, आप लोग फिर बातों में उलझ गए," ब ने चित्रगुप्त के गिलास में बोतल झुकाते हुए कहा, "बस, अब किसी भी विषय पर बात नहीं होगी।"

"नहीं-नहीं। अब नहीं लूँगा मैं," ब को अपने गिलास में शराब उड़ेलते देख चित्रगुप्त ने कहा, "बहुत ले चुका।" और इसके साथ उन्होंने गिलास दूर सरका दिया।

यह देखकर ब गिलास को पास सरकाने के बहाने चित्रगुप्त से और सटकर खड़ी हो गई। गिलास को पास खींचकर उसमें पेग उड़ेलती हुई बोली, "कैसी बात करते हैं। अभी ली ही क्या है आपने!"

इसी समय पीछे की खिड़की से बहनेवाली हवा से ब की साड़ी इस तरह लहलहा उठी कि उसका पल्लू चित्रगुप्त की दाईं कनपटी पर फड़फड़ाने लगा। उनकी रग-रग झनझना उठी।

इस झनझनाहट में ही ब अनायास उनके होंठों तक गिलास ले गई, कहा, "लीजिए न!"

चित्रगुप्त अब इतने हतप्रभ हो उठे कि मना नहीं कर सके। ब के हाथ से गिलास ले लिया।

एक-दो घूँट पीने के बाद उन्होंने ब की ओर देखते हुए कहा, "सच, तुम लोग कितने अच्छे हो! कितनी प्यारी पार्टी है तुम्हारी!"

"हम लोग अच्छे कहाँ। बुरे हैं, बहुत बुरे! नरक के अधिकारी!" ब ने कहा।

चित्रगुप्त की आँखें भारी-भारी होती जा रही थीं। ब की बात सुनकर बोले, "कैसी बात करती हो तुम!"

"ठीक ही तो कह रही हूँ। कल ही आप हम लोगों के लिए नरक का फरमान जारी कर देंगे।"

"नरक..." आँखों के भारीपन को दूर करने की कोशिश करते हुए चित्रगुप्त बोले, "नरक! हाँ, नरक में ही जाओगे तुम लोग।...नरक का ही फरमान जारी होगा तुम लोगों के नाम।"

"क्यों नहीं, होना ही चाहिए," ब ने कहा, "मगर छोड़िए इस मसले को। हम कहीं भी जाएँ। इन बातों से आज का मजा किरकिरा क्यों करें!"

इतना कहकर ब ने फिर बोतल उठाई और चित्रगुप्त के गिलास में शराब उड़ेलने लगी।

इस बार चित्रगुप्त ने गिलास के मुँह पर पंजा रख दिया और कहा, "नहीं-नहीं, अब और नहीं।"

यह देखकर ब ने उनके कन्धे पर हाथ रख दिया और उनकी आँखों में पैठती हुई बोली, "ऐसी भी क्या बात है!..."

चित्रगुप्त की तो अब पूरी देह में बिजली दौड़ गई। उन्होंने गिलास पर से हाथ हटा लिया।

इस बार जब गिलास मुँह को लगाया, तो उन्हें लगा वे पेग नहीं, ब की मादकता पी रहे हैं। उसकी आँखों से झरनेवाली मादकता!...उफ्, कैसी हैं ये धरती की ललनाएँ! स्वर्ग की अप्सराओं को भी मात करती हैं। इनकी मादक आँखों से तो ऐसा लावा झरता है जो दाहक भी है और शीतल भी!

इसके बाद कुछ दौर और चले। ब ही अब चित्रगुप्त के साथ बात कर रही थी। उन्हें धरती की राजनीति की बातें सुना रही थी। कह रही थी, हमारे

यहाँ की राजनीति तो पूरी तरह भ्रष्ट हो गई है। वहाँ तो अब आप जैसे लोगों को...देवताओं को अवतार लेना चाहिए। तभी देश का उद्धार हो सकता है। और जब देखा, चित्रगुप्त और एक-दो पेग के बाद पूरा होश खो बैठेंगे, तो उसने उनके सामने कुछ कागज रख दिये और कहा, "आप कृपया इन फॉर्मों पर दस्तखत कर दीजिए।"

"दस्तखत! कैसे दस्तखत!" चित्रगुप्त ने भारी पलकों को जैसे-तैसे उठाते हुए कहा।

"ये हमारे नरक के फरमान हैं।"

"लेकिन, अभी क्यों?"

"हम नहीं चाहते, हमारा फैसला दरबार में खुलेआम सुनाया जाए और हम लज्जित हों।"

"ओह, तुम लोगों को प्रतिष्ठा इतनी प्यारी है!"

"साथ ही, हम लोग कल तड़के ही नरक की ओर चल देना चाहते हैं। चुपचाप, लोगों के अनजाने।"

चित्रगुप्त ने दस्तखत कर देने में कोई बुराई नहीं समझी। आखिर नरक के फरमानों पर ही तो दस्तखत करने हैं। हाँ, स्वर्ग के फरमानों की बात होती तो बात अलग थी।

उन्होंने कलम के लिए जेब की ओर हाथ बढ़ाया। पर वहाँ कलम थी कहाँ। तभी दूसरे क्षण ब ने अपनी कलम उनकी ओर बढ़ा दी। वह उसने पहले ही अपने पास तैयार रखी थी।

तीन अलग-अलग फरमान थे। चित्रगुप्त ने एक के बाद एक, तीनों पर दस्तखत कर दिये।

यह देख ब की खुशी का ठिकाना न रहा। फॉर्म उठाते हुए उसे लगा, जैसे उसने शत्रु-राष्ट्र की युद्ध के लिए कूच कर रही प्रबल सेना को कील दिया हो।

ब को ऐसा क्यों लगा?

वास्तव में बात यह थी कि ब ने नरक के फरमानों पर नहीं, स्वर्ग के फरमानों पर दस्तखत करा लिये थे। चित्रगुप्त ने फरमान पढ़ने की इसलिए आवश्यकता नहीं समझी, क्योंकि उन्होंने देखा, उनके सामने लाल फॉर्म रखे गए हैं। लाल फॉर्म नरक के होते थे, जबकि स्वर्ग के सफेद। किन्तु वास्तव

में ब ने उनके सामने लाल नहीं, सफेद फॉर्म ही रखे थे। नशे में सफेद फॉर्म ही उन्हें लाल दिखाई दिये। फिर बीच ही में कमरे की रोशनी कुछ ऐसी कर दी गई थी कि उसमें सफेद चीज भी लाल दिखाई देती थी। वे फॉर्म ब ने दरबार के एक कर्मचारी से प्राप्त कर लिये थे। कोरे फॉर्म दे देने में उस कर्मचारी को कोई आपत्ति नहीं हुई थी। लेकिन उसे क्या मालूम कि जिस समय ब उसके टेबल से उठकर गई, फॉर्म बिलकुल कोरे नहीं थे। उन पर अधिकारी की सील लगी थी। ब ने उससे बात करते हुए बड़ी सिफत से सील लगा ली थी।

चित्रगुप्त ने एक-दो पेग और लिये। इसके बाद उनका रहा-सहा होश भी जाता रहा। शीघ्र ही वे अपनी कुर्सी में लुढ़क गए।

यह देखकर ब ने क से कहा, "अब अगला काम तुम्हारा। उठो और सुबाहु की बैलगाड़ी में डालकर इन्हें शीघ्र घर पहुँचा आओ।"

क कोई आध घंटे में चित्रगुप्त को उनके महल में पहुँचा आए।

अब तीनों ने सुबह होने का इन्तजार नहीं किया। वे फौरन उस द्वार की ओर चल पड़े, जहाँ से पुण्यात्माओं को स्वर्ग में स्थायी प्रवेश दिया जाता है। द्वार वहाँ से करीब मील-भर की दूरी पर था। एक-एक कदम तेजी से बढ़ाते हुए वे ऐसे चले जा रहे थे, जैसे स्मगलर हों और पीछे पुलिस पड़ी हो।

हाँफते हुए जब वे द्वार पर पहुँचे, तो देखा द्वार बन्द है और द्वारपाल पास ही एक चबूतरे पर सो रहा है।

उन्होंने द्वारपाल को जगाया।

इस समय साफ चाँदनी छिटकी हुई थी। उसी में द्वारपाल ने इनके प्रवेश-पत्र देखे और कहा, "आप ऐसे बेवक्त क्यों आए हैं?"

"हम शाम को ही आनेवाले थे," ब ने कहा, "लेकिन चित्रगुप्त के यहाँ आज रात हमारी दावत थी। बस वहीं देर हो गई।"

जरूर ये लोग महान आत्माएँ हैं! तभी तो चित्रगुप्त ने इन्हें दावत दी है! यही सोचकर वह द्वार की ओर बढ़ा और उसके पट खोल दिये।

स्वर्ग का दरवाजा। काफी बुलन्द। पट खुलते ही तीनों की आत्माएँ खुशी के समुद्र में डूब गईं। उन्हें पता नहीं, कब उनके पैर उस ओर बढ़े और कब अन्दर जा पहुँचे।

प्रवेश-पत्र वापस दरबार में रेकॉर्ड के लिए भेज दिये जाते थे। अत: दूसरे दिन चित्रगुप्त को जब इनकी फाइलों में वे सफेद प्रवेश-पत्र दिखे तो वे हक्का-बक्का रह गए। अरे, ये तो शत-प्रतिशत सफेद हैं, जरा भी लाल नहीं। इनका रंग कैसे बदल गया? नहीं, बदला नहीं है। ये स्वर्ग के ही तो प्रवेश-पत्र हैं।...उन लोगों ने मेरे साथ धोखा किया है। उफ्, यह मनुष्य-जाति कितनी धोखेबाज हो गई है। आँखों में धूल झोंककर ये लोग धरती पर कुर्सी ही नहीं, इस लोक में स्वर्ग भी पा लेते हैं!...उफ्, मुझे ब की बातों में आकर वह निमंत्रण स्वीकार नहीं करना चाहिए था।...खैर, कोई बात नहीं। स्वर्ग में ये लोग प्रवेश भले ही पा जाएँ, वहाँ रह नहीं सकेंगे। अभी आदेश जारी करता हूँ। तीनों को खदेड़कर बाहर निकालो और नरक में ढकेल दो।

वे फाइलों पर यह नया आदेश लिखने को ही थे कि तभी उन्होंने सोचा—यमराज जब इस गफलत के बारे में सुनेंगे तो मैं क्या जवाब दूँगा! पार्टी की बात तो सुना ही नहीं सकूँगा। किस मुँह से सुनाऊँगा। अब तो खैर इसी में है कि जो कुछ हुआ है, उसी को कायम रखूँ।...

नहीं, कैसे कायम रखूँ! स्वर्ग में कभी ऐसा झूठा काम हुआ है! ऐसे पापियों का स्वर्ग में प्रवेश! कैसी अधर्म की बात है!...

लेकिन मन ने फिर पलटा खाया।...इस गफलत का यमराज को आखिर क्या जवाब दूँगा? नहीं-नहीं, मामला दबा ही रहे तो अच्छा है!

अपनी बदनामी की बात सोचकर आखिर चित्रगुप्त ने इन लोगों के विरुद्ध आदेश जारी करने का विचार त्याग दिया। साथ ही इस भय से कि इन्द्र के दरबार में वे गलत सिद्ध न हों, उन्होंने इन लोगों के वे फॉर्म स्वयं भरे जिनमें स्वर्ग में प्रवेश पानेवाली आत्माओं के पुण्यों का मोटे तौर पर लेखा-जोखा होता है। इनकी एक-एक प्रति नियमानुसार इन्द्र के पास भी भेज दी।

इस तरह अ स्वर्ग में पहुँच गए। एक सच्चे मंत्री होते हुए भी और स्वर्ग में कोई खोट न होते हुए भी।

इन्द्रपुरी की ओर

स्वर्ग का प्रवेशद्वार बड़े शहरों के रेलवे स्टेशन जैसी भव्य इमारत में था। यह इमारत संगमरमर की बनी थी और दाएँ-बाएँ दोनों ओर काफी दूर तक फैली हुई थी। चाँदनी में नहाती इसकी शोभा देखते ही बनती थी। हाँ, रेलवे स्टेशनों पर जो भीड़ होती है, वह यहाँ नहीं थी। भीड़ की बात तो दूर, अन्दर-बाहर पूरा प्रदेश वीरान-सा था। बाहर की तरह अन्दर भी दूर तक मैदान ही था जिसमें जहाँ-तहाँ पेड़ों के सिवाय कुछ नजर नहीं आता था।

अ की आँखों में नशा था या नींद, पता नहीं। उन्हें लगा, हम धरती पर किसी स्टेशन पर ही हैं। अत: इमारत के बाहर कदम रखने पर उन्होंने क से कहा, "क्या बात है, हमारे स्वागत के लिए कोई आया कैसे नहीं? यहाँ न लोगों की भीड़ है न कारों की कतारें?"

क सुनकर सिर्फ मुस्करा दिये। बोले कुछ नहीं।

यह देखकर अ ने ब से कहा, "क्या तुमने सूचना नहीं भेजी थी कि हम आ रहे हैं?"

"कैसे भेजती," ब ने अ की भूल को बने रहने देते हुए कहा, "तुम इधर अचानक जो निकल पड़े!"

क ने अ के इस भ्रम को ज्यादा देर नहीं टिकने दिया। कहा, "अरे भाई,

अब भी नशे में हो क्या! हम लोग धरती के रेलवे स्टेशन पर नहीं, स्वर्गलोक के स्टेशन पर हैं।"

वास्तविक स्थिति का भान होने पर अ ने चारों ओर नजर दौड़ाई और बोले, "धरती के स्टेशनों-जैसी रौनक यहाँ बिलकुल नहीं। ऐसे सुनसान तो हमारे जंगलों के स्टेशन भी नहीं होते। यहाँ न सिर पर सामान ढोते कुली हैं और न हाथ फैलाकर भीख माँगते भिखारी।"

"सच, कुलियों-भिखारियों के बिना दुनिया कैसी वीरान हो सकती है, आज पता चला, नहीं?" ब ने कहा।

सामने मैदान में दूर तक कोई बस्ती न देख अ ने कहा, "लगता है देवताओं की बस्ती यहाँ से दूर है। रात में हम किधर भटकेंगे? क्यों न हम यहीं कोई कमरा खुलवा लें और सुबह तक आराम करें?"

"तुम्हें यहाँ कमरे में नींद आ जाएगी?" क ने पूछा।

"क्यों नहीं। यहाँ के कमरे किसी फर्स्ट-क्लास वेटिंगरूम से क्या कम होंगे। आखिर यह स्वर्गलोक है।"

इस पर ब ने कहा, "हाँ, जरूर फर्स्ट-क्लास वेटिंगरूम से कम नहीं होंगे। लेकिन यह धरती नहीं कि गलत काम भी करो और ठाट से चैन की नींद भी सोओ।"

"अब जब हम स्वर्ग में आ गए हैं, हमारे गलत कामों का लेखा-जोखा कोई मतलब नहीं रखता।" अ ने कहा।

"जरूर नहीं रखता," क ने कहा, "लेकिन यह न भूलो, चित्रगुप्त को जब पता चलेगा कि हम उन्हें धोखा देकर अन्दर चले आए हैं, तो वे हमें पकड़ने के लिए आदमी दौड़ा सकते हैं। इसलिए बेहतर है हम कहीं दूर अच्छी-सी जगह देख लें सोने के लिए।"

"रात-के-रात कैसे पता चलेगा? सुबह ग्यारह तक कोई डर नहीं। और तब तक हम बस्ती तक पहुँच ही जाएँगे।"

"चित्रगुप्त से डरने की कोई बात नहीं," ब ने कहा, "बड़ा आदमी जब जाल में फँसता है, तो उसे दबाने की कोशिश करता है, काटने की नहीं। ...हाँ, फिर भी मेरी राय है कि हम यहाँ नहीं, कहीं बाहर ही चलकर सोएँ। किसी पेड़ के नीचे।"

अ अब क्या बोलते। उन्हें बाहर सोने की बात माननी पड़ी।

आध-पौन घंटे चलने के बाद उन्हें एक ऐसी जगह दिखाई दी, जहाँ घने वृक्ष थे। रात का बाकी समय गुजारने के लिए उन्हें यही स्थान अच्छा लगा।

तीनों जब एक पेड़ के नीचे अच्छी-सी जमीन देखकर लेट गए तो ब बोली, "आज तो हमारी हालत धरती के फुटपाथियों से भी गई-बीती है। उनके पास बिछाने-ओढ़ने के लिए कुछ-न-कुछ होता ही है।"

इस पर क ने कहा, "अरे भाई, लोग धरती पर स्वर्ग के लिए जमीन पर सोते हैं। हम वहाँ नहीं सोए, सो यहाँ सोना पड़ रहा है।"

अ लेट तो गए, पर जमीन बुरी तरह चुभ रही थी। बोले, "साला, हमारा भाग्य ही खोटा है जो धरती छूटी और यह स्वर्ग पल्ले पड़ा!"

"यहाँ एक बात जरूर है," ब ने कहा, "जैसे सोओगे, वैसे ही जागोगे।"

"मतलब?"

"मतलब यह कि एक फुटपाथी जिस रूप में सोता है, तो सुबह उसी रूप में जागता है। फुटपाथी का फुटपाथी। इसीलिए वह निश्चिन्त सोता है, सो सकता है। धरती पर तुम सोए कभी निश्चिन्त? तुम प्राय: कहते नहीं थे कि मैं मंत्री सो रहा हूँ, पर पता नहीं सुबह मंत्री के रूप में जागूँगा या नहीं।"

"सच, फुटपाथी इस मामले में कितने भाग्यवान होते हैं!" अ ने कहा!

"बेहद! विरोधी दल तुम्हारी योजनाओं को व्यर्थ गालियाँ देते थे। उन्हें क्या पता, वे देश की जनता को कितना भाग्यशाली बना रही हैं!" ब बोली।

"शासक दल पर प्रहार करने के सिवाय विरोधियों ने कभी किया ही क्या! हमारी समस्याओं और चिन्ताओं को समझने का कभी प्रयत्न नहीं किया।"

"हाँ, और वे समस्याएँ-चिन्ताएँ भी छोटी-मोटी नहीं," ब ने कहा, "देश की गरीबी से बचने की समस्या, जनता का मनोबल बनाए रखने की समस्या। ऐसी कितनी ही समस्याओं के साथ-साथ थी कुर्सी की चिन्ता, बढ़ती जमीन-जायदाद की चिन्ता, अपने दल के योग्य लोगों को दबाए रखने की चिन्ता। इस तरह अनेक समस्याएँ और चिन्ताएँ नित्य जान को लगी रहती थीं।"

"तुम नहीं समझ सकोगी हमारे दुखों को। तुम्हें तो बस व्यंग्य करना आता है।" अ ने चिढ़कर कहा।

"नहीं। तुम्हारे दुखों को मैं खूब समझती हूँ। ऐसे कितने ही सुख थे जिन्हें भोग न सकने के कारण तुम दुखी हो उठते थे। जैसे पैदल चलने या तीसरे दर्जे की यात्रा का सुख। सूखी दाल-रोटी खाने का सुख। मोटा-धोटा कपड़ा पहनने और मिट्टी के घर में रहने का सुख। देशी ठर्रा पीने का सुख। ऐसे कितने सुख गिनाऊँ जिनके लिए तुम्हारी आत्मा बिलख उठती थी।"

"हाँ-हाँ, जिन्दगी में मेरा मोटो हमेशा सिम्पल लिविंग और हाई थिंकिंग ही था।"

"हाई लिविंग और सिम्पल थिंकिंग कहो।"

"विरोधी दल की तरह तुम भी मुझ पर खुल्लमखुल्ला प्रहार कर रही हो। खैर, मुझे इसकी चिन्ता नहीं। सच्चे देशसेवकों की यही नियति है।"

"तुम ठीक ही कहते हो," क ने कहा, "आदमी जितना बड़ा होता है, अपनी जिन्दगी में उसे उतनी ही बड़ी-बड़ी चोटें झेलनी पड़ती हैं। बड़े लोगों की जीवनियाँ पढ़ो, उनमें यही मिलेगा।"

"तुमने बड़े लोगों की जीवनियाँ पढ़ी हैं?" ब ने पूछा।

"नहीं," क ने जवाब दिया, "मैंने नहीं पढ़ीं। मेरे पड़ोस में कॉलेज का एक मास्टर रहता था। था तो वह बिलकुल मामूली आदमी, लेकिन दुनिया-भर की किताबें पढ़ता रहता था। सुनाता था, बड़े लोग शुरू-शुरू में हम जैसे ही छोटे होते हैं। आगे चलकर ये इसलिए ऊपर उठ जाते हैं कि जहाँ हम संघर्षों से भयभीत हो उठते हैं, वहाँ ये उनका डटकर मुकाबला करते हैं।"

ब ने फिर अ की ओर देखते हुए पूछा, "तुमने पढ़ी हैं जीवनियाँ?"

"हाँ, एक बार पढ़ी थी एक जीवनी। साह मटरूमल की। किसी हाईस्कूल के हेडमास्टर ने लिखी थी।"

"हेडमास्टर ने या उसके नाम से उसके स्कूल के किसी अध्यापक ने?" ब ने टोका।

"साह बड़ा दानी था। उसने उस हाईस्कूल को भी दान में कुछ रुपये दिये थे।"

"दान दिया था या जीवनी लिखाने की कीमत?" ब ने पूछा।

"क, तुम्हारा वह मास्टर ठीक ही कहता था कि बड़े लोग शुरू में छोटे होते हैं और संघर्षों का मुकाबला करते-करते एक दिन ऊपर उठ जाते हैं।

साह मटरूमल भी शुरू में बिलकुल छोटा आदमी था। शहर में आया था, तो उसके पास सिर्फ लुटिया और थाली थी।" अ ने कहा।

"लुटिया-थाली को बेचकर कोई छोटा-मोटा धन्धा शुरू किया होगा? उसने?" ब बोली।

"नहीं। उसने एक बड़े सेठ के यहाँ कोई छोटी-सी नौकरी कर ली। इसी छोटी नौकरी से तरक्की करते-करते एक दिन वह सेठ का मुनीम बन गया! साह की संघर्षों से जूझने की ताकत देखो। सेठ ने किसी मामले को लेकर अदालत में साह के खिलाफ मुकदमा दायर कर दिया। साह इससे डरा नहीं। वह सेठ से ऐसा जूझा, ऐसा कि आखिर सेठ को उसके हाथों मात खानी पड़ी। साह की जीत क्या हुई, उसके भाग्य का जैसे दरवाजा खुल गया। अब उसने अपना अलग से कारोबार शुरू कर दिया। उसका यह कारोबार इतना फूला-फला कि कुछ ही दिनों में साह शहर के इने-गिने धनी-मानी असामियों में गिना जाने लगा। जिसके पास एक दिन थाली-लुटिया के सिवाय कुछ नहीं था, उसके पास अब क्या नहीं था! जमीन-जायदाद, नौकर-चाकर, मान-प्रतिष्ठा सभी कुछ तो। सच, इसे कहते हैं तरक्की। साह यदि सेठ से संघर्ष करते हिम्मत हार जाता, तो क्या वह कभी बड़ा आदमी बन सकता था! पैसा तो उसके लिए ऐसी तुच्छ चीज बन गई थी कि हमारे दल को जब भी चन्दा देता था, बिना गिने ही मुट्ठियाँ भर-भरकर देता था।"

"क्या जीवनी में यह बात भी लिखी थी?" ब ने सवाल किया।

"बड़े ऊँचे विचारोंवाला है ये साह। उसके दान-पुण्यों का उल्लेख तो जीवनी में है, चन्दों का नहीं। इस मामले में उसका उसूल है नेकी कर और दरिया में डाल। सच, ऐसे उदार लोग कम ही होते हैं।"

"मेरे एक रिश्तेदार ने ऐसी ही एक सेठ की जीवनी लिखी थी," ब ने कहा, "अच्छा पी-एच.डी. था। लेकिन बेचारा भूखों मर रहा था उन दिनों। सो ले ली लिखने के लिए। कोई हजार-एक पन्ने लिख डाले। जब सेठ के पास ले गया, तो जानते हो उसने क्या किया? दस-बीस पन्नों को छाँटकर सारे पन्ने रद्दी की टोकरी में फेंक दिये।"

"क्यों न फेंकेगा। उसने उसमें सारी नेकी-ही-नेकी की बातें लिख डाली होंगी।" अ ने कहा।

"नेकी की बातें," ब ने कहा, "ऐसी जीवनियों में वास्तव में क्या होता है, यही दिखाने के लिए तो मैं यह किस्सा सुना रही हूँ। सेठ ने वे पन्ने फेंकते हुए कहा, क्या उलटी-सीधी बातें लिख मारी हैं तुमने! जीवनियाँ इस तरह लिखी जाती हैं कहीं! खैर, दुबारा लिखो। इस तरह कि इन बचे हुए पन्नों का मैटर ही हजार पन्नों में आ जाए।"

"जरूर सेठ ने जो मैटर टोकरी में फेंक दिया था, उसमें उसकी जिन्दगी की सही-सही बातें होंगी।"

"हाँ। रिश्तेदार ने तो चिढ़कर सेठ से कहा था कि सेठ जी, दूसरा कोई इन पन्नों को इस तरह रद्दी की टोकरी दिखाता और आपका अपमान करता तो मैं उसकी अच्छी तरह खबर लेता।"

"उसने उन बचे हुए पन्नों को ही हजार पन्नों में लिख डाला होगा?" क ने कहा।

"क्या करता बेचारा!"

"अजीब बात तो यह है कि धरती पर आजकल ऐसे लोगों की ही जीवनियाँ और अभिनन्दन ग्रंथ लिखे जा रहे हैं।"

"लिखे जाएँ। आखिर छप जाने पर ये रद्दी की टोकरियाँ ही तो पाते हैं।" ब ने कहा।

"कुछ भी हो, साह मटरूमल की जीवनी आज की पीढ़ी के लिए जरूर एक अच्छा आदर्श पेश करती है।" अ ने कहा।

"यानी आज की पीढ़ी किसी को धोखा देकर कैसे ऊपर उठे, यही आदर्श न? वाह खूब!" ब बोली।

"जानती हो, इस जीवनी का विमोचन किसके हाथों हुआ था?"

"किसके हाथों?" ब ने पूछा।

"तुम बताओ न।"

"किसी विद्वान के हाथों तो हुआ नहीं होगा, इतना मैं विश्वास के साथ कह सकती हूँ।"

"कैसे होता। कोई ऐसे-वैसे ग्रंथ का विमोचन तो था नहीं। यह मेरे हाथों हुआ था!"

"ओह, तब तो साह की जीवनी को चार चाँद लग गए होंगे।" ब ने कहा।

"एक विद्वान ने उस प्रसंग पर बड़ी अच्छी टिप्पणी की थी। कहा था, योग्य ग्रंथ का योग्य हाथों विमोचन हुआ है।"

"अच्छी कहते हो इस टिप्पणी को! तुमने इस टिप्पणी का अर्थ समझने का प्रयत्न किया था कभी?"

"अच्छा, अब आँखें मुँद रही हैं। बातें बन्द।"

"आँखें मुँद रही हैं? मैं तो समझती थी, तुम्हें जमीन पर नींद नहीं आएगी। धरती पर तुम्हें गद्दों पर भी मुश्किल से नींद आती थी।"

"अरे भाई, थक जो गया हूँ।" अ ने कहा।

सुबह ब और क जल्दी उठ गए। अ सोते रहे। बड़ी देर तक। ब और क दोनों ही जानते थे, जब तक जगाया नहीं जाएगा, अ उठेंगे नहीं। उनकी ऐसी ही आदत थी। जगाने के लिए भी उन्हें पुकारना नहीं, जोर-जोर से हिलाना पड़ता था, क्योंकि जागते हुए भी कभी किसी की पुकार उनके कानों तक नहीं पहुँचती थी।

क के हिलाने पर वे एकदम उठे नहीं। करवट बदलते हुए रोष-भरे स्वर में बोले, "अरे मायाराम, कितने बज गए? नौ? इतनी जल्दी क्यों जगा दिया तुमने? मुझे अभी और सो लेने दो।"

अ अपने को धरती पर ही समझ रहे थे। मायाराम उनके बँगले का नौकर था। ब ने उनके इस भ्रम को बने रहने देते हुए कहा, "और कितना सोओगे? सत्ताईस साल की नींद क्या कम होती है? जागो, अब तो जागो!"

"मायाराम, कौन बेवकूफ हमें जागने के लिए कह रहा है? हम सत्ताईस साल से सो रहे हों या सौ साल से। इस बेवकूफ को मतलब?"

"बेवकूफ नहीं, एक भूखा-प्यासा नागरिक हूँ श्रीमान!"

"मायाराम, उस भूखे भिखारी की झोली में रात की बची-खुची रोटी डाल दो। और कह दो अब यहाँ शोर न करे, हमारी नींद खराब होती है।"

"अजी श्रीमान, उठिए भी। इस समय आप धरती के स्वर्ग में नहीं, स्वर्ग की धरती पर हैं।" ब ने कहा।

यह सुनना था कि अ एकदम उठ बैठे और आँखें मींजते हुए बोले, "ओह, मैं तो भूल ही गया था कि यहाँ नरक में आ फँसा हूँ—उस नरक में जिसे दुनिया के लोग स्वर्ग कहते हैं।"

"अब इस नरक से दूसरे नरक न जाना हो, तो जल्दी उठो और हाथ-मुँह धो लो। हमें यहाँ से फौरन निकल पड़ना है।" क ने कहा। उन पर अब भी चित्रगुप्त का भूत सवार था।

वहाँ से कुछ ही दूरी पर एक झरना था। ब और क वहीं स्नान आदि से निवृत्त हो आए थे। अ जब निवृत्त होने के लिए गए, ब और क ने उस बीच नाश्ते के लिए आसपास के पेड़ों से कुछ मीठे-मीठे फल तोड़ लिये।

नाश्ते के बाद इन लोगों ने एक पगडंडी पकड़ ली—इस अनुमान से कि जरूर यह इस लोक की बस्ती को जाती होगी, उस बस्ती की ओर जिसे इन्द्रपुरी कहा जाता है।

पगडंडी पर चलते हुए अ को इस बात पर बड़ा आश्चर्य हुआ कि स्वर्ग में न सड़कें हैं और न ही कोई वाहन! स्वर्ग के द्वार से इन्द्रपुरी तक लोग क्या पैदल ही जाते होंगे? क से बोले, "कैसा राज है यह इन्द्र का? यहाँ न सड़कें हैं न वाहन!"

"उसकी राजधानी में होंगी सड़कें। खूब चौड़ी-चौड़ी। वाहन भी नाना तरह के दौड़ते होंगे।" क ने कहा।

"तो क्या राजधानी ही सब कुछ है? उसके बाहर भी तो दुनिया होती है।"

"महलों में पड़े लोगों की उधर नजर नहीं जाती।" ब ने कहा।

"इन्द्र को कभी पैदल चलना पड़े तो जाने कि लोगों को सड़कों-वाहनों के अभाव में कितनी तकलीफ होती है। खुद को कभी इधर आने का काम पड़ता होगा, तो मजे से हेलिकॉप्टर में बैठा चला आता होगा। ऐसे जनता-विमुख राजा की तो कोड़ों से खबर लेनी चाहिए।"

"ऐसी विद्रोह-भरी वाणी तुम्हारे मुँह को शोभा नहीं देती।" ब ने कहा।

"जनहित की बात को तुम विद्रोह-भरी वाणी कहती हो।"

"यही तो विडम्बना है," ब ने कहा, "जनहित की वाणी ही विद्रोह की वाणी कही जाती है। विशेष रूप से उन लोगों द्वारा, जिनके हाथों में जनहित के सूत्र होते हैं।"

चलते-चलते अ थक गए। अब तक इतना चल लिये थे, यही आश्चर्य की बात थी, क्योंकि रास्ते और उनके पैरों का सम्बन्ध सालों से छूट चुका था। पैरों का मुख्य काम तो अब कार, मंच और पलँग पर चढ़ने का ही रह गया था। वास्तव में उनके पैरों की स्थिति अब उन कुलियों की भाँति बन चुकी थी जो अपने सिर पर भारी सामान का बोझ कुछ दूरी तक ही लाद ले जाते हैं।

एक स्थान पर वे अचानक बैठ गए।

"क्या बात है? तुम तो इस तरह बैठ गए जैसे चुनावी जीत की खबर ही सुन ली हो।" क ने कहा।

"मैं नहीं समझता था, स्वर्ग में आकर भी स्वर्ग हमसे इतनी दूर होगा।"

"धरती पर कुछ लोग ठीक ही कहते थे। हम नहीं जानते थे, स्वराज पाकर भी स्वराज हमसे इतनी दूर होगा।" ब ने कहा।

"हम कहीं भटक तो नहीं गए हैं? हो सकता है, यह रास्ता इन्द्रपुरी को न जाता हो।"

"भटक भी गए हों तो क्या बिगड़ा! भटक जाना तो तुग लोगों की प्रकृति रही है।"

"भटक जाना हमारी प्रकृति थी?" अ ने चिढ़कर कहा।

"भूल हुई मुझसे," ब ने कहा, "भटक जाना तो तुम लोगों की प्रगति रही है। फिर भी गलत रास्ते पर डटे ही रहते थे। और जहाँ-तहाँ चीख-चीखकर घोषणा करते थे, हम सही रास्ते पर हैं, सही रास्ते पर हैं। अब यहीं तुम्हें क्या हो गया? भटक जाने से डर क्यों गए?"

अ ने जब कोई जवाब नहीं दिया, तो वह आगे बोली, "शायद इसलिए कि यहाँ का भटक जाना तुम्हें थका देता है, धरती की भाँति सुख-सुविधाओं में वृद्धि नहीं कर रहा है।"

"सोचता हूँ, क्यों न हम नरक ही जाएँ। आराम मिलता हो तो नरक भी पसन्द है। यह ऐसा पैदल चलानेवाला, जमीन पर सुलानेवाला स्वर्ग मुझे नहीं चाहिए।"

इस पर क ने कहा, "तुम तो दिल ऐसा छोटा कर रहे हो, जैसा स्वराज-प्राप्ति पर किया था। अब स्वर्ग में आए हैं, तो आराम भी मिलेगा। उसके लिए

तुम्हारी जरा भी कुछ करने की तैयारी नहीं? कष्ट न करके सभी कुछ एकदम पा लेने की तुम्हारी आदत ही बन गई है।"

"हाँ तो उठो। काफी सुस्ता लिये अब।" ब ने कहा।

अ को मजबूर होकर उठना ही पड़ा।

जब तीनों आगे बढ़े, तो क ने कहा, "बड़ी अजीब बात है। ब औरत होकर भी नहीं थकी और तुम मर्द होकर भी थक गए। इसी बल पर देश का बोझ अपने कन्धों पर सँभालते थे?"

"मेरे कन्धे मजबूत हैं, पैर नहीं।" अ ने कहा।

"तो विरोधी ठीक ही कहते थे, हमारा देश जरा भी आगे नहीं बढ़ रहा है।" क बोले।

"लगता है, आज तुममें तुम्हारी नहीं, किसी विरोधी की आत्मा आ बसी है। तभी ऐसी बातें सुना रहे हो।"

"विरोधी की आत्मा," क ने कहा, "एक बात कहूँ। चुनाव में प्रतिद्वन्द्वी होते हुए भी और हमारी नीतियों पर बुरी तरह प्रहार करते हुए भी विरोधी तुम्हारे दुश्मन नहीं थे। कहीं भी मिल जाते थे, तो वे तुम्हारे साथ कैसी खुलकर बातें करते थे। तुम भी उनके साथ मजे से चाय पीते थे। वास्तव में तुम्हारे दुश्मन तो हमारी पार्टी में ही थे। चुनाव के दौरान विरोधियों से ज्यादा तो हमारी पार्टी के लोग ही तुम्हारी जड़ें काटने में लग जाते थे। हमारे लोग इस मायने में भी दुश्मन थे कि इनके दबाव में तुम कितने ही गलत और नाजायज काम करते थे।"

"ठीक ही कहते हो।" अ ने गम्भीर होकर कहा।

"और यही लोग, तुम देख लेना, अब विरोधियों की आड़ में तुम्हारी कब्र खोदे बिना नहीं रहेंगे। बुरी तरह बदनाम करके छोड़ेंगे।"

"मैं जानता हूँ, ये लोग इतिहास में भी मेरा नाम नहीं जाने देंगे। इधर मुझे स्वर्ग भले ही मिल गया हो, पर धरती का स्वर्ग तो इतिहास ही है।"

"अरे भाई," ब ने कहा, "एक ही समय दो नावों में पैर कैसे रखा जा सकता है? भूगोल में भी और इतिहास में भी"

"मतलब?" अ ने कहा।

"और माना कि इतिहास में तुमने पैर जमा ही लिया," क ने कहा, "तो वह कितने दिन जमा रहेगा। इतिहास की नाव बड़ी अजीब होती है।

वह हल्के-फुल्के को बीच में ही डुबा देती है, भारी-भरकम को पार ले जाती है।"

"इस तरह की बातें तुम धरती पर क्यों नहीं कहते थे?"

"कैसे कहता! ये बातें तो खुद तुम्हारी हैं। तुमने अपने कई भाषणों में कह सुनाई हैं।"

"खुद मेरी बातें! मुझे पता नहीं, मंच पर मैं क्या-क्या कह जाता था।"

"कैसे पता हो," ब ने कहा, "जनता के सामने तुम थोड़े ही बोलते थे। वह तो तुम्हारे मुख और माइक में से होती हुई प्लेबैक की वाणी गूँजती थी।"

"खैर, इतिहास की बात छोड़ो। कहीं किसी सड़क को ही मेरा नाम मिल जाए।"

"अगर तुम्हारे भक्त कोशिश करें, तो यह कोई बड़ी बात नहीं है। लेकिन भक्तों को तो तुम जानते हो, हवा के साथ रुख बदल लेते हैं।" क ने कहा।

"मैंने उन लोगों के लिए क्या-क्या नहीं किया! वे मेरे लिए इतना-सा काम नहीं करेंगे?"

"नाम भी तो दिन-ब-दिन बढ़ रहे हैं और सड़कें कम पड़ रही हैं।" क ने कहा।

इस पर ब ने कहा, "सड़कें छोड़कर जब नाम ही बनाने के चक्कर में रहेंगे ये लोग, तो ऐसा ही होगा। भाई, इस सूरत में तो मेरा खयाल है कि सड़कों के किनारों के एक-एक पेड़ को ही नाम देना शुरू कर दिया जाए।"

"लेकिन पेड़ों की जिन्दगी कितनी-सी होती है!" अ ने कहा।

"पेड़ों की जिन्दगी," ब बोली, "मैं समझती हूँ उनकी जिन्दगी तुम्हारे नामों से कहीं ज्यादा लम्बी होती है।"

"तुम ठीक ही कहती हो," क ने कहा, "लम्बी जिन्दगियों के नाम इने-गिने ही होते हैं। और ये इतिहासों से होते हुए सड़कों-उद्यानों-संस्थाओं तक पहुँचते हैं। सड़कों-उद्यानों आदि से इतिहासों में नहीं।"

"खैर, न मिले मेरे नाम को इतिहास या सड़क। मैंने जो शिलान्यास और उद्घाटन किये हैं, वहाँ तो मेरा नाम बना ही रहेगा।"

"कहो कि पत्थर की लकीर बन गया," ब ने कहा, "उसे तो अब आदमी क्या, प्रकृति भी नहीं मिटा सकती। और प्रकृति यदि पत्थरों को वहाँ

से हटा दे, तो वे किसी म्यूज़ियम में जा विराजेंगे। इस तरह तुम जब तक धरती है, अमर हो गए।"

"हाँ। और भविष्य में इतिहास के विद्वान उन पत्थरों पर शोध भी कर सकते हैं।" क ने कहा।

"ओह, यह तो बड़ी अच्छी बात होगी। आखिर इतिहास में पहुँचने का मौका मुझे मिल सकता है।"

"शोध का नतीजा उलटा भी हो सकता है, यदि वह भूल से सही-सही हो जाए।" ब ने कहा।

इस पर अ कुछ नहीं बोले!

कुछ देर तीनों मौन ही चलते रहे।

"हम लोग यहाँ तिलक, गांधी, नेहरू वगैरह से मिल सकेंगे।" क ने मौन तोड़ते हुए कहा।

"हाँ-हाँ, यहाँ तो इन लोगों के पीछे कोई झंझटें भी नहीं होंगी।" अ बोले।

"लेकिन वे लोग यदि धरती के बारे में जानते होंगे, तो तुम्हें बुरी तरह फटकारेंगे।" ब ने कहा।

"फटकारेंगे?"

"कहेंगे, अपनी लड़खड़ाती हुई पार्टी को तुम लोग हमारे नामों की टेक से कितने दिन खड़ी रख सकते हो! अपनी ओर से भी तो उसके लिए कुछ करो।"

सुनकर अ गम्भीर हो गए।

ब आगे बोली, "वे यह भी कह सकते हैं, याद रखो राजनीति का कारोबार पूर्वजों की पूँजी पर ज्यादा दिन नहीं चला करता। इसके लिए पार्टी के एक-एक आदमी की अपनी पूँजी होनी चाहिए। फिर वह कण-कण-भर की ही क्यों न हो। यह समन्वित पूँजी ही पार्टी का और साथ-साथ देश का उद्धार कर सकती है।"

"तुम ठीक कहती हो," अ ने कहा, "एक बार कार्यकारिणी की बैठक में मैंने। कुछ ऐसी ही बात कही थी। उस समय वहाँ चुनाव-अभियान की बाबत विचार चल रहा था। मैंने कहा था, अब खुद हममें से एक-एक को इतना योग्य बन जाना चाहिए कि लोग स्वयं ही हमारी ओर आकृष्ट हों और हम चुनाव जीत सकें। हम अपने पूर्वजों के नाम कितने दिनों तक कैश कराते

रहेंगे या पानी की तरह पैसा बहाते रहेंगे? इस पर जानते हो, अध्यक्ष महोदय बुरी तरह बिगड़ उठे थे। बोले—देखो, आप लोग कांक्रीट सजेशंस दीजिए। फालतू बातें सुनाकर व्यर्थ समय बरबाद मत कीजिए।"

"अध्यक्ष की बात पर मुझे एक किस्सा याद आ रहा है।" ब बोली।

"कैसा किस्सा?"

"एक लड़का पढ़ने में कमजोर था। अध्यापक ने जब उससे कहा, पढ़ाई करो भाई, तभी पास हो सकोगे, तो जानते हो लड़के ने क्या कहा। बोला, फालतू बातों में समय नहीं गँवाना है। आप तो ऐसी ठोस बातें सुझाइए जो मुझे इम्तहान में आसानी से पास करा दें।"

"बड़ा फिट बैठता है तुम्हारा यह किस्सा," क ने कहा, "बस फर्क इतना ही है कि जिस दिल से अध्यापक ने अपनी बात लड़के से कही, उसी दिल से अ ने बैठक में अपनी कही। क्यों भाई अ, ठीक है न?"

"सामने देखकर चलो, नहीं तो पत्थर-वत्थर की ठोकर लग जाएगी।" अ ने चिढ़कर कहा।

तीनों कुछ देर और चले होंगे कि कुछ दूरी पर उन्हें बस्ती के आसार दिखाई दिये। अ के जी-में-जी आया। वे फिर बुरी तरह थक गए थे और सुस्ताने के लिए पुनः बैठ जाना चाहते थे। बस्ती के निकट पहुँचने पर उन्हें एक आदमी दिखाई दिया। वह साधारण-सी धोती और मोटे कपड़े का कुरता पहने हुए था। माथे पर लम्बा-चौड़ा तिलक था और भगवा टोपी के बाहर चोटी झाँकती हुई दिखाई दे रही थी। गले में रुद्राक्ष की माला थी और पैरों में खड़ाऊँ।

"हम उस गँवार से पूछें क्या इन्द्रपुरी यही है।" अ ने कहा।

"गँवार," क ने कहा, "अरे, वह कोई भक्त लगता है और उसे तुम गँवार कहते हो। फिर वह स्वर्ग-प्राप्त भक्त है। धरती पर उसका व्यक्तित्व अवश्य असाधारण रहा होगा।"

"भगवान भी कैसे रूप पर रीझता है!"

"हाँ, उसे तुम-जैसों के रूप पर रीझना चाहिए। गोल-मटोल, भरपूर चरबी से भरी और पवित्र सफेद खादी में लिपटी देह!" ब ने कहा।

"क्या यह इन्द्रपुरी है?" भक्त के पास पहुँचने पर क ने उससे पूछा।

"इन्द्रपुरी," भक्त ने तीनों की ओर कुछ विचित्र दृष्टि से देखते हुए कहा, "नहीं, यह भक्तों की बस्ती है। आपको क्या इन्द्रपुरी जाना है?"

"हाँ।"

"लगता है स्वर्ग में अभी-अभी आ रहे हो। इन्द्रपुरी का रास्ता वह रहा।" बस्ती के बाहर से जाती हुई एक पगडंडी की ओर इशारा करते हुए भक्त ने कहा।

"यहाँ से कितनी दूर है?" अ ने पूछा।

"बहुत दूर—कोई तीन कोस।"

दूरी सुनकर अ का मुँह लटक गया। बोले, "हमें कोई वाहन नहीं मिल सकता यहाँ से? हम लोग चलते-चलते बिलकुल थक गए हैं।"

"वाहन तो यहाँ कोई नहीं है। और न वाहन जाने लायक रास्ता ही है यहाँ से।"

"अजीब बात है।"

"भक्तों की बस्ती है न यह। देवताओं के दर्शनों को हम लोग पैदल ही जाते हैं।"

"सच, बड़ी अजीब बात है यह।" अ ने दुबारा कहा।

इस पर ब बोली, "अजीब बिलकुल नहीं। धरती पर भी तो दर्शनार्थी पैदल ही चलते हैं।"

"मन्दिरों के सामने तुमने ताँगों-रिक्शों-कारों की भीड़ नहीं देखी कभी?"

"अजी, मैं तुम्हारे गरीब दर्शनार्थियों की बात कर रही हूँ।"

तीन कोस, यानी छह मील अ को पहाड़-जैसे लगे। वे मन-ही-मन झुँझला उठे—"साला, यह स्वर्ग है या नरक! धरती से भी गया-बीता। धरती पर नहीं कुछ तो, गधे की ही सवारी मिल जाती है।"

"आप लोग थक गए होंगे। मेरे यहाँ चलकर विश्राम कीजिए। इन्द्रपुरी कल चले जाइएगा।"

भक्त के इस प्रस्ताव को सुनकर अ मन-ही-मन क्षुब्ध हो उठे। उनमें घृणा-सी भर आई। छिः, इस फूहड़ के यहाँ कौन जाएगा।

लेकिन ब ने कहा, "धन्यवाद, हम आपके बड़े कृतज्ञ हैं।"

अ ने कहा, "नहीं-नहीं, हम इन्हें कष्ट क्यों दें।"

“इसमें कष्ट की क्या बात है, चलिए।” भक्त ने विनयपूर्वक कहा और चलने के लिए मुड़ा।

अ अब किन शब्दों में मना करते। तभी इस विचार से कि इन्द्रपुरी तक फिर पैर घसीटने पड़ेंगे, उनका जी काँप उठा। साथ ही अब पेट में चूहे भी दौड़ने लगे थे। सुबह केवल फल ही खाए थे। अतः भक्त ज्यों ही चला, ब और क की तरह वे भी चुपचाप उसके पीछे हो लिये।

“आप लोग किस देवता के भक्त हैं?” चलते-चलते भक्त ने पूछा।

जवाब क ने दिया, “हम लोग देवभक्त नहीं, देशभक्त हैं।”

“तभी मैंने कहा, आप लोगों का यह अजीब वेश कैसा!”

खुद तो गँवार है और हमारे वेश को अजीब कहता है। अ मन-ही-मन बौखलाए।

“अजीब क्यों?” क ने पूछा।

“नहीं। स्वर्ग में आनेवालों की प्रायः ऐसी वेशभूषा होती नहीं है।” भक्त ने कहा।

“आप नहीं जानते। भारत के सन्तों की आजकल यही वेशभूषा है।” ब ने कहा।

“सन्त!” भक्त ने आश्चर्य से कहा। फिर बोला, “हाँ-हाँ, समझा। धरती के अब ये ही तो सन्त हैं।”

“इन सन्तों ने अब अपने देश को बिलकुल स्वर्ग बना दिया है।” ब बोले।

“ओह, तभी शायद ये लोग इधर नहीं आ रहे हैं। आप क्यों चले आए? क्या आपको धरती का स्वर्ग पसन्द नहीं आया चिन्तकों और विचारकों की भाँति?”

“कौन-से चिन्तक और विचारक?” अ ने पूछा।

“आपके ही देश के। वे आपकी धरती को खूब गालियाँ देते हैं।”

“क्या?” अ ने कहा, “यहाँ स्वर्ग में भी गालियाँ देते हैं।”

“कहते हैं, वहाँ जिसे स्वर्ग कहा जाता है हवा एक ही दिशा से बहती है और उसी से रुख रखनेवाले साँस ले पाते हैं।”

अ इस बात का मतलब नहीं समझ पाए। जब क से मालूम हुआ तो बोले, “झूठ, बिलकुल झूठ बात है यह।”

"आपके स्वर्ग में सामान्य लोग शायद रोटी की जगह गोली खाना पसन्द करते हैं। और इसका इन्तजाम सरकार बखूबी करती है।"

"क्या विचारक ही बता रहे थे ऐसी बातें?"

"समझिए कि वे ही बता रहे थे।" भक्त ने कहा।

"मैं समझता हूँ," अ ने चिढ़कर कहा, "जिन्हें आप विचारक कह रहे हैं वे सिरफिरे लोग हैं।"

"हो सकता है," भक्त बोला, "क्योंकि इनमें कुछ विद्वान और वैज्ञानिक आत्महत्या करके इधर आए हैं।"

"ये झूठ बोलनेवाले लोग इधर स्वर्ग में आ कैसे जाते हैं?" अ ने कहा। फिर क की ओर मुड़कर बोले, "मैं तो कभी सोच भी नहीं सकता था कि अहंजीवी लोग हमारे सरदर्द के लिए यहाँ भी मौजूद होंगे।"

बस्ती में काफी अन्दर घुस आने पर एक मकान की ओर इशारा करते हुए भक्त ने कहा, "यह मकान कालिदास का है।"

कालिदास! स्वर्ग में कालिदास का नाम सुनकर अ को आश्चर्य हुआ।

कालिदास की दो साल पहले ही मृत्यु हुई थी। कोई चुनाव ऐसा नहीं था जो बिना धौंस-डपट और दंगा-फसाद के उसने जीता हो। एक बार तो उसने प्रतिपक्ष के एक प्रचारक का खून ही करा दिया था। ऊपर से मामले को सँभाला न गया होता, तो उसकी और साथ ही दल की प्रतिष्ठा बिलकुल धूल में मिल जाती। अ ने सोचा, यह कालिदास कानून की नजरों से तो बच गया, भगवान की नजरों से कैसे बचा?

उन्होंने क से कहा, "यह कालिदास साला स्वर्ग में आ कैसे गया?"

"मैं भी यही सोच रहा हूँ। पर यह कोई दूसरा कालिदास तो नहीं?"

इस पर अ ने भक्त से पूछा, "क्या करता था यह कालिदास, भाई?"

"अरे, आप लोग नहीं जानते? यह एक बड़े कवि थे।"

"कवि!" अ ने कहा, "हाँ-हाँ, याद आया। इस नाम का कवि वर्षों पहले हमारे देश में हुआ था।"

"सारी धरती पर आज भी इनका नाम है, नहीं?"

"यह तो मैं नहीं जानता," अ बोले, "हाँ, इतना जरूर जानता हूँ कि एक पुण्यनगरी में जहाँ ये रहते थे, इनके सम्मान में एक बड़ा समारोह मनाया

जाता है। प्रतिवर्ष। सच, इस समारोह से कालिदास का गौरव खूब बढ़ा है। इस बात से और ज्यादा कि इसका उद्घाटन हम मंत्रियों के हाथों होता है। कभी कालिदास को यह बात बताना। सुनकर वे धन्य-धन्य हो उठेंगे।"

"जरूर बताऊँगा।" भक्त ने मुस्कुराते हुए कहा।

"उन्हें यह भी बताना कि एक वर्ष इस समारोह का उद्घाटन जिस मंत्री के हाथों हुआ था, वह भी स्वर्ग आए हैं। सुनकर शायद वे इतने खुश हों कि मुझसे मिलना चाहें। उनसे कहना, वे मुझसे जब चाहें मजे से मिल सकते हैं।"

ब जो अब तक सारी बातें चुपचाप सुन रही थी, बोली, "ओह, तुम कितने विनयशील हो!"

बस्ती में रास्ते पर कई लोग कुतूहल से तीनों की ओर देख रहे थे।

अ उनसे नजर बचाते हुए चल रहे थे, क्योंकि उन्हें उनके बीच चलते हुए बड़ी लज्जा का अनुभव हो रहा था। आखिर उन्होंने भक्त से कहा, "आपका मकान अब कितनी दूर है?"

भक्त ने जवाब दिया, "बस, अब ज्यादा दूर नहीं है।"

विष्णुप्रिय का आतिथ्य

मन्दिरों के आकार-प्रकार वाले मकान बाहर से तो भव्य थे ही, अन्दर से भी सब सुख-सुविधाओं से पूर्ण थे। विष्णुप्रिय का मकान भी—विष्णुप्रिय उस भक्त का नाम था—ऐसा ही भव्य और सुविधाओं से परिपूर्ण था। अ, ब, क विष्णुप्रिय के यहाँ जाकर बैठे ही थे कि अ की दृष्टि एक कमरे में बिछे पलँग की ओर गई। उसके पाए-पाटे सोने के थे। देखते ही बोल उठे, "ओह, यह तो सोने का पलँग है!"

"हाँ-हाँ, सोने का ही है।" विष्णुप्रिय ने कहा।

"आप सोने के पलँग पर सोते हैं?"

"नहीं, मैं तो नीचे आसन पर ही सोता हूँ। यह अतिथियों के लिए है।"

अ उस पर सोने के लिए ललचा उठे। थके थे ही। बोले, "कुछ देर मैं इस पर आराम कर लूँ?"

"हाँ-हाँ, अवश्य कीजिए।" विष्णुप्रिय ने कहा।

सुनते ही अ उठे और सीधे कमरे में चले गए। कपड़े तक नहीं उतारे और पलँग पर लेट गए। हाँ, टोपी की लाज जरूर रखी। उसे एक खूँटी पर टाँग दिया।

पलँग पर ज्यों ही लेटे, सम्पूर्ण शरीर एकदम गुदगुदा उठा। उस पर की शैया ऐसी ही सुखद और मुलायम थी। फिर सोने में भी तो गुदगुदी पैदा करने की सामर्थ्य होती है।

ज्यों ही उन्होंने आँखें मूँदीं, वे अपने-आप से बोले—अब लगा कि स्वर्ग में आ गया हूँ। ओह, कितना अच्छा है यह सोने का पलँग!...मनुष्य की दमित इच्छाएँ क्या स्वर्ग में पूरी होती हैं?...आज इस भक्त के पलँग पर सो रहा हूँ...कल मैं स्वयं अपने पलँग पर सोऊँगा।...धरती पर इस सोने के पलँग पर सोने के लिए मैं कितना तरसता रहा!

और इसके साथ ही अ का मस्तिष्क पिछले जीवन की स्मृतियों में खो गया।

धरती पर एक रात वे एक उद्योगपति के यहाँ चाँदी के पलँग पर सोए थे।

एक नगर में वेतन-बोनस आदि को लेकर मजदूरों का आन्दोलन चल रहा था। राजधानी से वे उस नगर में पहुँचे—मिल-मालिकों और मजदूरों में समझौता कराने के लिए। उन्होंने आन्दोलनकारियों के नेताओं से बात की और उद्योगपतियों के प्रतिनिधियों से भी। मजदूरों की वास्तविक स्थिति से अवगत कराने के लिए नेताओं ने अ को उनकी कॉलोनियों में भी घुमाया। मजदूरों का प्रत्येक परिवार जिस प्रकार की अभावग्रस्त जिन्दगी जी रहा था, उसे देखकर उनका हृदय द्रवित हो उठा था और उन्होंने मन-ही-मन ठान लिया था कि वे मजदूरों की माँगें स्वीकार करने के लिए उद्योगपतियों पर दबाव डालेंगे।

उद्योगपतियों के प्रतिनिधियों के साथ एक के बाद एक बैठकें हो रही थीं कि बीच के अवकाश में एक प्रतिनिधि उनके रिटायरिंग रूम में आया और बोला, "सेठ खट्टरमल जी आपको दावत देना चाहते हैं आज रात।"

"दावत...नहीं-नहीं, हमें ऐसी दावतें कतई पसन्द नहीं।" अ ने बेरुखी से बात को टाला।

प्रतिनिधि कच्चा चेला नहीं था। बोला, "आप चिन्ता मत कीजिए। यह दावत बिलकुल गुप्त रखी जाएगी।"

वास्तव में अ को डर इसी बात का था कि इधर वे उद्योगपति की दावत खाएँगे और उधर जनता स्वयं उन्हें खा जाएगी। लेकिन अब उन्होंने निमंत्रण स्वीकार कर लिया।

कहना न होगा कि दावत अपने-आपमें अनोखी थी। बिलकुल गिने-चुने लोग थे उसमें।

जिस समय खाना, और साथ में पीना, आरम्भ हुआ, अ भूल गए कि उस दिन सुबह ही मजदूर-कॉलोनियों में उन्होंने देखा था कि किस तरह वहाँ

के बच्चे रोटी के टुकड़ों के लिए आपस में छीना-झपटी कर रहे थे। जो सुन्दर युवती उनके गिलास में शराब उड़ेल रही थी, उसके पारदर्शी कपड़ों में आँख गड़ाते हुए उन्हें उन औरतों का तनिक भी ध्यान नहीं आया, जिनके कपड़े गरीबी ने ही पारदर्शी बना दिये थे।

दावत के बाद उनसे कहा गया कि अब आप यहीं आराम कीजिए। वे इस प्रस्ताव को कदापि स्वीकार न करते, लेकिन आवश्यकता से अधिक पी लेने के कारण उन्हें विवश होकर उसे स्वीकार करना पड़ा। और जिस पलँग पर उनके आराम की व्यवस्था की गई थी, वह चाँदी का था। उस रात, बल्कि सुबह-सुबह उन्हें एक सपना आया था। आकाश से सोने का एक पलँग उतरकर उनके कमरे में आ पहुँचा है। उस पलँग को देखकर वे खुश हो उठते हैं। उठकर वे उस पर सोना चाहते हैं। लेकिन ज्यों ही वे पलँग की ओर बढ़ते हैं, पलँग उनसे दूर-दूर होता जाता है।...

दूसरे दिन जागने पर जब उन्हें इस सपने की याद आई, उनका मन क्षोभ से भर गया। वह पलँग उनसे दूर-दूर क्यों सरकता चला गया? इसी तरह सरक जाना था तो वह दिखा ही क्यों? खैर, कोई बात नहीं, अपने मन को समझाते हुए उन्होंने कहा, जो चीज मैं स्वप्न में नहीं पा सका वह यथार्थ में पाकर रहूँगा।

उसी दिन दोपहर को घर लौटने पर उन्होंने पत्नी से कहा, "मेरे पास सब कुछ है। बस एक सोने का पलँग नहीं है।"

"कैसी बात करते हो," पत्नी ने आश्चर्य से कहा, "हमारे यहाँ एक नहीं, दस-दस सोने के पलँग हैं।"

"सोने के पलँग से मेरा मतलब है—सोने के काम आनेवाला सोने का पलँग। जिसके पाए-पाटे सोने के हों।"

"कैसी फालतू बात करते हो," पत्नी ने चिढ़कर कहा, "लोगों को सामान्य पलँग नसीब नहीं, और तुम सोने का पलँग बनवाओगे?"

"लोगों की बात मत करो। लोग फुटपाथ पर सोते हैं, तो क्या हम भी फुटपाथ पर सोएँ? देख लेना, पास की एक दमड़ी भी खर्च नहीं करूँगा और छह महीने के भीतर हमारी कोठी में सोने का पलँग आ जाएगा।"

और सचमुच एक दिन कोठी में सोने का पलँग आ गया।

उस पलँग को देखते ही पत्नी झल्ला उठी। उसने फौरन क को फोन किया और कोठी पर बुलाया। क के आने पर उसने उनको सारी बात कह सुनाई और बोली, "मेरी तो एक भी बात नहीं मानते। अब तुम्हीं किसी तरह समझा-बुझाकर इनका यह पागलपन दूर करो। मैंने तो ठान लिया है, उन्हें इस पर नहीं सोने दूँगी। चाहे कुछ हो जाए।"

क अ के पास पहुँचे। बोले, "यह सोने का पलँग कोठी में क्यों आया है?"

"सोने के लिए और किस बात के लिए।" अ ने जवाब दिया।

"इस सोने के पलँग पर सोओगे अब तुम! अरे, सोने के पलँग पर सोकर क्यों आज तक के त्यागमय जीवन को बट्टा लगा रहे हो?"

और इसके बाद क ने एक लम्बा-चौड़ा भाषण उन्हें सुनाया। राणा प्रताप का उदाहरण प्रस्तुत किया, जो देश के लिए जमीन पर सोते थे। अन्त में कहा, "जरा सोचो तो, इतिहास में उन देशभक्तों के नाम नहीं जाते जो सोने के पलँगों पर सोते हैं। उन लोगों के जाते हैं जो जमीन पर सोते हैं। देश के लिए यदि तुम धरती पर नहीं सो सकते, तो कम-से-कम सोने के पलँगों पर तो मत सोओ।"

अ पर इस भाषण का प्रभाव पड़ा। बोले, "ठीक कहते हो। मैं सोने के पलँग पर सोने की बात दिल से निकाल देता हूँ। अरे, देश के लिए मैं क्या नहीं कर सकता!"

इसके बाद उन्होंने अपने फैमिली सुनार को बुला भेजा और उससे कहा कि वह उस पलँग को ईंटों में बदल दे!

सुनार को आदेश दे तो दिया, लेकिन ईंटों के लिए पलँग को पिघलते देख उन्हें लगा, पलँग नहीं, यह उनके अरमान पिघल रहे हैं। आखिर अपने मन को किसी तरह समझाते हुए कहा, खैर, कोई बात नहीं। हम-जैसे देशभक्तों को ऐसे कितने ही दर्द चुपचाप पी जाने होते हैं। सच्चा बड़प्पन इसी में है।

अ ने करवट बदली। लेकिन दिमाग अब भी स्मृतियों में गोते लगा रहा था।

अ ने पलँग की बात भुला देनी चाही, पर वे उसे कई दिनों तक भूल नहीं सके। उनका मन यह सोचकर दुखी हो उठता था कि जिस तरह स्वप्न में पलँग उनके पास आया और वे उसे पा नहीं सके, उसी तरह यथार्थ में भी वह हाथ आकर हाथ नहीं लग सका।

वे सोचने लगे, आखिर ऐसा क्यों हुआ? क्या अपनी किस्मत में सोने का पलँग नहीं लिखा था? इतनी खोटी है अपनी किस्मत? और एक दिन उन्होंने अपने ज्योतिषी को बुला भेजा।

अ के सामने जब भी कोई समस्या उठ खड़ी होती, वे फौरन अपने फैमिली ज्योतिषी को बुला भेजते। ज्योतिष पर उनका पूरा-पूरा विश्वास था, यद्यपि खुले में वे इसके कट्टर विरोधी थे। कोई भी कदम वे बिना अपनी ग्रहदशा जाने उठाते नहीं थे। एक चुनाव से लेकर दूसरे चुनाव तक जनता की ग्रहदशा जानने को वे चाहे कभी व्यग्र न रहे हों, पर अपनी ग्रहदशा जानने के लिए बराबर व्यग्र बने रहते थे।

ज्योतिषी के आने पर अ ने अपनी व्यथा कह सुनाई।

सुनकर ज्योतिषी कुछ देर कहीं गहरे खो गया। फिर बोला, "स्वप्नवाले सोने के पलँग का रहस्य सोने का पलँग है ही नहीं, जो आपको मिल जाता।"

"सोने का पलँग नहीं? तो क्या रहस्य है उसका?" अ ने अधीर होकर पूछा।

"सोने का पलँग आपके पास आता है। आप जब उसके निकट पहुँचते हैं, तो वह आपसे दूर हट जाता है। आप उसकी ओर फिर बढ़ते हैं, वह और भी दूर हट जाता है। इन बातों का रहस्य हम ज्योतिषियों के लिए कोई रहस्य नहीं।...अहा, कितना अच्छा स्वप्न देखा है आपने! भाग्यशाली ही देखा करते हैं ऐसे सपने।"

अ रहस्य को जानने के लिए बेचैन हो उठे। बोले, "बताइए, बताइए पंडित जी, क्या रहस्य है?"

"सुनिए," ज्योतिषी ने कहा, "सोने के पलँग का रहस्य है, मुख्यमंत्री की कुर्सी। बस, अब वह आपके निकट आ पहुँची है।"

"ओह, मुख्यमंत्री की कुर्सी!" अ का मन-मयूर नाच उठा।

फिर दूसरे ही क्षण शंका की, "लेकिन ज्यों-ज्यों मैं पलँग की ओर, उसके पास बढ़ता गया, वह मुझसे दूर-दूर होता गया था।"

"पलँग बोल तो नहीं सकता," ज्योतिषी ने गम्भीर होकर कहा, "उसकी अपनी भाषा थी। दूर सरकते हुए वह कह रहा था—मेरी ओर बढ़ो, मेरी ओर बढ़ो। यानी बता रहा था, मुझे पाने की कोशिश करो। अत: आपको मुख्यमंत्री की कुर्सी के लिए कोशिश करनी होगी।"

"कोशिश? इस कोशिश के लिए मुझे क्या करना होगा?"

"आप जब पलँग की ओर बढ़ रहे थे, आपके पैर लड़खड़ाए थे?" ज्योतिषी ने पूछा।

"नहीं।"

"और कुछ हुआ था? दीवार से टकराए थे?"

"नहीं।"

"तो समझिए अपनी कोशिश में आप लड़खड़ाएँगे नहीं और न ही हाईकमान से कोई टकराहट होगी।"

"हाँ, एक बात जरूर हुई थी," अ को अचानक स्मरण हो आया, "मेज पर रखे काँच के गिलासों को धक्का लगा था और वे टूट-फूट गए थे।"

"काँच के गिलास," अर्थ खोजने के लिए ज्योतिषी कुछ देर रुका और फिर कहा, "अरे, ये तो आपकी पार्टी के कुछ सदस्य हैं जिन्हें अपने समर्थन के लिए आपको तोड़ना-फोड़ना होगा।"

"यह कोई कठिन काम नहीं," अ ने कहा, "गिलास फोड़ने जैसा ही आसान है।"

इसके बाद ज्योतिषी ने बतलाया कि स्वप्न कितना ही शुभ हो, अ के ग्रहों की दशा इस समय अच्छी नहीं चल रही है। इसे अनुकूल बनाने के लिए उचित होगा कि वे एक बडा यज्ञ कराएँ। यज्ञ में कम-से-कम एक मन घी, पाँच मन चावल का हवन जरूरी है। ग्यारह बकरों और तीन भैंसों की भी अवश्य बलि दी जाए।

और फिर दबी जबान में ज्योतिषी ने कहा, "यदि नरबलि की व्यवस्था हो जाए, तो समझिए काम शत-प्रतिशत बन गया।"

नरबलि की बात सुनकर अ चौंक गए।

कुछ देर रुककर ज्योतिषी ने कहा, "फिर आपका क्या विचार है? मेरा खयाल है इधर आप सदस्यों को तोड़ने-फोड़ने की कार्यवाही में लग जाएँ, उधर मैं यज्ञ का सिलसिला शुरू कर देता हूँ।"

"ठीक है," अ ने जैसे विचारों में से जागते हुए कहा, "आप अपना काम शुरू कीजिए, इधर मैं अपना करता हूँ। और देखिए, यह बात गुप्त रखी जाए कि यह यज्ञ मैं करा रहा हूँ।"

"ऐसा ही होगा, आप निश्चिन्त रहिए।"

"और इसे किसी छोटी-मोटी जगह कराइए।"

"ठीक है। कोई छोटा-सा गाँव देख लूँगा नदी-किनारे का।"

इसके बाद ज्योतिषी उठा।

जिस समय ज्योतिषी ने कोठी के बाहर कदम रखा, उसकी जेब भारी थी।

मुख्यमंत्री का पद। इस पर अ कितने ही दिनों से नजर गड़ाए हुए थे।

ज्योतिषी जब चला गया, तो वे सोचने लगे—अच्छा हुआ जो ज्योतिषी बुला लिया। नहीं तो वे इस दिशा में कोशिश ही न करते। प्रारब्ध का दिया गया संकेत यों ही चला जाता। प्रान्त का मुख्यमंत्री उन दिनों बिलकुल थर्डरेट आदमी चल रहा था। वैसे पहलेवाले भी खास नहीं थे। महँगाई, जमाखोरी, कालाबाजारी आदि कहने को नई बातें नहीं थीं, लेकिन वर्तमान मुख्यमंत्री के समय से जनता अब इन सबसे काफी त्रस्त हो उठी थी। आम जरूरत की चीजें भी सहज उपलब्ध नहीं हो पाती थीं। जनता को लूटनेवालों के खिलाफ मुख्यमंत्री कोई कदम अपने और अपने दल के हित को देखते हुए उठा नहीं रहे थे। शासन में भी भ्रष्टाचार और भाई-भतीजावाद का बोलबाला पहले से ज्यादा जोर पर था। कोई दिन ऐसा नहीं था कि विरोधी पार्टी के लोग शासन के खिलाफ आवाज नहीं उठा रहे थे। फिर शासक दल में भी मुख्यमंत्री के खिलाफ कानाफूसी होती रहती थी। इस हालत में अ के लिए सचमुच बड़ा अच्छा मौका था। हाँ, हाईकमान के गढ़ को फोड़ना जरा टेढ़ा काम था, क्योंकि मुख्यमंत्री अपने पद पर उसी की कृपा से टिके हुए थे। वे उसी के थोपे हुए थे।

दूसरे दिन अ ने ज्योतिषीवाली बात क को सुनाई।

सुनकर क ने कहा, "भाई, अन्दर-ही-अन्दर सदस्यों को तो फोड़ा जा सकता है, लेकिन यह यज्ञ वगैरह की बात अपने दिमाग में नहीं उतरती।"

"क्यों? तुम समझते हो ज्योतिषी गलत कहता है?"

"यह युग अग्नि-यज्ञ का नहीं है भाई, जनता-यज्ञ का है। मनों घी और अन्न-धान्य की आहुति यज्ञ की अग्नि में देने के बजाय जनता की जठराग्नि को दो। इस यज्ञ से जहाँ तुम्हारा हित होगा, वहाँ जनता का भी। आज जनता जब अनाज के एक-एक दाने के लिए हाय-तोबा कर रही है, वहाँ तुम मनों अन्न-घी अग्नि में झोंक दोगे?"

"वर्तमान मुख्यमंत्री, जानते नहीं कितना निकम्मा है?" अ ने दलील दी।

"जानता हूँ," क ने कहा, "और उसकी जगह अगर तुम आसीन हो गए, तो भी क्या फर्क पड़ जाएगा! जनता की हालत सुधर जाएगी? जैसे नागनाथ वैसे साँपनाथ"

"लगता है, तुम मुझे मुख्यमंत्री नहीं देखना चाहते।"

"हम व्यक्तियों में ही तो मुख्यमंत्री या मंत्री देखने लगे हैं। और बातें कहाँ देखते हैं।" क बोले।

"तो मेरे ही वक्त परम्परा क्यों तोड़ना चाहते हो?"

"खैर जाने दो। ज्यादा बहस करना बेकार है। बताओ, मैं तुम्हारे लिए क्या कर सकता हूँ?"

"तुम्हें बस मुख्यमंत्री के खिलाफ सदस्यों को भड़काना है। फिर धीरे-धीरे मेरे पक्ष में वातावरण तैयार करना है।" अ ने कहा।

शीघ्र ही इधर क ने अपना काम आरम्भ कर दिया तो उधर एक छोटे गाँव में नदी-किनारे एक महायज्ञ भी आरम्भ हो गया, जो एक सप्ताह चलनेवाला था। इसके लिए आवश्यक चावल और अनाज विशेष परमिट द्वारा प्राप्त हो गया था। पहले तो कलेक्टर ने अर्जी पर काट मार दिया था, लेकिन बाद में ऐसा कुछ जादू चला कि उसे काट पर काट मारना पड़ा।

यज्ञ एक बड़े स्वामी जी के नेतृत्व में आरम्भ हुआ था। इसके लिए काफी विशाल मंडप खड़ा किया गया था। यज्ञ आरम्भ होते ही वहाँ एक बड़ा मेला लग गया था और प्रतिदिन श्रद्धालुओं की भीड़ बढ़ती ही जा रही थी। हवन के लिए देश के विभिन्न भागों के पंडित और साधु-सन्त एकत्र हुए थे।

समापन के दिन प्रसाद और अंगारे के लिए अ चुपके से वहाँ पहुँचे।

स्वामी जी ने उन्हें अंगारे और प्रसाद के साथ मनोवांछित आशीर्वाद भी दिया।

भीड़ में खड़े एक व्यक्ति ने उन्हें पहचान लिया। स्वामी जी का उन पर आशीष-भरा हाथ देखकर वह चिल्लाया, "इन लोगों को क्या आशीर्वाद देते हो स्वामी जी! चारों ओर खड़ी इस जनता को दीजिए आशीर्वाद। यही इसकी हकदार है। इसी के पेट को काटकर तो यह यज्ञ हो सका है।"

स्वामी जी ने क्रुद्ध होकर उसकी ओर देखा और कहा, "नास्तिक, नास्तिक! ऐंसे नास्तिकों के कारण ही तो देश की आज यह दुर्गति हुई है।"

यज्ञ जब चल रहा था तो एक दिन क ने अ से कहा, "नरबलि के बारे में क्या सोचा है?"

"नरबलि?...नरबलि की बात हम इस युग में सोच ही नहीं सकते।" अ बोले।

"यज्ञ की बात सोच सकते हो और नरबलि की नहीं?"

"मुझे हथकड़ी डलवाना चाहते हो क्या?"

"किस मुख्यमंत्री को अब तक हथकड़ी पड़ी है?"

"कितने मुख्यमंत्रियों ने अब तक नरबलियाँ दी हैं?"

"कितने गिनाऊँ?" क ने कहा, "यज्ञ भले ही न होते हों, आज मुख्यमंत्री बनने के लिए और बनने के बाद टिके रहने के लिए नरबलि आम बात हो गई है। अरे, ये यज्ञों में नहीं देते तो क्या...दंगा-फसादों में, बाढ़-अकालों में, अन्याय-अत्याचारों में दे लेते हैं।"

अ ने इसका कोई जवाब नहीं दिया। चुप ही रहे।

लेकिन यज्ञ का कोई नतीजा नहीं निकला और न ही सदस्यों को तोड़ने-फोड़ने का। मुख्यमंत्री की कुर्सी मिलना तो दूर, उलटे जिस कुर्सी पर आसीन थे, उसी के छिन जाने की नौबत आ गई थी। दल का अनुशासन भंग करने के आरोप में हाईकमान ने उन्हें बुरी तरह डाँटा था और इस्तीफे की माँग की थी। यहाँ उनका जो आदमी था, उसने भी हाथ टेक दिये थे। मुसीबत से छुटकारा तभी मिल पाया था, जब उन्होंने अध्यक्ष महोदय के एक रिश्तेदार के हितों का, जिसका कारोबार उनके निर्वाचन क्षेत्र में था, विशेष खयाल रखने का आश्वासन दिया था।

इधर ज्योतिषी पर उन्हें इतना गुस्सा आया कि उस पर से उनका विश्वास जाता रहा और तय किया कि अब भविष्य में वे एक ज्योतिषी से नहीं, चार-चार ज्योतिषियों से सलाह लिया करेंगे।

सोने के पलँग पर लेटे अ इस तरह कितनी ही देर तक स्मृतियों में डूबे रहे। वे तभी उठे जब क ने उनके पास आकर कहा, "अरे भाई, आराम ही करते रहोगे? उठो, भोजन तैयार है।"

जब भोजन कर चुके, वे फिर पलँग पर जाकर सो गए।

यह देखकर क ने कहा, "यह वही पलँग तो नही है जो तुमने धरती पर बनवाया था? जरा भी नहीं छोड़ रहे हो इसे!"

"अगर यह वही पलँग है तो धरती पर लोग गलत कहते हैं कि सिर्फ पाप-पुण्य आदमी के साथ जाता है।" अ ने मुस्कुराते हुए कहा।

शाम को अ घर पर अकेले ही थे। ब और क विष्णुप्रिय के साथ बस्ती में घूमने और लोगों से मेल-मुलाकात के लिए चले गए थे। ब ने उन्हें भी चलने को कहा, लेकिन उन्होंने मना कर दिया था। चुनाव के दिनों के अलावा उन्हें इस तरह घूमने और लोगों से मिलने की आदत नहीं थी। मना कर देने पर क ने उन्हें मनाते हुए कहा था, "चलो भी। विष्णुप्रिय हमें बड़े-बड़े भक्तों के यहाँ ले जाएँगे।" इस पर उन्होंने कहा, "नहीं, मैं नहीं जाऊँगा। उन लोगों को जब ज्ञात होगा कि मैं यहाँ आया हूँ, तो वे स्वयं मुझसे मिलने चले आएँगे।" और जब वे लोग जाने को निकले तो उनसे बोले, "देखो, मेरे बारे में किसी से चर्चा न करना। नहीं तो व्यर्थ मिलनेवालों का ताँता लग जाएगा।" इस पर ब कुछ कहनेवाली थी कि तभी विष्णुप्रिय वहाँ आ गए।

उन लोगों के चले जाने पर अ कुछ देर कमरे में चहलकदमी करते रहे। हाथ पीछे बाँधे हुए और एक-एक कदम धीमे-धीमे रखते हुए। चेहरा गम्भीर था, यद्यपि कोई समस्या उनके सामने नहीं थी। धरती पर जब वे इस तरह टहलते थे, तो देखनेवालों को लगता था कि वे जनता की किसी जटिल समस्या को सुलझाने में डूबे हुए हैं। लेकिन वे किन विचारों में डूबे हुए हैं, उनकी पत्नी अच्छी तरह जानती थी। पूछने पर उसके अनुमान सही भी निकलते थे। इससे उसे बड़ी पीड़ा होती थी और कहती थी, "हमें सिर्फ अपनी बात नहीं सोचनी चाहिए। अपने लिए सोचने की भी एक हद होती है।" पत्नी की ऐसी बातों पर उन्होंने कभी ध्यान नहीं दिया था। वह एक छोटे खानदान से जो आई थी।

अ टहलते-टहलते जब ऊब गए तो घर के सामनेवाले बगीचे में चले गए। बगीचा छोटा था, लेकिन सुन्दर था। धरती पर उनकी कोठी के सामने बहुत बड़ा

बगीचा था। उसमें तरह-तरह के फूल खिलते थे। फूलों से उन्हें बेहद प्यार था। कई बार बगीचे में फूलों का सौन्दर्य निहारते हुए समय गुजारने की उनकी इच्छा होती थी। लेकिन फुरसत होते हुए भी उन्होंने कभी ऐसा नहीं किया था। कैसे करते! इस तरह की बातें सिर्फ सामान्य लोगों को शोभा देती हैं, बड़े लोगों को नहीं। बड़े लोग फूलदानों में या पुष्प-प्रदर्शनियों में ही फूलों की शोभा निहारते हैं। अ तो कई बार चाहकर भी राजधानी की अच्छी-से-अच्छी पुष्प-प्रदर्शनियों में भी नहीं गए थे, क्योंकि उनका उद्घाटन उनके हाथों नहीं हुआ था।

बगीचे में कुछ समय गुजारने के बाद अ वापस कमरे में आ गए। अब क्या करें, उनकी समझ में नहीं आया। बैठे-बैठे जब काफी ऊब गए तो उन्होंने अनुभव किया, अपनी कोठी पर 'लोगों से मिलना' समय काटने का कितना अच्छा साधन था।

तभी अचानक उनका ध्यान अलमारी में रखी हुई किताबों की ओर गया। किताबों में उनकी कभी रुचि नहीं रही। हाँ, कोई किताबों को फाइल की शक्ल में उनके सामने रख देता, तो वे उन्हें चाव से पढ़ जाते। मंत्री का रिश्ता फाइलों से होता है, किताबों से नहीं। इसलिए उसे फाइलें—फिर वे कितनी ही छोटी क्यों न हों—बड़ी लगती हैं और बड़ी-से-बड़ी किताबें भी छोटी।

फिर भी अ ने कुतूहलवश अलमारी खोली और दो-चार किताबें बाहर निकालीं। किताबों के शीर्षक देखकर वे आश्चर्य में पड़ गए। वे समाजशास्त्र, अर्थशास्त्र, विज्ञान की थीं। इस भक्त के यहाँ ये कैसी पुस्तकें...वेद-पुराणों, कीर्तन-भजनों को छोड़कर! उन्होंने और किताबें निकालीं निचले खाने से। इस बार की पुस्तकें धार्मिक ही थीं। लेकिन इन पुस्तकों से भी उन्हें धक्का लगा। उन्होंने देखा—गीता, बाइबल, कुरान सब एक साथ।

अ ने धरती पर चुनाव के दौरान सब धर्मों की समानता के लम्बे-चौड़े भाषण खूब दिये थे। लेकिन वे अपने यहाँ इस तरह एक साथ सब धर्मों की पुस्तकें रखने के चक्कर में कभी नहीं पड़े थे। उनके दल में जो विभिन्न धर्मों के लोग थे, उनके घरों में भी अपने-अपने धर्म की ही पुस्तकें होती थीं। उन सबके लिए अन्दर और बाहर का धर्म अलग-अलग धर्म थे, यद्यपि व्यक्तिगत रूप से उनकी आस्था किसी में भी नहीं होती थी। अन्दर का धर्म अपनी जमात के लिए था, तो बाहर का जनता के लिए।

वास्तव में सत्ता को लक्ष्य में रखकर ही धर्म के इस तरह टुकड़े किये गए थे। तभी तो कोई सदस्य जब भी बाहर के धर्म को सत्ता-प्राप्ति में असमर्थ पाता, फौरन अन्दर के धर्म को मैदान में ले आता, बिना इस बात का विचार किये कि इससे कितने निरीह लोगों के सिर फूटेंगे।

अ को बाइबल और कुरान के आज ही पहली बार दर्शन हुए थे और गीता भी आज ही हाथ में ली थी। भगवान की दया से अपने जीवन में उन्हें गीता को छूने की कभी नौबत नहीं आई थी।

अ ने अलमारी से और भी पुस्तकें निकालीं। ये फिलॉसफी की थीं।

फिलॉसफी से उन्हें बेहद नफरत थी, यद्यपि अपने ड्राइंगरूम में उन्होंने इस विषय के मोटे-मोटे ग्रंथ रख छोड़े थे। यह सिर्फ इसलिए कि फिलॉसफी पढ़नेवाला व्यक्ति अतिशय गम्भीर और महान विचारक माना जाता है। उन्होंने इन पुस्तकों का कभी एक पन्ना भी नहीं पलटा था। फिर भी इनकी उपस्थिति मात्र ने उनको गम्भीर और विचारक बना दिया था। लोग उनके बारे में ऐसा कहते सुने जाते थे।

फिर, एक बार राजधानी में जब देश-भर के फिलॉसफरों की कॉन्फ्रेंस हुई थी, उसका उद्घाटन उन्हीं के हाथों हुआ था। और इसका आग्रह भी किसी छोटे-मोटे आदमी ने नहीं, राजधानी की यूनिवर्सिटी के वाइस-चांसलर ने किया था। वाइस-चांसलर भी ऐसे-वैसे नहीं, फॉरेन से डॉक्टरेट प्राप्त देश के जाने-माने फिलॉसफरों में से थे। स्वागताध्यक्ष के नाते जब वे अ के पास पहुँचे थे, तो अ ने पहले तो मना ही कर दिया था। कहा, "अरे भाई, मैं फिलॉसफी में क्या जानता हूँ। फिलॉसफी के किसी विद्वान के हाथों कराइए उद्घाटन।"

इस पर वाइस-चांसलर ने कहा, "यह आपकी विनम्रता है। विद्या विनयेन शोभते। आप जैसा फिलॉसफी का विद्वान हमें और कौन मिल सकता है! कृपा कीजिए, हमारे प्रस्ताव को मान लीजिए।"

और अ ने आखिर कृपा कर ही दी।

भला बताइए, इससे बड़ा प्रमाण उनके महान विचारक होने का और क्या हो सकता था!

अब यह बात और है कि इस निमंत्रण ने अ को बड़ी उलझन में डाल दिया था, क्योंकि विद्वान माना जाना और विद्वान होना, दोनों में फर्क होता ही है।

माना कि विद्वान माने जाने का सुख वास्तव में विद्वान होने की अपेक्षा बहुत ज्यादा होता है, किन्तु विद्वान माने जानेवालों के सामने गाहे-बगाहे मुसीबतों के क्षण भी आ जाते हैं। और ऐसा क्षण अब अ के सामने आ उपस्थित हुआ था।

मुसीबत थी उद्घाटन भाषण की।

वैसे जितने भी एकेडेमिक प्रसंगों के भाषण होते थे अ उन्हें अपने सेक्रेटरी से तैयार करा लेते थे। इस बार भी वे करा लेते। लेकिन वह पिछले कुछ दिनों से छुट्टी पर था और राजधानी से बाहर गया हुआ था। अन्य जो सहायक या अतिरिक्त सेक्रेटरी थे, वे साइंस या कॉमर्स के आदमी थे। फिलॉसफी में वे क्या मदद करते! अन्य छोटे पदाधिकारियों से वे कह सकते थे, क्योंकि उनमें कुछ, जैसा कि प्राय: देखा जाता है, अपने बड़े अधिकारियों से भी तेज-तर्रार थे। लेकिन उन्होंने कहा नहीं। कहते संकोच होता था।

मुसीबत से छुटकारे का कोई जरिया न देख अ ने आखिर अतिरिक्त सेक्रेटरी को बुलाया।

उनकी बात सुनकर अतिरिक्त सेक्रेटरी ने कहा, "आप चिन्ता न कीजिए। मेरा एक रिश्तेदार है जो फिलॉसफी का लेक्चरर है। मैं उससे तैयार करा लूँगा।"

सेक्रेटरी का यह रिश्तेदार अभी-अभी गवर्नमेंट कॉलेज में नियुक्त हुआ था। पब्लिक सर्विस कमीशन से उसका चुनाव हुआ था। कमीशन ने उसके लिए चार अतिरिक्त इन्क्रिमेंट भी रिकमेंड किये थे।

लेकिन सेक्रेटरी इसके तैयार किये भाषण को देखकर बड़ा निराश हुआ। उसे लगा जैसे इसे किसी साधारण से छात्र ने ही लिखा हो। सामग्री अत्यन्त साधारण, प्रस्तुत करने का भी कोई सूत्रबद्ध ढंग नहीं। वाक्य भी बिलकुल टूटे-फूटे। और तो और, हिज्जों की भी कई भूलें उसमें थीं।

उस भाषण को वापस करते हुए सेक्रेटरी ने उससे कहा, "यह तो नहीं चलेगा भाई!"

"नहीं चलेगा!" रिश्तेदार ने आश्चर्य से कहा, "इसे मैंने बड़ी मेहनत से तैयार किया है।"

"किसी को जानते हो जो अच्छा तैयार कर दे?"

"जानता हूँ। कॉलेज के दिनों का एक मेरा साथी है। शायद वह और अच्छा तैयार कर दे"

सेक्रेटरी और कोई चारा न देख राजी हो गया। बोला, "ठीक है। उससे कहना स्पीच बिलकुल ए-वन हो।"

यह साथी राजधानी के निकट के एक कस्बे के प्राइवेट कॉलेज में था। इसने भी इस रिश्तेदार के साथ पब्लिक सर्विस कमीशन का इंटरव्यू दिया था। किन्तु उसका चयन न हो सका था। इसलिए अब उसने इस कालेज की नौकरी, जो आधी तनख्वाह दे पूरी पर दस्तखत कराती थी, पकड़ ली थी।

इसके लिखे भाषण को देखकर सेक्रेटरी की तबियत खुश हो गई।

नहीं, सेक्रेटरी की ही नहीं, कॉन्फ्रेंस के विद्वानों की भी, जब उन्होंने उसे अ के मुख से उद्घाटन के अवसर पर सुना।

अ को इस तरह बमुश्किल अपनी मुसीबत से छुटकारा मिल पाया था।

अ ने यह देखते ही कि अलमारी से निकाली हुई इस बार की सारी पुस्तकें फिलॉसफी की हैं, फौरन वहीं-की-वहीं रख दीं और अपने कुरते से इस तरह हाथ पोंछ लिये, जैसे कोई चिपचिपी चीज हाथ में आ गई हो।

और अब समय काटने का कोई उपाय न देख वे पलँग पर लेट गए।

विष्णुप्रिय के घर का सारा कामकाज दासियाँ करती थीं। झाड़ू लगाने से लेकर बाजार-हाट तक सभी। भक्त को स्वर्ग में जहाँ एक अच्छा मकान मिलता है, जिसमें सभी सुख-सुविधाओं का सामान भी होता है, वहाँ काम के लिए दो-तीन दासियाँ भी। भक्त का काम धरती के पुरुष की भाँति बाहर ही होता है, जिसे इन्द्र निर्धारित करता है।

विष्णुप्रिय, ब और क कोई आठ बजे घर लौटे।

लौटने पर एक दासी ने विष्णुप्रिय से पूछा, "भोजन में क्या बनेगा?"

विष्णुप्रिय ने कहा, "भाई, अतिथियों से पूछो। मेरा तो जानती हो आज व्रत है।" विष्णुप्रिय प्रातः से ही निराहार थे। व्रत के बहाने उन्होंने धरती के लोगों की भाँति भरपेट 'चेंज ऑफ डाइट' नहीं किया था।

क ने अ से कहा, "तुम्हीं बताओ भाई क्या बने।"

इस पर अ बोले, "विष्णुप्रिय को आपत्ति न हो तो नॉनवेज हो जाए।"

अ को नॉनवेज बहुत प्रिय था, यद्यपि वे अहिंसा के कट्टर समर्थक थे। उधर उनकी पत्नी को 'मांस' नाम से ही चिढ़ थी। घर पर कभी नहीं पकने दिया था। अत: अ जब-जब दौरे पर होते, नॉनवेज का ही भोजन करते डटकर।

उनकी बात सुनकर क ने आश्चर्य व्यक्त करते हुए कहा, "स्वर्ग में नॉनवेज! कैसी बात करते हो! अब यहाँ तो कुछ धर्म-अधर्म की सोचो।"

"क्यों?" अ ने कहा, "अब जब स्वर्ग में ही हैं, तो धर्म-अधर्म की क्या बात!"

यह सुनकर ब बोली, "यह आप ऐसे ही कह रहे हैं कि अब जब हम मंत्रिमंडल में हैं, तो कायदे-बेकायदे की क्या बात!"

"अरे भाई, झगड़ो नहीं," विष्णुप्रिय ने कहा, "आप लोगों के लिए नॉनवेज ही बनेगा।"

"नॉनवेज का मतलब समझते हैं आप जो हाँ कर दी?" ब ने कहा।

"समझता हूँ, अच्छी तरह समझता हूँ," विष्णुप्रिय ने मुस्कुराते हुए कहा, "माथे का चन्दन मूर्खता का विज्ञापन नहीं होता।"

फिर दासी की ओर मुड़कर बोले, "बहन, जाओ। इन लोगों के लिए बढ़िया-से-बढ़िया मांसाहार तैयार करो।"

दासी जब चली गई तो क ने कहा, "माना कि चन्दन मूर्खता का विज्ञापन नहीं होता, पर नॉनवेज का तो होता है।"

"नहीं, नॉनवेज का नहीं," विष्णुप्रिय बोले, "चोरी-छिपे नॉनवेज का होता है। मैं तो धरती पर माथे पर चन्दन लगाए खुले-खजाने मांस-मछली खाता था।"

"ओह, फिर भी आपके लिए स्वर्ग के द्वार खुल गए?" अ ने कहा।

"क्यों, आपके लिए भी तो खुल गए। आप तीनों नॉनवेज ही हैं शायद।" विष्णुप्रिय ने मुस्कुराते हुए कहा।

यह सुनकर अ बड़े चक्कर में पड़ गए। क्या जवाब दें? उन्हें लगा यों ही नॉनवेज की फरमाइश कर बैठे।

स्थिति को सँभाला क ने। बोले, "हाँ, ईश्वर तो भाई आचरण देखता है, खानपान थोड़े ही।"

"आपके किन आचरणों पर ईश्वर प्रसन्न हुआ?" विष्णुप्रिय ने पूछा। और फिर अ की ओर देखते हुए कहा, "पहले आप बताइए।"

अ इस बात से बुरी तरह सकपका गए। उन्होंने सोचा नहीं था कि नॉनवेज की बात आखिर यहाँ तक उतर आएगी। यदि सदन में होते और विरोधी पक्ष ने ऐसा कोई टेढ़ा सवाल पूछा होता तो वे रूमाल मुँह को लगाते हुए थोड़ी देर खाँसते, तिरछी नजरों से मुख्यमंत्री की ओर देखते और फिर कहते—इस सवाल का ताल्लुक मौजूदा मामले से नहीं है। फिर भी तहकीकात के बाद सदन में इसका जवाब पेश किया जाएगा। इस तरह वे बखूबी बच निकलते।

क ने अ को पसोपेश में पड़ा देखकर उन्हें उबारते हुए, जैसे सदन में कभी-कभी मुख्यमंत्री उबार लेते थे, कहा, "अपने पुण्यकर्म सुनाने में अ को संकोच हो रहा है। अत: मैं सुनाता हूँ इनके किन आचरणों पर ईश्वर प्रसन्न हुआ। साधारण आदमी तो जिन्दगी-भर सांसारिक कर्मों में डूबा रहता है और नाममात्र को ही कभी कोई पुण्य करता है। लेकिन ये अपने सांसारिक कर्मों में कितने ही क्यों न डूबे हों, पाँच वर्ष में कम-से-कम महीने-दो-महीने का समय पुण्यकर्मों के लिए निकाल ही लेते थे। इन दिनों इनके दान-पुण्य की कोई सीमा नहीं रहती थी। भूखों को...गरीबों को मुफ्त भोजन बाँटते थे। जात-पाँत का भेद भुलाकर सभी को खूब दान-दक्षिणा देते थे। सच, धन का मोह इन्हें रती-भर भी छू नहीं गया था। तभी तो गरीबों को इतना लुटा देते थे। ये बड़े विनयी भी थे। इनके विनयी होने के प्रमाण भी इन्हीं दिनों देखे जा सकते थे। दीन-से-दीन आदमी के सामने भी हाथ जोड़ते संकोच नहीं करते थे। साधु-सन्तों के प्रति श्रद्धा भी इनमें अपार थी। यही कारण है कि इन दो महीनों में ये साधु-सन्तों के सम्मेलन कराते थे, और खर्च स्वयं वहन करते थे। वे लोग इनकी श्रद्धा-भक्ति से, दान-दक्षिणा से इतने प्रभावित हो उठते थे कि इन्हें खूब आशीष देते और जगह-जगह घूमकर अपने भजनों-कीर्तनों में इनका भरपूर गुणगान करते।"

"बाकी दिनों में भी ये धर्म-कर्म भुला देते थे, ऐसी बात नहीं," आगे ब ने कहा, "जब भी दौरों पर होते बड़े-बड़े मन्दिरों में भगवान के दर्शनों को बराबर जाते थे। बल्कि कभी-कभी दौरे इसी बात को ध्यान में रखकर आयोजित करते। इनसे ऐसा कोई पुण्यक्षेत्र नहीं बचा, जहाँ के लिए इन्होंने दौरा न निकाला हो।"

"फिर इनका धर्म-सम्बन्धी दृष्टिकोण भी बड़ा व्यापक था," क ने कहा, "और यही कारण है कि धर्माचरण सम्बन्धी कृत्रिम आदेशों की इन्होंने कभी परवाह नहीं की।"

"ओह, ये तो वास्तव में धरती पर महान नहीं, अति महान आत्माओं में से थे। सांसारिक कर्मों में उलझे रहने पर भी ऐसे धार्मिक आचरण बहुत कम लोग कर पाते हैं।" विष्णुप्रिय बोले।

"ऐसी बात नहीं। हमारे देश में तो आजकल ऐसे लोगों की संख्या दिन-प्रतिदिन खूब बढ़ रही है।" ब ने कहा।

"क्यों नहीं बढ़ेगी, जब अ जैसी महान आत्माओं का आदर्श उनके सामने हो। खैर क, अब आप अपने बारे में सुनाइए।" विष्णुप्रिय बोले।

क को यह डर था ही। अ को तो किसी तरह बचा लिया उन्होंने। अब अपने को कैसे बचाएँ? उनके चेहरे पर जब हवाइयाँ उड़ने लगीं तो ब ने उनका बचाव किया। बोली, "ये अपने बारे में क्या सुनाएँ। ये नित्य अ के साथ रहते थे, सो उनके साथ इन्हें भी पुण्यकर्मों के अवसर मिल जाते थे। सो ये भी स्वर्ग के आप ही अधिकारी बन गए।"

और अन्त में विष्णुप्रिय के तीखे सवाल से खुद को बचाते हुए ब ने कहा, "और यही बात मेरे बारे में भी कही जा सकती है।"

"अब आप बताइए, आपके किन आचरणों पर भगवान प्रसन्न हुए?" क ने विष्णुप्रिय से कहा।

"मैं अपने बारे में क्या बताऊँ," विष्णुप्रिय बोले, "मैं तो भाई, बहुत छोटा आदमी था। मुझे तो खुद आश्चर्य है मृत्यु के बाद मुझे स्वर्ग मिल कैसे गया। स्वर्ग पाने की इच्छा से मैंने कभी कोई काम नहीं किया था। सच कहता मैं तो किसी मन्दिर-वन्दिर भी नहीं गया।"

"आश्चर्य है! आपके भेष से तो ऐसा लगता है, आप जरूर कोई बड़े भक्त रहे होंगे।" अ बोले।

"भेष की कुछ न पूछो। आदमी बातों से इतना नहीं ठगाता, जितना भेष से।"

यह सुनकर अ को मन-ही-मन न जाने कैसा लगा। उन्होंने अपने खादी के कपड़ों की ओर देखा।

विष्णुप्रिय ने आगे कहा, "चन्दन, माला, खड़ाऊँ तो मैंने स्वर्ग में ही धारण किये हैं। हाँ, बाकी का भेष धरती का ही है।"

"क्या भगवान का आदेश है कि चन्दन लगाओ, माला और खड़ाऊँ पहनो?" ब ने पूछा।

"नहीं, भगवान तो कुछ भी लगाने या पहनने के लिए नहीं कहते। इन्हें मैंने ही अपना लिया है। इनसे तन-मन दोनों को सुख मिलता है।"

"इनकी जगह कोई दूसरी चीजें धारण कर ली जाएँ तो नहीं मिलेगा तन-मन को सुख?" ब ने कहा।

"बतलाओ मुझे। मैं वे ही धारण कर लूँ। मेरी समझ में महत्त्व चीज का नहीं, बतानेवाले की आत्मा का है। इन्हें यह खादी पहनना किसने बतलाया?"

"गांधी बाबा ने।"

"इन्होंने उनकी आत्मा को ही तो देखा होगा इसे धारण करते हुए?" विष्णुप्रिय ने कहा।

"आत्मा को," ब ने अ की ओर देखते हुए कहा, "क्या तुमने गांधी बाबा की आत्मा को ही देखा था इसे अपनाते हुए या आँख कहीं और थी?"

अ ने उसकी बात का जवाब टालने के लिए विष्णुप्रिय से पूछा, "भक्तों की तरह आपने यह चोटी भी तो रखी है। यह भी क्या यहीं बढ़ाई है?"

"नहीं, यह मैंने धरती पर ही बढ़ाई थी।"

"क्यों? इससे तन-मन को सुख मिलता था?" ब ने व्यंग्य किया।

"हाँ, मिलता था। लेकिन मेरे नहीं, लोगों के तन-मन को मिलता था। इसे लेकर मेरा उपहास करने का सुख।" विष्णुप्रिय ने कहा।

"तो ये लोगों के लिए, खुद के लिए नहीं?" ब ने कहा, "मान लो लोग कहते इसे काट फेंको, तो आप काट फेंकते?"

"जरूर काट फेंकता," विष्णुप्रिय बोले, "हाँ, इससे यदि उनके तन-मन को सुख मिलता। बिलकुल उसी सहजता से काट फेंकता जिस सहजता से राजनीति के लोग जनता के तन-मन के लिए अपने सिर की चोटियाँ...मेरा मतलब है टोपियाँ काट फेंकते हैं।"

"वाह, यह भी खूब कही आपने...टोपियाँ काट फेंकते हैं।" ब हँसते हुए बोली।

"भाई, वैसे देखिए, तो पुरानी चोटियों और नई टोपियों में फर्क ही क्या है," विष्णुप्रिय ने कहा, "दोनों सिर पर सवार रहती हैं। दोनों में गाँठें होती हैं, दोनों ही झगड़े-फसाद का कारण बनती हैं। फिर दोनों का ही वास्तविक मूल्य नगण्य है।"

"वाह, आपने भी खूब मेल बिठाया दोनों का।" ब ने कहा।

"भले ही मेल हो दोनों में, टोपी टोपी ही है।" अ बोले।

"जरूर है," विष्णुप्रिय ने कहा, "पर कल यदि टोपी की जगह चोटी ले ले तो आप कहेंगे चोटी चोटी ही है। लेकिन इस सूरत में चोटी में दिक्कत जरूर है। वह रातों-रात रंग नहीं बदल सकती। राजनीति में शायद चोटी को—हाँ चोटी को इसीलिए कोई स्थान नहीं है।"

"आप लोग चोटी-टोपी की बातों में ही उलझ गए," क ने कहा, "मूल बात तो यों ही रह गई"

"मूल बात! कौन-सी मूल बात?" अ बोले।

"विष्णुप्रिय अपने बारे में बता रहे थे।"

"मैंने आपको बतलाया, मैं बस छोटा आदमी था," विष्णुप्रिय ने कहा, "छोटी-सी नौकरी थी मेरी। पिताजी कुछ खेती छोड़ गए थे। नौकरी और खेती में मेरा और मेरे परिवार का गुजारा जैसे-तैसे हो पाता था। अपने जानते मैंने कभी कोई ऐसा काम नहीं किया जो मुझे स्वर्ग का हकदार बनाता।"

"कभी कोई दान-पुण्य भी नहीं?"

"मुझ जैसा गरीब आदमी क्या दान-पुण्य कर सकता था।"

"सन्त-महन्तों की संगत में रहे होंगे?"

"नहीं, उनकी संगत में भी नहीं रहा। सन्त-महन्त भला मुझ जैसे गरीब को कैसे अपनी संगत में रहने देते।"

"कोई-न-कोई धार्मिक आचरण जरूर करते होंगे भाई! स्वर्ग ऐसे ही तो नहीं मिल जाता।" क ने कहा।

"धार्मिक आचरण! उलटे मुझे धार्मिक आचरणों से पूरी-पूरी घृणा थी। तभी तो मैं मन्दिर नहीं गया, न कोई तीर्थयात्रा की। और तो और, जिन्दगी में एक बार भी सत्यनारायण की पूजा तक नहीं की।"

"ओह, तो यह कहो आप पूरे-पूरे नास्तिक थे।" ब ने कहा।

"हाँ, धरती के लोग मुझे नास्तिक ही कहते थे," विष्णुप्रिय बोले, "वे लोग तो पूरे अधिकार के साथ कहते थे, जिन्हें प्रतिदिन के मन्दिर जाने ने जैसे तराजू की डंडी मारने का लाइसेंस दे दिया था। वे लोग भी कहते थे, जो ऊपरी कमाई को अपने व्रत-उपवास का फल मानते थे और वे लोग भी जो

लाउडस्पीकर पीट-पीटकर की जानेवाली सत्यनारायण की पूजा के पुण्य-स्वरूप अपने गोदामों को खतरे से मुक्त मानते थे।"

"आप गरीब थे, धर्म में आपका विश्वास नहीं था, तो जिन्दगी आपकी बड़ी नीरस रही होगी?" क ने कहा।

"हॉबी नहीं थी आपकी कोई?" ब ने कहा।

"थी। पुस्तकें पढ़ना।" विष्णुप्रिय ने जवाब दिया।

"पुस्तकें पढ़ना भी कोई हॉबी है!" अ ने कहा।

"मुझ-जैसे साधारण लोगों की पुस्तकें पढ़ने के सिवाय और क्या हॉबी हो सकती है! फिर मैं तो एक छोटे कस्बे में रहता था। पुस्तकें खरीदने की भी सामर्थ्य नहीं थी मुझमें। अपने एक मित्र से मिल जाती थीं, जिसे खुद विभिन्न विषयों की अच्छी-अच्छी पुस्तकें पढ़ने का शौक था।"

"हॉबी तो बस शहरों में रहनेवाले लोगों की," क ने कहा, "किसी की स्टैम्प कलेक्शन की होती है, किसी की फोटोग्राफी की तो किसी की इसी तरह की कोई और। ये लोग अपनी हॉबी के पीछे इतने दीवाने होते हैं कि इनका तन-मन-धन सब इसी पर निछावर हो जाता है। एक बार स्टैम्प के एक दीवाने ने एक विदेशी टिकट पाँच सौ रुपये में हँसते-हँसते खरीद लिया था। टिकट मिलते ही वह उसे अपने अलबम में लगाने के लिए इतना उतावला हो उठा था कि शीघ्र घर पहुँचने के लिए उसने टैक्सी को आवाज दी। टैक्सी में वह बैठने को ही था कि एक नगा-भूखा लड़का उसकी ओर बढ़ा और हाथ पसारकर बोला, कुछ दया करो माई-बाप! दो दिन से भूखा हूँ। यह सुनकर उसने टैक्सी में बैठते हुए अपने दोस्त से, जो उसके साथ था, कहा—साला, यह भूखा है तो मैं भी तो भूखा हूँ। ये क्या जाने मेरी भूख को। इतना कहकर उसने टैक्सी का दरवाजा जोर से बन्द किया और टैक्सीवाले से कहा, हाँ भाई माल रोड चलो। देखा, ऐसे होते हैं हॉबी के दीवाने।"

"इन हॉबियों का सांस्कृतिक महत्त्व भी है।" अ ने कहा।

"हाँ, हम अपनी हॉबी की चीजों की प्रदर्शनियाँ कर सकते हैं।" क बोले।

"गरीब देशों में तो ऐसी प्रदर्शनियों का विशेष महत्त्व होता है। वे हमारी मस्तिष्क की भूख जगाकर पेट की भूख को गौण बना देती हैं। गरीब देशों

में तो वास्तव में ऐसी हॉबियाँ और उनकी प्रदर्शनियाँ दिन-ब-दिन खूब बढ़नी चाहिए।" ब ने कहा।

"हाँ, तो आगे सुनाइए अपने बारे में।" क ने विष्णुप्रिय से कहा।

"और क्या सुनाऊँ! मैं अपनी जिन्दगी में वास्तव में कुछ नहीं कर सका। छोटी-मोटी अभिलाषाएँ भी पूरी नहीं हो सकीं मेरी।"

"क्या अभिलाषाएँ थीं आपकी?" अ ने पूछा, "क्या अपने कस्बे की नगरपालिका के सदस्य बनना चाहते थे?"

"नहीं। कस्बे में जमीन-जायदाद बनाने की इच्छा नहीं थी मेरी। बात यह थी कि मेरी पत्नी फुरसत के समय सूत कातती थी।..."

"आपकी पत्नी की हॉबी सूत कातना थी?" क ने बीच में ही कहा।
"सूत कातना तो जीवन का अंग है भाई, हॉबी कैसे?" विष्णुप्रिय ने कहा।

"जीवन का यह अंग अ को बहुत प्रिय था।" ब बोली।

"ओह! तो प्रतिदिन कितना सूत कात लेते थे ये?"

"नहीं, इनके पास इतना समय कहाँ था जो प्रतिदिन कात सकते। फिर भी साल में तीन दिन का समय निकाल ही लेते थे।"

"वे तीनों दिन कितने शुभ बन जाते होंगे!"

"नहीं, वे शुभ दिनों पर ही कातते थे। राष्ट्र के तीन शुभ दिनों पर। छब्बीस जनवरी, पन्द्रह अगस्त और दो अक्टूबर के दिन। इन तीनों ही दिन ये जब तक समारोहपूर्वक आध-पौन घंटा चरखा घुमा न लेते, अपने मुँह में पानी की एक बूँद तक न डालते।" ब ने कहा।

"निष्ठा इसी को कहते हैं।" विष्णुप्रिय बोले।

"हाँ, तभी तो इनकी सूत कताई के समाचार-पत्रों में बड़े-बड़े फोटो छपते थे," ब ने आगे कहा, "सच, सूत कातना इन्हें इतना पसन्द था कि एक बार एक स्थानीय पत्र ने इनकी सूत-कताई का फोटो और समाचार नहीं छापा, तो उसके सम्पादक को इन्होंने बुरी तरह से डाँट-डपट दिया था। छिः-छिः, यह भी कोई बात हुई कि जो हमारे जीवन का अंग है वही समाचार-पत्र में न जाए!...हाँ, तो आप सुना रहे थे कि आपकी पत्नी फुरसत के समय सूत कातती थी।"

"वह औरों के लिए भी इसकी प्रेरणा थी," विष्णुप्रिय ने आगे कहा,

"बच्चों को, औरतों को घर बुलाकर सिखाती थी। धीरे-धीरे सीखनेवालों की तादाद इतनी बढ़ गई कि घर में जगह कम पड़ने लगी। यह देखकर मैंने एक मन्दिर में जगह खोजी। लेकिन मन्दिर के मालिक ने इजाजत नहीं दी। कहा, मन्दिर ऐसे कामों के लिए नहीं होते, भजन-पूजन के लिए होते हैं। इसके बाद मैंने देखा, कस्बे के एक सम्पन्न आदमी के यहाँ एक बड़ा कमरा है जो वह किराये पर उठाना चाहता है। मैं किराया देने को राजी था। लेकिन इसने भी मना कर दिया। बोला मैंने सुना है इसमें सभी जाति के औरत-बच्चे हैं, हरिजन भी। मैं अपना खानदानी घर निचली जाति के प्रवेश से भ्रष्ट नहीं कर सकता। आखिर मैं अपने कस्बे के नेताजी के पास गया—यह सोचकर कि वे कहीं कोई इन्तजाम करा दें।"

कुछ देर रुककर विष्णुप्रिय बोले, "मेरी बात सुनकर नेताजी ने कहा, भाई, चिन्ता न करो। हो जाएगा इन्तजाम। मैं सरकार की ओर से ऐसा इन्तजाम करा दूँगा कि कताई का स्कूल भी ठाट से चले और तुम्हारा परिवार भी। बस, एक शर्त है। तुम हमारे दल के सदस्य बन जाओ। मैं उनकी बात सुनता ही रह गया। यह जनता का नेता है या कोई ठग। स्कूल के इन्तजाम के साथ इसने मेरे परिवार की बात क्यों जोड़ी? फिर, यह मुझे अपने दल का सदस्य क्यों बनाना चाहता है? मैंने उसकी बात नहीं मानी। दल से मेरी दुश्मनी नहीं थी और न ही मैं किसी और दल का आदमी था। मैं तो बस स्कूल के लिए जगह चाहता था, और कुछ नहीं? बाद में मैंने सोचा, क्यों न खुद ही सरकार को इस बारे में लिखूँ। ऐसे अच्छे काम में भला सरकार मदद क्यों नहीं करेगी? मैंने सरकार के पास एक अरजी भेज दी। राजधानी जाकर सम्बन्धित मंत्री महोदय से भी मिला। लेकिन कोई नतीजा नहीं निकला। इस तरह मैं अपनी जिन्दगी में एक छोटी-सी अभिलाषा भी पूरी नहीं कर पाया। सूत-कताई के स्कूल की अभिलाषा।"

"सच है, धरती पर आदमी की कुछ इच्छाएँ ऐसे ही अधूरी रह जाती हैं," क ने कहा, "अ की सोने के पलँग पर सोने की इच्छा, पलँग हाथ लगने पर भी पूरी नहीं हो सकी थी। सचमुच, आदमी कितना विवश है। स्वयं उसके हाथ में कुछ नहीं है।"

तभी दासी ने आकर कहा, "भोजन तैयार है। ग्रहण कर लीजिए।"

जब तीनों भोजन को बैठे, तो विष्णुप्रिय भी उनके सामने एक आसन पर बैठ गए।

"आपको स्वर्ग में आए कितने दिन हुए हैं? लगता है हाल के दिनों में ही आए हैं?" खाना खाते हुए ब ने पूछा।

"हाँ, दो वर्ष ही हुए हैं।"

"आपकी उम्र तो ज्यादा नहीं है। क्या बीमार पड़ गए थे?"

"नहीं। मुझ पर घातक प्रहार हुआ था। उसी में मैं मरा।"

"ओह, आप जैसे सज्जन पर प्रहार? किन लोगों ने किया था प्रहार?"

"गुंडे होंगे और कौन।" अ ने कहा।

"गुंडे..." विष्णुप्रिय बोले, "नहीं, गुंडे नहीं थे।"

"तो क्या डाकू थे?" क ने कहा।

"नहीं, डाकू भी नहीं। डाकुओं को मुझसे क्या मिल जाता? फिर डाकुओं का भी अपना मॉरल होता है। मुझ पर प्रहार करनेवाले गुंडों और डाकुओं से भी नीच थे।"

"ओह, ऐसे कौन लोग थे और उन लोगों ने आप पर प्रहार क्यों किया?" ब ने पूछा।

"कौन लोग थे और प्रहार क्यों किया?" विष्णुप्रिय ने कहा, "मुझे सारी बातें विस्तार से सुनानी होंगी। मुझमें एक बड़ा दोष था। कहीं भी कोई गलत काम होता दिखता, तो चैन से नहीं बैठ पाता था। सीधे विरोध करने निकल पड़ता था। मैं जानता था, मेरा विरोध नक्कारखाने में तूती की आवाज है। लेकिन क्या करता! वह मेरी विवशता थी। मैं जमाखोरों से जूझता था, भ्रष्टाचारियों से जूझता था, गुमराह करनेवाले नेताओं तक से जूझता था। इनके खिलाफ सरकार के पास शिकायतें भी लिख भेजता। पूरे-पूरे प्रमाणों के साथ। मुझे अपने जूझने का कुछ भी नतीजा नजर न आता। पर मैं सोचता, आज नहीं, कल तो कुछ होगा ही। इसलिए मैं कभी चुप न बैठा। आखिर मुझे सरकार से ही शिकायत रहने लगी।"

"तो क्या आप सरकार से भी जूझे?" ब ने टोका।

"मैं अकेला चना भाड़ कैसे फोड़ सकता! मुझे तो आश्चर्य और दुख इस बात का था कि ऊँचे-ऊँचे नारे लगानेवाले देशसेवकों, बड़े-बड़े आदर्शों की बात करनेवाले बुद्धिजीवियों, सरकार-दरबार से अच्छी-अच्छी उपाधियाँ पानेवाले नागरिकों तक ने मेरा साथ नहीं दिया। ऐसे कितने ही लोगों के पास मैं गया था। हर एक को बस अपना दरजा, अपनी प्रतिष्ठा या उपाधियाँ प्यारी थीं। किसी को भी देश की और बातों से मतलब ही नहीं था। मुझे अपने अनुभवों से सबक सीख लेना चाहिए था, चुपचाप घर बैठे रहने का। और लोग जिस तरह गलत कामों की ओर से आँखें मूँदे रहते हैं, मुझे भी मूँद लेनी चाहिए थीं। अच्छे नागरिक का यही आदर्श है। लेकिन मुझ जैसे नागरिक तो पागल होते हैं। लोग मुझे पागल कहते भी थे। इसलिए सबक सीखना तो दूर, मेरा पागलपन बढ़ता ही गया।"

कुछ देर रुककर विष्णुप्रिय आगे बोले, "उस दिन तो मैं बुरी तरह उफन उठा जिस दिन मैंने सुना कि एक स्थान पर एक ऐसा महायज्ञ हो रहा है जिसमें मनों ऐसी सामग्री की आहुति दी जाएगी जिसके गरीबों को दर्शन नहीं हो रहे हैं। मैं चैन से नहीं बैठ सका। सोचा, लोगों को एकत्र कर उनकी सामूहिक आवाज से इसे बन्द कराऊँ। इसमें मुझे बुद्धिजीवियों का सहयोग सहायक हो सकता था। अतः मैं उन लोगों के पास भागा-भागा फिरा। लेकिन इस मामले में भी मुझे उनकी ओर से निराशा ही हाथ लगी। डॉक्टरों-वकीलों-प्रोफेसरों ने आन्दोलन के लिए चन्दा देना तो मंजूर किया, आवाज के नाम पर मौन रहे। कलम के धनी अखबारों में आवाज उठाने को तैयार थे, मैदान में नहीं। एक महोदय के पास तो, जिनकी कलम जनता की तीखी आवाज उगलती थी, इसके लिए समय ही नहीं था। बोले—भाई, आन्दोलन आपका अच्छा है, पर मैं मजबूर हूँ। इस समय मैं एक क्रान्तिकारी उपन्यास लिखने में व्यस्त हूँ। दूसरे एक महोदय तो, जिनकी कलम शायद व्यंग्य की धनी थी, मेरी बात सुनकर बड़े खुश हो उठे। बोले—अरे भाई, यह तो मुझे व्यंग्य के लिए अच्छा विषय मिल गया। जब मैं सामूहिक आवाज उठा सकने में विफल रहा और यज्ञ बन्द कराने का कोई जरिया न दिखा, तो मैं उन स्वामी जी के पास पहुँचा जिनके हाथों में यज्ञ-संचालन का कार्य सौंपा गया था।"

इधर अ की हालत ऐसी कि कौर गले के नीचे नहीं उतर रहा था।

विष्णुप्रिय ने आगे कहा, "मैंने स्वामी जी से कहा, आप इस यज्ञ का निषेध क्यों नहीं करते? ऐसे यज्ञ का, जिसकी अग्नि सैकड़ों नंगों-भूखों की जठराग्नि को और भड़का देगी। मेरी बात सुनकर स्वामी जी क्रुद्ध हो उठे। मुझे उन्होंने नास्तिक, नरक का कीड़ा, न जाने क्या-क्या कहा। यहाँ से भी जब परास्त हो गया, तो अन्तिम उपाय-स्वरूप मैं उस इलाके के बड़े-बड़े और जिम्मेदार लोगों से मिला, जहाँ यज्ञ होनेवाला था। हर एक को यज्ञ की निरर्थकता और सामग्री के अपव्यय की बात कह सुनाई। लेकिन यह भागदौड़ भी व्यर्थ गई। किसी ने कहा, इससे हमारा क्या बनता-बिगड़ता है। किसी ने यह कि हम व्यर्थ झगड़ा मोल नहीं लेना चाहते। यज्ञ निर्धारित योजना के अनुसार सम्पन्न हो गया। और लोगों के साथ, भूखी जनता ने भी इसे श्रद्धाभाव से देखा। यज्ञ के बाद भोज हुआ जिसमें भूखों को नहीं, पेटू बामनों को ही खूब खिलाया गया। मुझे आश्चर्य तो इस बात का हुआ कि जब सरकार जनता को ही मुश्किल से अनाज जुटा पाती थी, तो उसने यज्ञ के लिए परमिट कैसे जारी कर दिया। बाद में अखबार में पढ़ा कि इस यज्ञ के पीछे प्रान्त के किसी मंत्री का हाथ था।"

"नहीं-नहीं। किसी भी मंत्री का हाथ नहीं था। सरकार ने इसका प्रतिवाद प्रकाशित भी किया था।" अ ने कहा!

"आज देश में जनता की हालत ऐसी है कि उसे वे लोग भी गुमराह कर रहे हैं जिनके हाथ में भौतिक समृद्धि के तंत्र हैं और वे भी जिनके हाथ में आध्यात्मिक उन्नति के। दोनों में नैतिकता नहीं रह गई है। यदि ऐसा न होता तो यज्ञ की बची हुई सामग्री स्वामी जी चोरी-चोरी अपने आश्रम में न ले जाते, वहीं गरीब जनता में बाँट देते।"

"क्या कहा! यज्ञ का बचा हुआ सामान स्वामी जी अपने यहाँ ले गए थे?" अ बोल उठे।

"हाँ। इसके लिए उन्होंने एक ट्रक किराये पर लिया था। मैं यज्ञ के आरम्भ के दिन से ही वहाँ था। रात में और सामान के साथ जब यह सामान भी लादा गया, तो मैंने फौरन पुलिस को सूचना दी।"

"पुलिस ने सामान बरामद किया?" अ ने पानी का घूँट गले के नीचे उतारते हुए पूछा।

"नहीं। पुलिस ज्यों ही पहुँची, स्वामी जी उसे तम्बू में ले गए। आध-पौन घंटा स्वामी जी और पुलिस के बीच न जाने क्या बात चलती रही कि पुलिस जब बाहर निकली, तो जिस रास्ते से आई थी, उसी रास्ते से वापस हो ली। पुलिस को वापस जाते देखकर मैंने उसे टोका। लेकिन उसने ध्यान नहीं दिया। इस पर मैं क्रोध से चिल्ला पड़ा—ठीक है, चले जाओ। मैं ऊपर शिकायत करूँगा। और मेरी यही चिल्लाहट मेरी मौत का निमंत्रण बन गई। अँधेरा था वहाँ। उसमें किसी ने पीछे से मेरे सिर पर डंडे से वार किया। मेरे मुँह से चीख निकली। लेकिन घबराया नहीं। एकदम मुड़ा। वार करनेवाले को पकड़ा। अँधेरे में भी मुझे यह जानते देर न लगी कि वह कोई साधु है। तभी मेरे सिर पर दूसरा वार हुआ। शायद उसके साथी का। इस बार के प्रहार ने मुझे जमीन पर गिरा दिया। मुँह से चीख शायद निकलते-निकलते रह गई, और इसके बाद मुझे पता नहीं क्या हुआ। जब संज्ञा लौटी तो मैंने देखा कि मैं यमराज के विमान में हूँ।"

"विमान में?" अ ने आश्चर्य के साथ कहा।

"अरे, तो वहाँ की नदी में उन दिनों जो एक लाश तैरती पाई गई थी, वह आपकी ही होगी। हमने अखबार में पढ़ा था।" क ने कहा।

"बस यही है मेरी मौत की कहानी।"

"भगवे वस्त्रधारी भी कितने क्रूर हो सकते हैं!" ब बोली।

"भूल तो आखिर मेरी थी। क्यों अकेला चना भाड़ फोड़ने चला था! आखिर क्या पाया मैंने? और मेरे परिवार ने? पता नहीं, पत्नी और बच्चों पर क्या बीत रही होगी, मेरी मौत के बाद। स्वर्ग का सुख मुझे चुभने लगता है जब उनकी याद हो आती है।"

इतना कहते-कहते विष्णुप्रिय की आवाज भारी हो गई और आँखों में आँसू छलक पड़े।

"ओह, हम लोगों ने व्यर्थ ही आपके जख्म को हरा कर दिया।" ब ने संवेदना प्रकट की।

"नहीं, ऐसी बात नहीं," विष्णुप्रिय ने धोती के छोर से आँखें पोंछते हुए कहा, "मेरे जख्म तो कभी भी हरे हो उठते हैं। ऐसे समय गीता पढ़ने बैठ जाता हूँ। बड़ी शान्ति मिलती है इससे!"

केवट से भेंट

दूसरे दिन प्रातः नहाने-धोने और नाश्ते से निबटकर अ, ब, क विष्णुप्रिय के यहाँ से इन्द्रपुरी के लिए निकले। विष्णुप्रिय ने उनसे अनुरोध किया था कि दो-एक दिन और रुक जाइए, फिर जाइए। ब और क तो तैयार थे, लेकिन अ राजी नहीं हुए। अ ने पिछली रात विष्णुप्रिय के मुख से जो कुछ सुना था, उससे उनका मन एकदम बुझा-बुझा-सा हो गया था। रह-रहकर उनके मन में एक आवाज गूँज उठती थी, विष्णुप्रिय के हत्यारे तुम हो!...विष्णुप्रिय के हत्यारे तुम हो!...और उनके हृदय में सूई की भाँति चुभ जाती थी। इस आवाज ने उन्हें रात-भर सोने नहीं दिया था। पलँग पर करवटें बदलते रहे थे। ऐसी दशा में वे विष्णुप्रिय की बात कैसे मान लेते! वैसे इस तरह की आवाजें उनके लिए कोई नई बात नहीं थी, लेकिन उनकी चुभन उन्होंने कभी महसूस नहीं की थी। उनका मन फौलाद की भाँति दृढ़ था। आज यह ऐसी चुभन क्यों? स्वर्ग में आकर अपने दिल को यह क्या हो गया? इतना कमजोर क्यों बन गया है, एक ईमानदार आदमी-जैसा? रात-भर करवटें बदलते हुए वे यही सोचते रहे थे।

इन्द्रपुरी पहुँचने पर ठहरने की कोई दिक्कत न हो, इस दृष्टि से अ ने विष्णुप्रिय से पूछा था, "इन्द्रपुरी का कोई अच्छा-सा होटल बतलाइए। ऐसा होटल जो अशोक या ताजमहल से कम दरजे का न हो।"

"होटल..." विष्णुप्रिय सुनकर हँस दिये। बोले, "इन्द्रपुरी में अशोक या ताजमहल जैसे होटल तो क्या, सादा होटल भी नहीं हैं।"

यह बात सुनकर अ के साथ ब और क को भी बड़ा आश्चर्य हुआ। कैसी है यह इन्द्रपुरी, जहाँ कोई होटल भी नहीं।

"लगता है इन्द्रपुरी बड़ी नगरी नहीं, देहात है।" अ ने कहा।

"नहीं, देहात कैसे," विष्णुप्रिय बोले, "देवताओं के बड़े सुन्दर-सुन्दर भवन बने हुए हैं वहाँ।"

"तो यात्रियों के ठहरने की क्या व्यवस्था है?"

"सराएँ बनी हैं। भक्त लोग जब भी इन्द्रपुरी जाते हैं, सरायों में ही ठहरते हैं।"

"हम लोग सरायों में ठहरें, छि:!" अ ने घृणा के स्वर में कहा, "हम लोग भक्त थोड़े ही हैं जो सरायों में रहेंगे।"

"ये सराएँ बड़ी सुन्दर हैं। हर प्रकार की सुविधाएँ हैं इनमें। आप लोगों को कोई कष्ट नहीं होगा वहाँ।"

"कुछ भी हो। हैं तो आखिर वे सराएँ ही।"

"आपको वहाँ दो-तीन दिन ही तो रहना होगा। बाद में मकान मिल जाएगा।"

इस पर क ने कहा, "दो-तीन दिन क्या अ तो दो-तीन घंटों के लिए भी कहीं जाते थे, तो ऊँचे होटलों या डाकबँगलों में ही उतरते। अगर कहीं ये न होते तो लोगों को उस तरह का इन्तजाम करना पड़ता था। ऐसे, सरायों में उतरना पसन्द नहीं करते थे।"

"फिर भी इन्होंने सादगी को कभी नहीं भुलाया। अपने भाषणों में नित्य इसका उल्लेख करते थे।" ब ने कहा।

"तुम चुप भी रहोगी!" अ ने चिढ़कर कहा और फिर इन्द्रपुरी में स्थायी मकान पाने में कोई दिक्कत न हो, इस दृष्टि से विष्णुप्रिय से पूछा, "हमें भवन पाने के लिए क्या करना होगा?"

इस पर विष्णुप्रिय ने उस अधिकारी देवता का नाम बताया जो भवन अलॉट करता था। इसका कार्यालय इन्द्र के विशाल महल में था।

"हमारा काम जल्दी हो जाएगा या नहीं? देवता की मुट्ठी वगैरह तो नहीं गरम करनी पड़ेगी?" ब ने पूछा।

यह सुनकर विष्णुप्रिय ने हँसते हुए कहा, "करनी पड़ सकती है। देवता तो, आप जानते हैं, भोग और दक्षिणा से ही प्रसन्न होते हैं।"

"ओह, तो स्वर्ग में भी घूस चलती है?" अ बोले।

"क्यों नहीं! धरती पर घूस आखिर यहीं से तो पहुँची है। स्वर्ग के देवता घूस लेते हैं, इसीलिए धरती के देवता लेते हैं। और घूस धरती पर इसीलिए तो मारते नहीं मरती कि वह स्वर्ग से पहुँची है।"

"ओह!" क के मुख से निकला।

"घूस तो वास्तव में दान-दक्षिणा और भोग ही है। इस दान-दक्षिणा और भोग का नाम उन लोगों ने बिगाड़ दिया है जो इनसे वंचित रहे।" विष्णुप्रिय ने कहा।

"आप धरती पर कभी व्यंग्य लिखते थे?" ब ने सवाल किया।

"नहीं, मैं व्यंग्य लिखता नहीं था, उससे जूझता था। और मेरी जिन्दगी की यही भूल रही। जूझने से मुझे मौत मिली। लिखता तो शायद जिन्दगी मिल जाती। खूब नाम और प्रतिष्ठा-भरी जिन्दगी।"

अ ने यह भी जान लेना चाहा कि उन्हें इन्द्रपुरी में ही भवन मिलेगा या नहीं, क्योंकि वे इन्द्रपुरी में ही बसना चाहते थे, भक्तों की किसी बस्ती में नहीं। अत: उन्होंने विष्णुप्रिय से सवाल किया था, "इन्द्रपुरी में भक्तों के लिए ऐसे ही बड़े-बड़े भवन हैं या इनसे छोटे? बात यह है कि हम इन्द्रपुरी में ही रहना चाहते हैं।"

"इन्द्रपुरी में," विष्णुप्रिय ने कहा, "इन्द्रपुरी में भक्तों के भवन नहीं हैं।"

"क्यों, इन्द्रपुरी में क्यों नहीं हैं?"

"इन्द्रपुरी में सिर्फ देवता लोग रहते हैं। भक्तों को बाहर बस्तियों में ही रहना होता है।"

"ओह, तो लगता है स्वर्ग में ऑरिस्टॉक्रेसी है।" अ ने चिढ़कर कहा।

"ऑरिस्टॉक्रेसी कैसे?"

"ये देवता अपनी नगरी में किसी और को नहीं बसने देते, इसका मतलब ऑरिस्टॉक्रेसी नहीं तो और क्या है? धरती पर हम लोग राजधानियों में छोटों-बड़ों, सभी को बसने देते हैं।" अ बोले।

"इसीलिए हमारी राजधानियों में ऊँची-ऊँची इमारतें ही नहीं, बड़े-बड़े मकान और लम्बी-लम्बी झोंपड़ियाँ भी देखी जा सकती हैं।" क ने कहा।

"हाँ," ब बोली, "बड़ी-बड़ी इमारतों के निकट बढ़ती हुई झोंपड़ियों को देखकर तो हमें नित्य इस बात का गर्व रहा है कि देखो, हमारी आदर्श व्यवस्था में क्या बड़े और क्या छोटे, दोनों समान रूप से जी रहे हैं एक ही जमीन पर, एक ही आकाश के तले।"

"मैं इन्द्र से झगड़ूँगा।" अ ने कहा।

"इन्द्रपुरी में झोंपड़े के लिए?" ब बोली।

"झोंपड़े के लिए नहीं, कोठी के लिए।"

"मैं तो कहूँगी, झोंपड़े के लिए ही लड़ो और यहाँ के लोगों को भी गर्व करने दो कि झोंपड़ों में धरती पर ही अच्छे लोग नहीं रहते, स्वर्ग में भी रहते हैं।"

अ ने ब की बात की ओर ध्यान नहीं दिया और विष्णुप्रिय से पूछा, "उस देवता के घर का पता क्या है जो भवन अलॉट करता है? हम उससे ऑफिस में मिलने से पहले घर पर मिल लेंगे।"

"आप समझते हैं, इससे काम बन जाएगा?"

"वह हम देख लेंगे।"

विष्णुप्रिय ने घर का पता बता दिया था।

इन लोगों की पैदल यात्रा फिर आरम्भ हो गई थी। बस्ती के बाहर फिर वही मीलों फैला हुआ मैदान, मैदान में झोंपड़ियाँ, पेड़, झरने और इन सबसे गुजरती हुई गरीबी की तरह पगडंडी। ऊपर ऋण की भाँति सूरज की धीरे-धीरे बढ़ती हुई धूप।

चलते-चलते अ ने कहा, "हमें यदि मालूम होता कि स्वर्ग में इस तरह पैदल चलना पड़ेगा, तो हम विनोबा जी की पदयात्रा में बार-बार हिस्सा लेते।"

"क्या तुम्हें विश्वास था कि स्वर्ग ही मिलेगा मरने के बाद?" ब ने पूछा।

"विनोबा जी की पदयात्रा में तुमने कितनी बार हिस्सा लिया था?" क ने बीच ही में सवाल किया।

"सिर्फ एक बार।" जवाब ब ने दिया।

"क्या तुम भी साथ थीं? ये तो बिलकुल थक गए होंगे?"

"अजी चले थे कितना-सा। और जो भी कष्ट हुआ था, उसका परिहार उस रात डाकबँगले में नहीं, दूसरे दिन वापसी यात्रा के समय कार में हुआ था। कार राजधानी की ओर जिस तेज रफ्तार से भागी जा रही थी, उसी रफ्तार

से अखबार में विनोबा जी के साथ अपना फोटो और नाम छपा देखकर श्रम दूर होता जा रहा था।" ब ने कहा।

"हम लोगों के अच्छे काम भी हँसी का विषय बन जाते हैं।"

"तुम पैदल यात्रा और पदयात्रा का फर्क जानते हो क?" ब ने सवाल किया।

"फर्क? इन दोनों में भला क्या फर्क हो सकता है?" क ने कहा।

"है। बहुत बड़ा फर्क है भाई! ऐसा ही, जैसे एक ही कपड़ा जब गरीब पहनता है तो वह खद्दर कहलाता है, दूसरा कोई तो खादी। यही कपड़ा एक की प्रतिष्ठा घटाता है तो दूसरे की बढ़ाता है।"

"प्रतिष्ठा बढ़ती थी, तो तुमने क्यों नहीं खादी पहनी?" अ ने चिढ़कर कहा।

"मैं प्रतिष्ठा की नहीं, पैसे की भूखी थी। हाँ तो क, मैं तुम्हें पैदल यात्रा और पदयात्रा का फर्क बता रही थी। इन दोनों में वही फर्क है जो झोंपड़ी और कुटी में है। झोंपड़ी और कुटी में क्या फर्क है, समझते हो न? झोंपड़ी खद्दर है तो कुटी खादी। इसी तरह पैदल यात्रा भी खद्दर है और पदयात्रा खादी। बिलकुल ऐसा ही फर्क उपवास और उपोषण में है।"

"तुम्हें एक ऊँचे सन्त के बारे में ऐसी बातें करते लज्जा आनी चाहिए।" अ ने तेज होकर कहा।

"लज्जा तो उन लोगों को आनी चाहिए जो सन्त की पदयात्रा को लज्जित करते हैं," ब ने कहा, "इन लोगों के पीछे-पीछे कारें और आगे-आगे कैमरे क्यों चलते हैं? क्या इसलिए कि इनके पैरों को पेट्रोल से शक्ति और क्लिक से गति मिलती है? मैं समझती हूँ, कारें और कैमरे रुक जाएँ, तो इनके पैर भी रुक जाएँगे। तभी तो आज आगे-पीछे दोनों ही नहीं हैं, तो तुम्हारी यह पदयात्रा थकान-भरी पैदल यात्रा बन गई है।"

"धरती पर तो तुम ऐसी बातें नहीं करती थीं। यदि करतीं तो मैं तुम्हें नौकरी से अलग कर देता।"

"तो बड़ी गलती करते," क ने कहा, "ऐसे लोगों को तो उलटे नौकरी के खूँटे से और भी ज्यादा कस देना चाहिए। राज्य की खेती के बैलों को ऐसे छोड़ नहीं दिया जाता।"

अ कुछ समझे नहीं। बोले, "मतलब?"

"खेती तो जानते हो?"

"हाँ-हाँ।"

"राज्य चलाना, यानी शासन करना भी खेती करने जैसा है। किसान अपना खेत बैलों से जोतता है, तुम भी अपने शासन का खेत बैलों से ही जोतते हो।"

"बैल, कैसे बैल?"

"अरे, जिन पढ़े-लिखे लोगों को तुम नौकरी के ऊँचे-ऊँचे खूँटों से बाँध रखते हो, वे तुम लोगों के लिए क्या बैलों का ही काम नहीं करते?"

"तुम्हारे दिमाग को यह हो क्या गया है?" अ ने कहा।

"कोई बैल मरकहा होता है तो किसान उसे छोड़ नहीं देता। उसे और कसकर बाँध देता है। अब तो समझे मेरी बात?" क ने कहा।

"समझा। लेकिन ऐसे बैल को किसान डंडे भी कम नहीं जमाता।"

"किसान में ताकत होगी, तभी तो जमाएगा।"

"बैल," ब ने कहा, "बड़ी अच्छी बात कही क तुमने। ये बैल जब खूँटों से बँध जाते हैं, तो जो कभी बुद्धि चरते थे, घास चरने लग जाते हैं।"

"पेट क्या नहीं कराता!" क बोले।

"पहले जहाँ दिमाग पुष्ट रहता था, अब पेट रहता है। फिर भी ये बैल घास नहीं, बुद्धि चरने का दावा करते हैं।"

"बस...बस," अ ने कहा, "यहाँ आकर सीधे-सीधे बात करना ही भूल गईं क्या तुम?"

चलते-चलते क अचानक एक ओर इशारा करते हुए बोल उठे, "अरे देखो-देखो, वे गुसाईं तुलसीदास जी चले जा रहे हैं!"

अ और ब दोनों ने देखा, कुछ ही दूरी पर एक सन्त पुरुष बस्ती की ओर जा रहा है। सिर पर लम्बी चोटी है, माथे पर चन्दन। गले में रुद्राक्ष की माला और कन्धे पर अँगोछा। हवा में लहराता पीताम्बर बड़ा सुहावना लग रहा था।

"शायद उधर कोई नदी हो जहाँ से नहा-धोकर घर लौट रहे हैं। तड़के ही गए होंगे और नहा-धोकर और छापा-तिलक लगाकर वहीं रामनाम का जप करने बैठे होंगे।"

"ओह, ये अब स्वर्ग में भी रामनाम का जप करते हैं?" अ ने कहा।

"क्यों?" क बोले, "स्वर्ग कुर्सी तो नहीं जिसे पा लेने के बाद भक्त जनता-जनता का जप त्याग दे! सच, तुलसीदास जी महान सन्त हैं। कल हम इनके निवास स्थान पर गए थे।"

"भेंट हुई थी?" अ ने पूछा।

"हाँ, बड़े प्रेम से मिले! मैंने उन्हें बताया, आपका रामचरितमानस आज भी लोगों का कंठहार बना हुआ है।"

"तुलसीदास जी हमारे युग में होते, तो मैं उन्हें जरूर कोई बड़ा पारितोषिक दिलाता। मैंने कितने ही साहित्यकारों को पारितोषिक दिलाए हैं।"

"सच, तुम्हारा पारितोषिक पाकर तुलसीदास जी धन्य-धन्य हो उठते!" ब ने कहा।

"तुम उनकी किस कृति को पारितोषिक के लिए चुनते?" क ने पूछा।

"रामचरितमानस को और किसे?"

"उनकी और भी कृतियाँ हैं भाई!" क ने कहा, "मेरी राय में उनकी रामललानहछू पुरस्कार के लिए अच्छी रहती।"

"रामललानहछू," अ बोले, "क्या यह रामचरितमानस से भी बेहतर कृति है?"

"न हो। तुम्हारे पुरस्कार से वह अवश्य ही बेहतर बन जाती। जिन लोगों ने उसका नाम तक नहीं सुना था वे उसे पढ़ते, उस पर चर्चा करते और इस तरह यह हिन्दी साहित्य की रामचरितमानस से भी बेहतर कृति बन जाती।"

"सच, कभी-कभी अच्छी कृतियाँ भी पुरस्कार से वंचित रह जाती हैं।"

"नहीं," ब बोली, "मैं तो ऐसा कहूँगी कि पुरस्कार ही अच्छी कृतियों से पुरस्कृत नहीं हो पाता।"

"मैं मतलब नहीं समझा," अ ने कहा, "जो खुद पुरस्कार हो वही भला कैसे पुरस्कृत हो सकता है?"

"होता है, होता है। लेकिन बीच के लोग उसे होने नहीं देते।" ब बोली।

"मैं तो उस सन्त के दर्शन पाकर धन्य हो उठा। मैंने उन्हें देश में मनाए गए मानस चतुश्शती समारोह के बारे में भी जानकारी दी।" क ने कहा।

"सुनकर वे प्रसन्न हो उठे होंगे।"

"मुझे तो ऐसा लगा," ब ने कहा, "जैसे उन्हें इसकी पहले ही जानकारी मिल चुकी थी। मेरा खयाल है, वे अच्छी तरह जानते थे कि समारोह के नाम पर सरकार ने और विद्वानों ने कैसा नाटक किया। उनके नाम पर आचार्यों ने और विद्वानों ने किस तरह अपनी पब्लिसिटी कर ली।"

"यह कौन हो सकता है चुगली करनेवाला?" अ बोले, "शायद कोई असन्तुष्ट विद्वान जिसे अपनी पब्लिसिटी का अवसर नहीं मिला होगा। कुछ भी हो, तुलसीदास जी को इस बात का सन्तोष होना ही चाहिए कि सरकार ने उनके लिए कुछ तो किया। सन्तों को अच्छी-अच्छी बातें लेनी चाहिए, बुरी-बुरी त्याग देनी चाहिए। मेरा खयाल है, यह बात खुद उन्हीं ने कही हैं।"

"अरे भाई, तुम मेरी भी सुनोगे या अपनी ही हाँके जाओगे? सुनो, तुलसीदास जी मेरी बात सुनकर प्रसन्न ही हुए। कह रहे थे, अच्छा हुआ मानस चतुश्शती मनाई गई। और वे, जिस ढंग से मनाई गई उससे भी खुश थे।" क ने कहा।

"सरकार भला कोई काम गलत ढंग से करती है।"

"तुलसीदास जी कह रहे थे," क ने आगे कहा, "मुझे यह जानकर खुशी हुई कि चतुश्शती समारोह में आयोजकों और भाषणकर्ताओं ने मानस के मानस को समझने और उस पर आचरण करने का प्रयत्न नहीं किया। अन्यथा इसकी पंचशती तक लोगों ने मानस को भुला दिया होता।"

"तुम तो जानते हो, सरकार हर काम बड़ी सूझ-बूझ के साथ करती है।"

"मुझे तो यह जानकर आश्चर्य हुआ कि तुलसीदास जी हमारे वर्तमान जीवन की अनेक बातों से परिचित हैं।"

"अच्छा! तो और किन-किन विषयों पर बातें हुईं उनसे? वर्तमान राजनीति पर चर्चा हुई थी?"

"हाँ, हुई थी।" क बोले।

"उसमें रामराज्य की बातें आई होंगी?"

"नहीं, बिलकुल नहीं आईं। वे शायद हमारी राजनीति से इतने अवगत थे कि लगता है उन्होंने जान-बूझकर ही रामराज्य की बात नहीं उठाई?"

"इस मामले में भी जरूर किसी ने चुगलखोरी की है," ब बोली, "और यह कोई विरोधी पक्ष का आदमी होगा।"

"उन्होंने देश की वर्तमान शिक्षा के सम्बन्ध में भी चर्चा की थी।" क ने कहा।

"ओह, तो उन्होंने अंग्रेजी की शिक्षा को लेकर विषाद प्रकट किया होगा।"

"नहीं, उलटे उन्हें इस बात का विषाद था कि वह हमारे जमाने में क्यों न हुई।"

"तो धरती पर कुछ सनकी लोग यों ही अँग्रेजी के खिलाफ नारे लगाते हैं।"

"वे इस बात से बड़े प्रसन्न थे कि विश्वविद्यालयों में उन-जैसे कवियों का खूब अध्ययन-अध्यापन हो रहा है।"

"भाई, क्यों न होंगे प्रसन्न! कौन कृतिकार नहीं चाहेगा कि उसकी कृतियों का अध्ययन-अध्यापन हो! इससे उसे महत्ता प्राप्त होती है न।" अ ने कहा।

"इस अध्ययन-अध्यापन को लेकर काफी देर तक बातें होती रहीं," क ने आगे कहा, "उन्होंने अपने सम्बन्ध में स्थापित आचार्यों और विद्वानों की उन मान्यताओं का उल्लेख किया जो स्वयं उनके लिए नई थीं। कह रहे थे, मैं विद्वानों का आभारी हूँ। मैं स्वयं अब तक अपने-आपको न समझ सका था। अब समझ गया हूँ।"

"सरकार विद्वानों को ऊँची-ऊँची तनख्वाहें यों ही नहीं देती।"

"फिर उन्होंने विश्वविद्यालयों में छात्रों द्वारा प्राचीन कृतियों पर किये जानेवाले शोधकार्य पर भी बड़ा सन्तोष प्रकट किया। बोले, ये छात्र कृतियों की आत्माओं में कितने गहरे पैठ जाते हैं। भाषा भी इनकी इतनी सहज-सरल होती है कि कृति का मूल आशय आप-से-आप हाथ आ जाए। उन्होंने यह भी बतलाया कि एक ही कवि पर बार-बार शोधकार्य होते हैं, फिर भी उनमें पिष्टपेषण नहीं होता। इनकी महत्ता को आँकते हुए अन्त में उन्होंने कहा, इन शोधकार्यों की ऊँचाई देखते हुए लगता है संशोधकों को बदले में दी जानेवाली पी-एच.डी. या डी. लिट. की उपाधियाँ बहुत नीची हैं।"

"क्यों नहीं!" अ ने कहा, "सुना है यह काम उन्हीं छात्रों को दिया जाता है जिन्हें विद्वान पहले चुन लेते हैं।"

"हाँ, और इनका मार्गदर्शन भी विद्वान और आचार्य ही करते हैं।" ब ने कहा।

"तुलसीदास जी कह रहे थे, यह मार्गदर्शन विद्वान और आचार्य ही कर सकते हैं, ज्ञानियों के बस की बात नहीं।" क बोले।

"मतलब?" अ ने पूछा, "क्या तुलसीदास जी विद्वानों और ज्ञानियों को अलग-अलग मानते हैं?"

"तुलसीदास जी को विद्वानों और आचार्यों के प्रति बड़ा आदरभाव है। कह रहे थे, धन्य हैं वे लोग जिन्होंने हम-जैसे प्राचीन कवियों के जीवन-वृत्तों की खोजबीन पर अथक परिश्रम किया है। हम कवियों का जन्म कब हुआ, कहाँ हुआ, माता-पिता कौन थे, गुरु कौन थे, हम जन्मान्ध थे या बाद में अन्धे हुए, कब मृत्यु हुई, आदि-आदि पर उन्होंने जो कुछ लिखा है और पारस्परिक विचारों का जो खंडन-मंडन किया है, वह सब मेरी दृष्टि में प्रत्यक्षतः हमारी कृतियों पर लिखे गए ग्रंथों से भी कहीं ज्यादा महत्त्वपूर्ण है।"

"ओह, क्या विद्वानों ने ऐसा कुछ भी किया है? कितना अच्छा होता ये प्राचीन कवि अपनी जीवनियाँ भी अपने ग्रंथों में लिख जाते।"

इस पर ब ने कहा, "मैंने तुलसीदास जी से इस बारे में कहा था। आप लोगों ने ग्रंथ-के-ग्रंथ लिख डाले। अच्छा होता अपना जीवन-परिचय भी कहीं-न-कहीं दे देते। इससे लोग इसके पीछे व्यर्थ के परिश्रम से तो बच जाते।!"

"तो क्या बोले?"

"पहले तो मुस्कुरा दिये। वैसे वे अपनी हर बात पर मुस्कुराते थे। और फिर बोले, हम कवियों ने अच्छा ही किया कि अपने परिचय के बारे में मौन रहे। यदि ऐसा न करते तो आप लोगों के युग के कितने ही लोग ऊँची विद्वत्ता, बड़ी-बड़ी उपाधियों और सम्मानपूर्ण पदों से वंचित रह जाते।"

"सचमुच, सन्त लोगों में बड़ी दूरदृष्टि होती है। लेकिन एक बात मेरी समझ में नहीं आई। एक ही कवि पर बार-बार शोध कैसे हो सकता है?" अ ने पूछा।

"बड़ी आसान बात है," ब ने कहा, "मेरा भाई बतलाता था, बस कोण बदल दो। किसी ने वीर रस को पकड़कर काम किया है तो तुम श्रृंगार को पकड़ लो।"

"सो कैसे?" अ ने कहा।

"अब देखो," ब ने समझाया, "रामचरितमानस पर ही काम करना है। वीर रस को पकड़कर करना है, तो राम के जीवन के हर प्रसंग में वीर रस

खोजने लग जाओ। जनकपुरी की वाटिका में राम और सीता के परस्पर प्रथम दर्शन में भी। और यदि शृंगार को पकड़कर करना है तो राम-रावण के घनघोर युद्ध में भी शृंगार खोजो। खोजने पर तो भगवान भी मिल जाते हैं। फिर ये तो रस ही हैं। शोधछात्र तो रचनाओं के शब्द तक पकड़कर काम करते हैं। वे यह दिखाते हैं कि किसी कवि ने अमुक-अमुक शब्दों का कितनी बार प्रयोग किया है। मेरा खयाल है, तुलसीदास जी पर अब तक इतना काम हो चुका है कि अब उनकी रचनाओं में संयुक्ताक्षरों की ही गिनती बाकी रह गई है।"

"यह काम कुछ कठिन है, नहीं?" अ ने कहा।

"बहुत कठिन!"

"मेरा तो संयुक्ताक्षर देखते ही सर चकरा जाता था। लिख तो कभी सही नहीं पाया। मैं समझता हूँ, आज जो लोग अधिकाधिक संयुक्ताक्षरों या संस्कृत की सामासिक पदावलियों का प्रयोग कर रहे हैं, वे भाषा को नीचे गिरा रहे हैं। भाषा का विकास होता है उसकी बाजारू पदावली से।" अ बोले।

"और चुनावी पदावली से। सच, जो लोग अपने को विद्वान मानते हैं, इस दृष्टि से कभी विचार ही नहीं करते। वे न जनता का विचार करते हैं, न अपने नेताओं का। बस अपने विषयों तक सोचकर रह जाते हैं।"

"यह कोई ढंग की बात की ब तुमने।" अ ने कहा।

इस तरह बात करते हुए तीनों उस स्थान को पहुँचे जहाँ से गंगा नदी बहती थी। विष्णुप्रिय ने उन्हें बताया था, रास्ते में गंगा मिलेगी। नदी पार करने के लिए पुल नहीं है। एक केवट मिलेगा जो नाव से उस पार ले जाएगा। नदी पर पुल नहीं है, जानकर अ को बड़ा आश्चर्य हुआ था। स्वर्ग इतना पिछड़ा हुआ लोक है, धरती के देहाती इलाकों की भाँति कि शायद यहाँ बड़े-बड़े इंजीनियर नहीं हैं। या फिर इन्द्र के बजट में पुल बैठ न पाते हों। महल के अपने बड़े-बड़े भोगों के कारण।

गंगा नदी बिलकुल धरती की गंगा जैसी थी। धरती पर आकर देवताओं ने भले ही अपना रंग-रूप बदला हो, स्वर्ग की गंगा को देखकर लगता था, धरती पर वह वैसी-की-वैसी पहुँची है। सुखद प्रवाह में बहती हुई उस नदी

के दोनों किनारों पर खड़े हुए पेड़ प्रसन्न नजर आ रहे थे। लगता था, वे पेड़ नहीं हैं सड़क के दोनों किनारे खड़े लोग ही हैं जो खुली कार में बैठे कहीं तेज कहीं धीमी गति से जाते हुए अपने प्रिय नेता को देखकर प्रसन्न हो उठे हैं। इधर नदी की उठती एक-एक लहर जैसे नेता का उनको अभिवादन हो। हाँ, इस समानता में फर्क बस इतना ही था कि नदी पेड़ों को हरा-भरा रखती है, तो नेता अपने-आपको ही।

केवट दूर एक पेड़ के नीचे बैठा हुआ था। ज्यों ही उसने इन लोगों को देखा, फौरन दौड़ा-दौड़ा पास आया और हाथ जोड़कर बोला, "क्या परले पार जाना है, बाबूजी? नाव ले आऊँ?"

क से 'हाँ' में जवाब पाकर वह कुछ ही दूरी पर बँधी नाव को लेने चला गया।

इधर अ के दिल में धड़कन होने लगी। आज तक कभी नाव में बैठे नहीं थे। नाव से डर और वे साथ-साथ ही पैदा हुए थे। इसीलिए जब-जब भी नाव में बैठने का मौका आया था, वे उससे दूर ही भागे थे। वैसे ऐसे मौके दो बार ही आए थे। एक बार तब जब वे नौ-दस वर्ष के थे और माता-पिता के साथ किसी तीर्थस्थान को गए थे। वहाँ तफरीहन नाव में बैठना था। वे नहीं बैठे थे। पिता ने उन्हें काफी मनाया। कहा, "डरो नहीं बेटे! नाव डूब थोड़े ही जाएगी। फिर हम भी तो तुम्हारे साथ हैं।" लेकिन वे बैठे नहीं, सो बैठे ही नहीं। यह देख पिता ने चिढ़कर कहा था, "अरे, तू इतना बुजदिल है तो जिन्दगी में क्या कुछ कर दिखाएगा।"

दूसरी बार वे उस समय नहीं बैठे थे, जब मंत्री थे और एक बाढ़ग्रस्त इलाके में दौरे पर गए थे। बाढ़ का मुआयना करने के लिए वे वास्तव में हेलिकॉप्टर से ही जानेवाले थे। लेकिन उसी दिन मुख्यमंत्री की रिश्तेदारी में किसी के यहाँ बच्चे का मुंडन निकल आया। अतः हेलिकॉप्टर वे ले गए और इन्हें कार से निकलना पड़ा।

वहाँ नाव में बैठकर जिस नदी को पार करना था, वह बहुत कुछ उतर चुकी थी। मल्लाहों ने उन्हें पूरा-पूरा विश्वास दिलाया कि नाव पार ले जाने में कोई खतरा नहीं है। दूसरे और लोगों ने भी यही कहा। लेकिन जो व्यक्ति अपने माता-पिता पर विश्वास नहीं कर सका वह औरों की बात पर कैसे करता!

आखिर जैसा कि हर तथाकथित खतरे के मौकों पर वे जिस शस्त्र का उपयोग करते थे, यहाँ भी किया था। कह दिया, "भाई, मुझे ब्लड प्रेशर है, इसीलिए मैं नाव में नहीं बैठता।"

इस तरह ब्लड प्रेशर उन्हें उबार ले गया था। सच, बड़े लोगों की बीमारियाँ उन्हें मारने नहीं, तारने के लिए होती हैं। वे वहीं से वापस लौट आए थे। बाढ़ का मुआयना नहीं हो सका था, फिर भी उसकी चश्मदीद रिपोर्ट मुख्यमंत्री को उन्होंने बराबर पेश कर दी थी।

आगे उन्हीं के करकमलों से उन देहाती युवकों को पारितोषिक दिया गया था, जिन्होंने अपने प्राणों की चिन्ता न कर बाढ़ में फँसे लोगों की जानें बचाई थीं। उस अवसर पर अपने भाषण में उन्होंने कहा था, "आज देश के लिए ऐसे ही दिलेर मर्दों की आवश्यकता है। हमें ऐसे निडर और साहसी युवकों पर नाज है।" भाषण समाप्त हो जाने पर दर्शकों में से कोई चिल्लाया था, "ये बेचारे इतने ही गरीब भी हैं। इनको कुछ काम भी दीजिए।" इस पर बिना किसी हिचकिचाहट के उन्होंने कहा, "जरूर, जरूर। ऐसे लोगों को नंगा-भूखा रखकर हम देश को ऊँचा नहीं उठा सकते। अवश्य काम देंगे।" बाद में अपनी व्यस्तताओं में वे अपना आश्वासन भूल गए थे। वे भी क्या करते! जिन पर भारी-भारी जिम्मेदारियाँ हों, उनके साथ प्राय: ऐसा हो ही जाता है।

केवट जब नाव ले आया तो अ ने कहा, "मैं तो नाव में नहीं बैठूँगा।"

"तो क्या तैरकर जाओगे उस पार?" ब ने कहा, "ओह, मैं भी देखूँ, तुम कैसे तैरते हो!"

"नहीं, तैरकर नहीं। मैं तैरना नहीं जानता।"

"तो क्या उड़कर जाओगे उधर? लेकिन यहाँ न कोई विमान है, न हेलिकॉप्टर।"

"हम लोग केवट से पूछें नदी कहीं-न-कहीं उथली जरूर होगी। हम वहीं से पार चले जाएँगे।"

"गजब करते हो!" क ने कहा, "तुम तो नाव पर ऐसे ही भरोसा नहीं कर रहे हो, जैसा अपने ही दल के सदस्यों का नहीं करते थे। अरे भाई, एक बार सदस्य भले ही मँझधार में डुबो दे, नाव नहीं डुबाती। काठ नियम नहीं तोड़ता।"

"फिर यह नाव काफी बड़ी है," ब ने कहा, "और बड़ी नाव बड़े सदस्यों-जैसी नहीं होती। बेचारे छोटे सदस्यों-जैसी होती है।"

"यह सब ठीक है," अ ने अपना आखिरी शस्त्र निकालते हुए कहा, "लेकिन तुम जानते हो, मुझे ब्लड प्रेशर है।"

उधर केवट ने पुकारा, "चलिए साहब, नाव तैयार है।"

"चलो भाई चलो, देर करने से फायदा नहीं।" क बोले।

"नहीं। मैंने कहा न मुझे ब्लड प्रेशर है। केवट से पूछो, नदी कहाँ उथली है।"

"तो तुम्हीं जाओ उस रास्ते से," क ने कहा, "हम तो नाव से ही जाएँगे। चलो ब, तुम तो नहीं डरतीं न नाव से?"

"नाव क्या, मैं तो तैरकर भी पार जाने को तैयार हूँ!"

क और ब जब नहीं माने तो आखिर अ ने विवश हो उनसे कहा, "अच्छा, तुम लोग चले जाओ पहले। मैं दूसरी बार में जाऊँगा।"

"ठीक है दूसरी बार में आना।" क ने कहा।

"अकेला नहीं आऊँगा। तुम लोग लौटकर आना।"

"मतलब?" क ने पूछा।

"भाई, मतलब यह है कि यह नाव की ट्रायल लेना चाहते हैं। मरे तो हम लोग मरेंगे।" ब ने कहा।

इस पर क बोले, "तुम्हारी धरती की ट्रायलवाली आदत यहाँ भी नहीं गई है। खैर यही सही।"

नाव उस पार जाकर वापस लौट आई। क और ब दोनों के साथ। इसके बाद भी अ बड़े डरे-डरे नाव में बैठे। नाव चल पड़ी, तो वे कभी नाव के तल को देखते तो कभी नाव के बाहर पानी को। उन्हें लग रहा था नाव अब डूबी, अब डूबी। केवट ज्यों ही डाँडे पर हाथ मारता और नाव पानी को चीरती आगे बढ़ती, उन्हें लगता उनके दिल को चीरकर ही वह आगे बढ़ रही है। दोनों हाथ वे अपने दिल पर रखे हुए थे। फिर भी उसकी धड़कन बढ़ती ही जा रही थी। और जब नाव मँझधार में पहुँची और ऊँची-ऊँची लहरों के थपेड़े नाव को लगने लगे तो उनका दिल इस तरह काँप उठा कि वे एकदम बेहोश हो गए और क की गोद में लुढ़क गए।

यह देखकर केवट ने कहा, "बड़े कमजोर दिल के आदमी हैं। धरती पर क्या फिल्मी हीरो-वीरो थे?"

ब को केवट की बात पर आश्चर्य हुआ। बोली, "तुम धरती की फिल्मी दुनिया को जानते हो?"

"अच्छी तरह जानता हूँ, बीबी जी! मैंने कई फिल्मी सितारों के बँगलों पर नौकरी की है।"

"तो क्या तुम गुरखा थे?"

"जी!" डाँडों से पानी चीरते हुए केवट ने कहा।

"तो यह केवट का काम कैसे करते हो?"

"बीबी जी," केवट ने कहा, "अपनी नौकरी में मैं ऐसी दुनिया में रहा कि उससे बिलकुल ऊब गया था। सो, मरते समय मैंने भगवान से कहा, हे भगवान, अगले जनम में मुझे इस गन्दे किनारे मत ला पटकना, किसी पावन जगह का किनारा देना। भगवान ने मेरी विनती सुन ली और मुझे यहाँ बसा दिया।"

"तुमने इन्हें फिल्मी हीरो कैसे समझ लिया? फिल्मी हीरो क्या कमजोर दिल के आदमी होते हैं?"

"जी। बिलकुल कमजोर।" केवट ने कहा।

"कैसे? ये तो फिल्मों में बड़ी-बड़ी फाइटें देते हैं।"

"वे कहाँ देते हैं बीबी जी! आप फिल्मी मैगजीनें पढ़ती नहीं थीं क्या? ये फाइटें तो उनके डमी देते हैं। फाइटें डमी देते हैं और बहादुरी की तालियाँ हीरो मार ले जाते हैं।"

"ओह!"

"बीबी जी," केवट ने कहा, "इस तरह तालियाँ मार ले जानेवाले हीरो फ़िल्मों में ही नहीं होते, हर जगह होते हैं। मेरा एक रिश्तेदार था। अच्छा पढ़ा-लिखा। वह बता रहा था—तालियाँ अफसर पाता है जबकि फाइट उसके बीसियों डमी देते हैं। स्कूल में फाइट मास्टर लोग देते हैं, तालियाँ मिलती हैं हेडमास्टर को। आपने कभी हेडमास्टर को छोड़ अच्छे-से-अच्छे मास्टर को सरकारी पुरस्कार मिलते सुना है? ऐसे ही ईजादें छोटे-छोटे विज्ञानी करते हैं... बेचारे डमी, और नाम-इनाम मिलता है उनके ऊपर के आदमी को।"

"अरे वाह, तुम तो दुनिया की खूब जानते हो!"

ब इस तरह बातें करती रही, बिना अ की ओर ध्यान दिये।...बेहोश ही तो हुए हैं। आप ही होश में आ जाएँगे। ऐसे नहीं आए तो पानी के छींटों से आ जाएँगे। यही बात क ने भी सोची। लेकिन अ आप-ही-आप होश में आना तो दूर, केवट के छींटों की मार से भी नहीं आए। उसके पास कठौता था। जब काफी मार देने के बाद भी अ होश में नहीं आए, तो ब और क चिन्तित हो उठे। और नाव जब किनारे लगी तो सवाल था कि उन्हें किनारे पर कैसे उतारा जाए।

अ शरीर से भारी-भरकम थे। इतने कि अकेले क को उन्हें उठा सकना सम्भव नहीं था। ब क्या सहारा देती! वह बिलकुल स्त्रिय थी। स्लिमिंग का एक महीने का कोर्स उसने कोई चार-छह माह पूर्व ही पूरा किया था। यह उसे अपनी नौकरी बनाए रखने के लिए आवश्यक था। आखिर क ने केवट को सहारे के लिए कहा।

इस पर केवट बोला, "बाबूजी, आप क्यों तकलीफ करते हैं। मैं अकेला ही उतार देता हूँ।"

केवट बदन से काफी हट्टा-कट्टा था। उसका उघड़ा काला शरीर बेडौल जरूर था, किन्तु वह शक्ति की सजीव प्रतिमा था। हरक्यूलस-सा।

उसकी बात सुनकर क ने संकोच से ही कहा, "तुम अकेले उतार दोगे? बहुत भारी हैं ये भाई!"

"होने दो बाबूजी! मुझे आदत है। अपने मालिकों को मैं जब-तब उठाया करता था। वे भी कम भारी नहीं थे।"

"उन्हें उठाने की जरूरत क्यों पड़ जाती थी? क्या फिल्मों में ऐसे सीन होते थे?" क ने पूछा।

सुनकर केवट हँस दिया। बोला, "नहीं बाबूजी! फिल्मों में सीन नहीं होते थे। ये सीन तो बँगलों के ही होते थे। मालिकों को मोटर में से कन्धे पर उठाकर बँगलों के अन्दर पहुँचा देना मेरे लिए आम बात थी।"

"क्यों, क्या वे चल नहीं सकते थे?" ब ने पूछा।

"बड़ी भोली हैं आप," केवट ने कहा, "रात-बेरात मालिक जब बँगलों पर लौटते हैं, तो क्या वे मोटर से उतरकर अपने पैरों चलने की हालत में हो सकते हैं कभी?"

"ओह, समझी।"

"वैसे बँगलों में अन्दर-ही-अन्दर उठाने के मौके भी कम नहीं आते थे। रात में उनकी बीवियाँ मुझी को याद करती थीं जब बैठक के कमरे से सोने के कमरे तक उन्हें पहुँचाना होता था।"

और फिर केवट ने अपनी भुजाओं के मसल दिखाते हुए मुस्कुराकर कहा, "शायद मेरी इसी ताकत को देखकर बीवियाँ नित्य मुझे बचा लेती थीं, जब भी मेरी नौकरी छूटने की नौबत आती।"

और सचमुच केवट ने अ के भारी-भरकम शरीर को सहज ही अपने कन्धे पर उठा लिया और ले आकर किनारे पर रख दिया।

अब क ने कठौते में पानी लेकर छींटे मारे। इसके सिवाय अ को होश में लाने का उपाय ही क्या था! लेकिन बार-बार छींटे मारने से भी कोई मंत्री आज तक कभी टस-से-मस हुआ है जो अ होते!

अ होश में नहीं आ रहे हैं, यह देखकर आखिर केवट ने कहा, "मेरे पास एक जड़ी है बाबूजी! उस जड़ी को सुँघाते ही ये होश में आ जाएँगे। आप कहें तो मैं घर से ले आऊँ?"

"सच, ऐसी जड़ी है तुम्हारे पास?" क ने कुछ खुश होते हुए कहा।

"जी!"

"ले आओ। किसी तरह तो होश में आएँ।"

यह सुनना था कि केवट घर की ओर भागा। घर उसका इसी किनारे पर था।

केवट जड़ी ले आया, लेकिन उसका भी कोई असर नहीं हुआ। बार-बार सुँघाने पर भी।

केवट को यह देखकर बड़ा आश्चर्य हुआ। बोला, "यह तो बड़ी अक्सीरी जड़ी है बाबूजी! फिर धरती की नहीं स्वर्ग की है। यह बेहोश को तो क्या, मुर्दे तक को होश में ले आती है।"

"क्या मुर्दों को भी होश में ले आती है," क ने कहा, "तब तो अ की बेहोशी मामूली नहीं है। इन्द्रपुरी के किसी धन्वन्तरी को लाना होगा अब तो।"

तभी केवट ने पूछा, "इसके पहले भी ये कभी इस तरह बेहोश हुए थे?"

"मेरा खयाल है नहीं हुए थे।"

"हाँ-हाँ, हुए थे।" ब ने कहा।

"कब हुए थे?" क ने पूछा।

"तीसरे चुनाव के बाद, जब काउंटिंग चल रही थी। तुम नहीं थे शायद उस वक्त। ये उस समय बेहोश हुए थे जब इन्हें किसी ने आकर बताया कि इनका विरोधी हजारों मतों से आगे बढ़ गया है। बेहोश होते ही डॉक्टरों को बुलाया गया। लेकिन अच्छे-से-अच्छे डॉक्टर भी इन्हें होश में नहीं ला सके।"

"तो क्या यों ही पड़े रहने दिया होश में आने तक?" केवट ने पूछा।

"नहीं। कुछ देर बाद ऐसा जादू हुआ कि ये देखते-देखते एकदम उठ बैठे।"

"जादू...कैसा जादू?" क ने आश्चर्य से कहा।

इस पर ब बोली, "उस जादू का प्रयोग यहाँ भी कर देखती हूँ। शायद असर हो जाए।"

इतना कहकर ब जोर से चिल्लाती हुई बोली, "बधाई है, बधाई है। आप जीत गए...अ आप जीत गए!"

और सचमुच ब की इस चीख ने जादू-सा ही असर किया। अ हड़बड़ाकर एकदम उठ बैठे और बोले, "क्या-क्या,...मैं जीत गया...जीत गया?"

तभी अपने को नदी किनारे पाकर क से बोले, "अभी यह मुझे कैसी आवाज सुनाई दी—आप जीत गए...अ आप जीत गए!"

क के जी में जी आया। बोले, "वह आवाज नहीं थी। वह धरती की ऐसी जड़ी थी जो स्वर्ग के मुर्दों को जिलानेवाली अक्सीरी जड़ी-बूटियों को भी मात करती है। ब, तुम्हें शत-शत धन्यवाद। मैं कितना डर गया था।"

"क्यों, क्या मैं डूब गया था?" अ ने सवाल किया।

और जब अ को सारी बातें सुनाई गईं, वे सिर्फ हँस दिये।

जब तीनों वहाँ से आगे चल देने को उठे, तो केवट ने कहा, "आप लोग आज के दिन मेरे यहाँ रुक जाइए। कल सुबह चले जाइए इन्द्रपुरी।"

केवट का यह प्रस्ताव सुनकर अ के मन में वैसी ही घिन पैदा हुई, जैसी विष्णुप्रिय का प्रस्ताव सुनकर हुई थी। उससे कुछ ज्यादा ही। एक सामान्य आदमी के यहाँ रुकना...छि: छि:! अत: बोले, "नहीं, हम लोगों को आज ही इन्द्रपुरी पहुँचना है।"

इस पर ब ने कहा, "जरूर पहुँचना है। वहाँ हमारे स्वागत के लिए भीड़ जो इन्तजार कर रही होगी। बेचारा कितने प्यार से न्यौता दे रहा है और तुम हो कि ठुकरा रहे हो।"

क ने भी ब का साथ देते हुए कहा, "भाई, हम इन्द्रपुरी कल भी पहुँचें तो क्या हर्ज है। वहाँ तुम्हें शपथ तो लेनी नहीं है जो एक दिन का घाटा हो जाएगा।"

ब और क का यह रुख देखकर अ को केवट की बात मान लेनी पड़ी। फिर उन्हें यह भी लगा कि अब काफी थक चुके हैं और पेट भी खाली-खाली लग रहा है।

केवट का आतिथ्य

केवट उस स्थान से कुछ ही दूरी पर एक झोंपडी में रहता था। झोंपड़ी सुन्दर थी। सामने आँगन में छोटा-सा बगीचा था जो मेहँदी की चहारदीवारी से घिरा हुआ था। बगीचे की कुछ बेलें झोंपड़ी पर भी फैली हुई थीं।

किन्तु ऐसी सुन्दर झोंपड़ी को देखकर भी अ उससे आकर्षित नहीं हुए। मन-ही-मन कह उठे—झोंपड़ी...स्वर्ग में भी झोंपड़ी! झोंपढ़ी में स्वर्ग होता है, इस तरह की बात तो धरती पर सुनी थी, लेकिन स्वर्ग में झोंपड़ी हो सकती है, इसकी कल्पना तक नहीं की थी।

झोंपड़ी अन्दर तीन हिस्सों में बँटी थी। एक में बैठक थी। दूसरा हिस्सा सोने के लिए था और तीसरा रसोई के लिए। बैठक में नीचे फर्श बिछा हुआ था। केवट जब तीनों को बैठक में ले आया तो अ को नीचे फर्श पर बैठते बड़ा संकोच हुआ। तीनों आराम से बैठ सकें, इसके लिए केवट ने उन्हें तकिये दिये।

कुछ ही देर में केवट फलों से भरी एक थाली ले आया और उनके सामने रख दी।

उस थाली को देखकर अ के मुँह में पानी आ गया और फौरन उसकी ओर हाथ बढ़ाया।

पर उन्हें स्वयं इस बात का आश्चर्य हुआ। डाकबँगलों में जब उनके सामने फल रखे जाते थे, तो वे उनकी ओर से नजर फेर लेते थे, क्योंकि उनमें उन्हें वह फल नहीं दिखाई देता था, जिसके लिए वे दौरे पर निकलते थे। हाँ, वहाँ से निकलते समय यदि जबरदस्ती टोकरियाँ ही उनके साथ रख दी जातीं, तो वे मना न कर पाते, क्योंकि वे टोकरियाँ उनके लिए नहीं, बच्चों के लिए होती थीं। लोग यदि मंत्री के बच्चों से प्यार करें, तो उन्हें कैसे रोका जा सकता है! इस प्यार के खिलाफ सदन ने कोई कानून नहीं बनाया है और न ही बना सकता है।

तीनों जब फल खा चुके तो आराम करने के लिए अ ने इधर-उधर दृष्टि दौड़ाई। बगल के सोनेवाले खंड में उन्हें एक खटिया पड़ी हुई दिखाई दी, जिस पर साधारण-सी दरी बिछी हुई थी।

यह देखकर अ सोचने लगे, इस झोंपड़ी में क्या पलँग-वलँग कुछ नहीं है। शायद बिस्तर भी नहीं। बड़ी विचित्र झोंपड़ी है यह। सुख-सुविधा की एक भी चीज नहीं दिखाई देती इसमें। यह भी कोई तरीका है रहने का कि बैठक में दो-चार कुर्सियाँ भी नहीं और सोने के कमरे में सिर्फ खटिया और दरी ही हो। रसोई में भी गैस की जगह चूल्हा ही होगा। ये झोंपड़ी के लोग स्टैंडर्ड से रहना जानते ही नहीं। इनको हमारी कोठियाँ दिखानी चाहिए, तब ये कुछ जान पाएँगे।

अ इस समय भूल गए कि कभी उन्होंने मजदूरों की कॉलोनियों का दौरा किया था।...कैसे न भूलते। ऐसे दौरे इनकी आँखें ही जो करती हैं। दिल और दिमाग थोड़े ही करते हैं!

केवट की अनुपस्थिति में उन्होंने झोंपड़ी की स्थिति के बारे में जब क से कहा, तो वे बोले, "तुम भी खूब हो! इतना भी नहीं जानते? अरे, ये लोग स्टैंडर्ड से रह सकें तो बेचारे झोंपड़ियों में ही क्यों रहें? स्टैंडर्ड सीखने से नहीं, पैसे से आता है।"

"ओह, तो ऐसी बात है!"

अ को खटिया पर जा लेटने में शर्म महसूस हुई। खटिया पर वे कभी सोए ही नहीं थे, ऐसी बात नहीं। देशभक्ति की दीक्षा लेने से पहले उन्होंने पलँग-वलँग औरों के ही यहाँ देखा था। देशभक्त बन जाने के कुछ साल बाद अचानक उन्होंने अनुभव किया कि खादी की लाज के लिए उन्हें खटिया पर

नहीं पलँग पर सोना चाहिए। उन्होंने खटिया छोड़ दी और पलँग पर सोने लगे। तब से उनकी खटिया की आदत छूट गई थी। इतना ही नहीं, खटिया की भी उनकी आदत छूट गई थी। इसलिए एक बार जब वे दौरे पर थे और पलँग न मिल सकने के कारण उनका बिस्तर खटिया पर लगाया गया था, तो वह खटिया जो काफी हट्टी-कट्टी थी, उनके भार को सह न सकी थी। लेटने के लिए ज्यों ही वे उस पर बैठे, वह एकदम चर्रा उठी और चारों खाने चित हो वहीं ढेर हो गई। इस घटना की खबर पास के नगर में न जाने कैसे पहुँच गई थी—देहातों में भी बदमाशों की कमी नहीं, वहाँ के अखबार ने इसे छाप दिया था और साथ ही उसी दृश्य का एक कार्टून भी, जिसमें चित पड़ी खाट पर लिखा था—समाजवाद!

अ आराम के लिए इतने छटपटा उठे कि आखिर शर्म-वर्म की परवाह न कर वे उठ खड़े हुए और खटिया पर जा लेटे। गनीमत रही कि वह टूटी नहीं।

लेट तो वे गए लेकिन कहाँ विष्णुप्रिय के यहाँ का सोने का पलँग और गुलायम बिस्तर और कहाँ यह खटिया और खुरदुरी दरी! उन्हें आराम नहीं मालूम हुआ। सोचने लगे, कैसा है यह स्वर्ग! स्वर्ग में भी विषमता है। एक सोने के पलँग पर सोता है, तो एक साधारण-सी खटिया पर। ऐसा क्यों? इस विषमता के होते हुए भी यह स्वर्ग स्वर्ग क्यों कहलाता है?

तभी उनके कानों में आवाज गूँज उठी, सुखभोग बड़ों के लिए ही क्यों? छोटों को क्यों नहीं, जो दिन-रात मेहनत करते हैं? अरे, यह कैसी अजीब व्यवस्था है कि जो अपना खून-पसीना एक करते हैं, वे ही भूखे रह जाते हैं और जो कुछ भी नहीं करते, करने का स्वाँग मात्र रचते हैं, उन्हें दुनिया का सब कुछ उपलब्ध हो जाता है। छोटों पर अन्याय है यह! इस अन्याय का प्रतिकार किया जाना चाहिए।...और यह तभी सम्भव है जब हम...

अ आगे और नहीं सुन सके। वे एकदम उठ बैठे और अपने कानों को बन्द कर लिया। अपने-आपसे कह उठे—अरे, कहाँ से आई थी यह आवाज? वास्तव में यह सवाल निरर्थक था। यह उन्हीं की आवाज थी जो पार्टी-मीटिंगों की समाजवादी बहसों के दौरान उन्होंने एक-दो बार नहीं, कई-कई बार उठाई थी।

शीघ्र ही उन्होंने अपनी आवाज को पहचान लिया, लेकिन साथ ही अनुभव किया कि आज की आवाज भारी है। उसमें पीड़ा है, दर्द है।

तभी उन्होंने देखा, आवाज फिर शुरू हो गई है, उसी पीड़ा और दर्द के साथ।...ऐसा क्यों? काठ की इस खटिया के कारण तो नहीं? हाँ-हाँ, इसी के कारण हो सकती है। वरना आज तक कभी इस आवाज ने पीछा नहीं किया। पीड़ा के साथ तो कभी नहीं।

वे खटिया से एकदम उठ गए। डरकर और फर्श पर जा बैठे। सोचा, बेहतर होता लेटने पर खटिया टूट जाती। तब चुभन-भरी वह आवाज तो न सुन पड़ती।

उन्हें इस तरह बाहर आया देख आराम कर रहे क ने पूछा, "क्यों, नींद नहीं आ रही?"

"नहीं। लगता है खटिया में कोई शैतान बैठा है।"

"शैतान...कैसा शैतान?" ब ने पूछा। वह केवट का कोई अलबम देख रही थी।

"वह मुझे बुरी तरह चुभ रही थी। बदन को नहीं। कहीं अन्दर-ही-अन्दर चुभ रही थी।"

"भाई, शैतान तो काठ की खटिया में नहीं, सोने-चाँदी की खटिया में होते हैं।" ब ने कहा।

"मैं चाँदी की खटिया पर सोया हूँ और सोने की भी। वे इस तरह नहीं चुभतीं।"

"तुम्हें नहीं चुभी होंगी। शैतान की यही तो शैतानी है।...जानते हो काठ की खटिया तुम्हें क्यों चुभी?" ब ने कहा, "इसलिए कि उसमें इनसान बैठा हुआ है। इनसान ने तुम्हें ललकारा होगा। और बस यही ललकार तुम्हारे लिए चुभन बन गई।"

"मैं समझा नहीं, तुम क्या कह रही हो।"

"तुम समझ भी नहीं सकोगे।"

अ फिर तकिया लेकर वहीं, फर्श पर लेट गए। और कुछ देर बाद ही उन्हें नींद आ गई।

रात को जब ये लोग खाना खाने बैठे, तो अ खाने को देखकर बड़े निराश हुए। कुल तीन चीजें और वे भी पत्तल पर परोसी हुईं। बैठने को भी पत्तलें ही रखी

गई थीं। उन पर बैठते उन्हें बड़ा अपमानजनक लगा। लेकिन ज्यों ही उन्होंने खाना शुरू किया, निराशा-अपमान सब कुछ भूल गए। भूख जो लगी थी। फिर तीनों चीजें इतनी लज्जतदार थीं कि वे खाते ही चले गए।

खाना खुद केवट ने बनाया था। गंगा से वह ताजी-ताजी मछलियाँ पकड़ लाया था और किनारे पर से कोई जंगली सब्जी। दोनों को इस तरह छौंका था कि खानेवाले खाते ही रहें। रोटियाँ पतली नहीं, मोटी-मोटी ही थीं। पर जिह्वा को वे आश्वासनों जैसा जायका दे रही थीं।

इस खाने में उस समय और लज्जत आ गई, जब केवट ने सकुचाते हुए उनके सामने ठर्रे के कठौते रख दिये। वह दोपहर को तीनों के बारे में जान चुका था कि धरती पर वे क्या थे। अतः कुछ हिचक के साथ उसने कहा था, "मेरे पास इन्द्रपुरी शराब तो नहीं है, यह देशी ठर्रा चलेगा आपको?"

जवाब ब ने दिया। कहा, "चलेगा। दौरे पर हर बार 'इन्द्रपुरी' ही थोड़े मिलती थी। बस मिलावट नहीं होनी चाहिए। धरती पर जब से 'खोपड़ी' की वारदातें हुई हैं अ जरा देशी पीते समय डरते हैं।"

"आप बेफिकर होकर पीना इसे। यह मिलावटी नहीं है। शुद्ध गंगाजल का बना है।"

"ओह, गंगाजल का!" अ ने कहा, "तब तो बड़ी पवित्र चीज होगी।"

"जी, ठर्रा होकर भी ऐसी कि इन्द्रपुरी को भी मात दे।"

और अब अ ने अनुभव किया, केवट ने गलत नहीं कहा था। वे कठौते-पर-कठौता चढ़ाते चले गए।

खुद केवट को खाना बनाते देखकर ब ने पूछा था, "अरे, तुम्हारे यहाँ दासियाँ नहीं हैं, काम के लिए? सारा काम खुद ही करते हो?"

"हाँ, मैं खुद ही करता हूँ। दासियों को मैंने मना कर दिया है।"

"क्यों, क्या उनका काम तुम्हें पसन्द नहीं?"

"नहीं, ऐसी बात नहीं। वे दासियाँ ही मुझे पसन्द नहीं।"

"क्यों?"

"ये स्वर्ग की दासियाँ सुन्दर जो होती हैं!" केवट ने हँसते हुए कहा।

"सुन्दर औरतों का क्या भरोसा! बुरा न मानना आप।"

"तो यह कहो न तुम्हारा दिल कमजोर है।"

"अच्छा, एक बात पूछता हूँ," चूल्हे की आग को तेज करते हुए केवट ने कहा, "औरतों को कैसे मर्द पसन्द होते हैं?"

"मुझे नहीं पता।" कुछ शरमाकर ही ब ने कहा।

"न बताओ। मैं बताता हूँ। वे मर्द जो दिल के कमजोर होते हैं। ये अगर शरीर से हट्टे-कट्टे हों तो क्या पूछना! और जिन हट्टे-कट्टे मर्दों का दिल कमजोर नहीं होता, उन्हें औरतें कमजोर बनाने के पीछे पड़ जाती हैं।"

"लगता है तुमने दुनिया खूब देखी है।"

"नहीं, मैंने सिर्फ फिल्मी दुनिया देखी है।"

विभिन्न सितारों के यहाँ दरबान रह चुकने के कारण केवट ने फिल्मी दुनिया को काफी निकट से देखा था। अत: वह उसकी अन्दर की-बाहर की सभी बातें खूब अच्छी तरह जानता था। खाना खाते समय कुछ देर इसी दुनिया के विषय पर बातें होती रहीं। शुरुआत ब ने की।

"तुम्हें तो फिल्मी लोग रोज ही निकट से देखने को मिलते होंगे।"

"हाँ। और यह मेरा दुर्भाग्य था।"

"दुर्भाग्य...कैसा दुर्भाग्य!" ब ने आश्चर्य से कहा, "अरे भाई, लोग तो सितारों को देखने को तरसते हैं।"

"और जब देखते हैं तो बड़ी खुशी होती है उन्हें। मैंने देखा है," केवट ने कहा। फिर एक दीर्घ श्वास छोड़ते हुए आगे बोला, "काश! मुझे भी उनकी तरह खुशी होती।"

"तुम्हें इसलिए खुशी नहीं होती होगी कि तुम उन्हें रोज ही देखते थे।" क ने कहा।

"यह तो वास्तव में खुशी ही नहीं गर्व की बात थी। लेकिन मेरा दुर्भाग्य कि मुझे कभी भी खुशी और गर्व का अनुभव नहीं हुआ।"

"आखिर क्यों?" अ ने एक कठौता चढ़ाते हुए कहा।

"मैं समझ गई," ब ने कहा, "तुम्हें कभी गर्व रहा भी होगा तो वह सिर्फ दिखावे का होगा। मैं भी कभी नेताओं को देखने को तरसती थी।"

"तुम लोग कुछ भी कहो। जिन्दगी तो बस फिल्मी लोगों की!" क ने कहा।

"हाँ-हाँ, क्यों नहीं," ब ने कहा, "इसीलिए तो हमारी नवयुवतियाँ और

नवयुवक इनसे इतने आकृष्ट हैं। कभी सूली पर चढ़ना उनका आदर्श था, आज परदे पर चढ़ना हो गया है।"

"अब सूली पर चढ़ने की क्या जरूरत है, जब देश आजाद हो चुका है?" अ ने कहा।

"आजाद!" केवट ने कहा, "भाई, मुझे तो लगता है आजादी के बाद से देश अपनी आजादी और ज्यादा खो चुका है।"

"गलत बात है," अ ने मछली का मुँह मुँह की ओर ले जाते हुए कहा, "बिलकुल हमारे विरोधियों-जैसी। उनके जैसी शायद तुम्हारी आँखें भी देश के विकास की ओर उठ नहीं सकीं।"

"भाई केवट," ब ने केवट की ओर मुस्कुराकर देखते हुए कहा, "ये गलत नहीं कह रहे हैं। देश के विकास का अन्दाज तुम फिल्मी दुनिया के विकास से ही लगा सकते हो। अब तुम्हीं देखो, आज जितनी फिल्में बनती हैं उतनी पहले बनती थीं? आँखों को एकदम पकड़नेवाली फिल्में कभी बनी थीं पहले? कलाकारों को इतना पैसा मिलता था? उनका इतना प्रचार-प्रसार होता था? आज के जितने थियेटर भी कहाँ थे पहले!...बस इसी तरह और क्षेत्रों में भी विकास हुआ है। अलग-अलग किस्म के कॉस्मैटिक के सामान, नाना प्रकार के टेरिलिन-नाइलान के कपड़े, ट्रांजिस्टर-रेफ्रिजरेटर-टीवी जैसी चीजें कभी बाजारों में दिखाई देती थीं?"

क को ब का व्यंग्य समझते देर न लगी। बोले, "बाजारों में जमाखोरी, कालाबाजारी, मिलावट जैसी चीजें भी पहले इतनी नहीं दिखाई देती थीं।"

"हाँ। महँगाई, भ्रष्टाचार, स्मग्लिंग का भी पहले कहाँ इतना विकास हो पाया था!" ब बोली।

"मैं तुम लोगों का व्यंग्य अच्छी तरह समझता हूँ।" अ ने कहा।

"नहीं, मैंने व्यंग्य नहीं किया," ब ने कहा, "विकसित देशों का यही तो पैमाना है। तुम्हीं तो कहा करते थे।"

"तुम लोग हमेशा हमारी बातों का उलटा ही अर्थ लगाते रहे। फसल बढ़ती है, तो उसके साथ घास भी बढ़ती है। तुम लोग सिर्फ घास ही देखते रहे।" अ बोले।

"नहीं। हम उस घास पर से फसल का भी अन्दाजा लगाते हैं। ज्यादा घास ज्यादा फसल। तुम्हारा ही पैमाना है।"

"लेकिन इसका मतलब यह नहीं कि हमने बढ़ती घास को कभी अच्छा समझा हो। हम हमेशा उस पर खुर्पियाँ चलाते रहे।"

"हाँ-हाँ, मैं जानती हूँ। वे तेज भी खूब होती थीं। लोग जब तुम्हारी चलती खुर्पियों की बात सुनते थे तो दंग रह जाते थे।"

"लेकिन मूर्ख फिर भी उनमें मीनमेख निकालते थे।"

"और कहते थे इन्हें कागजों और सभाओं में ही नहीं, खेत में भी चलने दो।" ब बोली।

"अरे, आप लोग तो बातें ही कर रहे हैं। खाने की ओर ध्यान ही नहीं है।" केवट ने अ की पत्तल में मछली परोसते हुए कहा।

तभी उसने देखा अ का कठौता खाली है। उसने मटकी उठाई और उसमें ठर्रा उड़ेला।

इसके बाद वह ब की पत्तल में मछली परोसने लगा तो ब ने मना करते हुए कहा, "नहीं-नहीं। अब नहीं।"

"क्यों, अच्छी नहीं बनी क्या?"

"वाह! बहुत अच्छी बनी है। लेकिन पेट तिजोरी तो नहीं है कि भर जाने पर भी भरते जाओ। ये इतनी अच्छी मछलियाँ बनाना कहाँ सीखा तुमने? यहीं स्वर्ग में?"

"नहीं। धरती पर ही सीखा था। एक खानसामे ने सिखा दिया था। मेरी एक मालकिन के खानसामे ने। बाद में जब एक दूसरी हीरोइन के यहाँ लगा, तो वह मुझसे जब-तब बनवाती थी।"

"सचमुच तुम्हारे हाथ बड़े मीठे हैं।" ब ने कहा।

"बिलकुल यही बात वह भी कहती थी।" केवट बोला।

"तुम्हारे हाथ बड़े मीठे हैं, बिलकुल यही?" ब ने मुस्कुराते हुए कहा। और फिर पूछा, "तुम्हारी यह हीरोइन शादीशुदा थी या कुँवारी?"

"इस सवाल की जरूरत?" क ने कहा।

"मेरी कुछ मालकिनें शादीशुदा थीं और कुछ कुँवारी भी। यह मालकिन शादीशुदा थी। जिस तरह यह बड़ी हीरोइन थी, उसका पति भी बड़ा हीरो था।"

"ओह, फिर भी तुम मालकिन के नौकर थे, मालिक के नहीं!" ब बोली।

"नौकर तो मैं दोनों का ही था, लेकिन मालकिन को ही मुझसे ज्यादा काम पड़ता था। पति को बैठक से सोने के कमरे तक उठा ले जाने का काम तो वह मुझसे करीब-करीब रोज ही कराती थी। एक दिन जब इस तरह ले जाकर पलँग पर लिटा दिया, तो मालकिन के मुँह से निकला—ओह, तुम्हारे जैसी ताकत कहीं इनमें भी होती! इस पर मैंने कहा—इन्हें भला क्या जरूरत मेरे जैसी ताकत की? खुद इनकी अपनी ताकत ऐसी है जिसके लिए लोग तरसते हैं। यह सुनकर मालकिन ने आह भरी और बोली—तरसते होंगे। इससे मुझे क्या! पता नहीं, मालकिन ने ऐसी बात क्यों कही। ऐसे पति के बारे में, जिस पर अच्छी-से-अच्छी सुन्दरियाँ जान छिड़कती थीं। उसे अपने सपनों में देखा करती थीं। हाँ, इस तरह के ढेर सारे पत्र आते थे पति के पास।"

यह सुनकर ब ने कहा, "तुमने मालकिन से क्यों नहीं पूछा इस बारे में?"

"पूछा था।"

"तो क्या जवाब दिया मालकिन ने?"

"नहीं-नहीं? मालकिन से नहीं पूछा था। अपनी बीवी से पूछा था।"

"बीवी से क्यों?" क ने कहा।

"खैर बीवी से सही," ब ने कहा, "उसने क्या जवाब दिया?"

"उसने कहा, यहाँ की नौकरी छोड़ दो।"

"अरे, ऐसा क्यों कहा उसने?" अ बोले।

इस पर ब ने कहा, "नहीं तो और क्या कहती? तुम किसी बात को ठीक से समझते भी हो?" फिर केवट से बोली, "क्या तुमने नौकरी छोड़ दी?"

"जी बीबी जी। छोड़नी ही पड़ी। बीवी की बात कैसे टाल सकता था!"

इस पर ब अ से बोली, "सुनो अ, केवट क्या कह रहा है?"

"मुझे नहीं सुनना। मर्द यदि औरतों की बातें मानने लगें, तो वे कुछ कर ही न सकें।" अ ने कहा।

"हाँ, मेरी भी यही राय है। इसीलिए तो कहती हूँ, केवट की बात सुनो। जिन्हें हम छोटा मानते हैं, देखो छोटे नहीं होते।"

इतना कहकर ब ने फिर केवट से कहा, "तुमने कान पकड़ा होगा, अब किसी मालकिन की नौकरी नहीं करूँगा।"

"हजार पकड़ा हो बीबी जी! पर मजबूरी आदमी से क्या नहीं कराती! अगली नौकरी मुझे मालकिन के ही यहाँ करनी पड़ी। और यह मालकिन कुँवारी थी।"

"चलो, यहाँ पति को ढोने से बचे।" ब ने कहा।

"लेकिन इस मालकिन के यहाँ भी मैं ज्यादे दिन नहीं टिक सका।"

"क्यों, क्यों?"

"क्या बताऊँ बीबी जी!" केवट ने कहा, "एक दिन मैं इस मालकिन की इज्जत के लिए लड़ा, और मालकिन ने बदले में इनाम दिया नौकरी से छुट्टी।"

"बड़ी अजीब बात है। आखिर क्या बात हो गई थी?"

"बात...बात यह हुई कि एक हीरो को लेकर मेरी मालकिन के बारे में तरह-तरह की अफवाहें फैल रही थीं। अखबारवाले इन अफवाहों को बढ़ा-चढ़ाकर छाप रहे थे। प्रेसवाले आते, तो मालकिन चीख-चीखकर उन अफवाहों को मनगढ़न्त बताती। एक दिन मैंने देखा, उसी हीरो की गाड़ी फाटक पर आकर रुक गई है। मैं रात में उसे आया देख गुस्सा हो उठा और गाड़ी को अन्दर नहीं जाने दिया। वह खीझ उठा। लेकिन मैंने उसकी एक न सुनी। आखिर उसे जिस रास्ते से आया था, उसी रास्ते लौट जाना पड़ा। मैंने मन-ही-मन गाली दी—साला, इसी के कारण तो मेरी प्यारी-प्यारी मालकिन की बदनामी हो रही है और यह है कि रात-बेरात सीधे चला आ रहा है इधर!"

"सच, तुम बड़े ईमानदार नौकर थे।"

"और इसी ईमानदारी का इनाम यह मिला कि दूसरे दिन मालकिन ने मुझे छुट्टी दे दी। जब उसे खबर लगी कि मैंने हीरो को रोक दिया था, तो उसने मुझे बुलाया और गरम होकर कहा, तुम्हें किसने कहा था उसे रोक दो। मैंने अपनी सफाई देनी चाही, लेकिन उसने एक न सुनी।"

यह सनुकर अ को याद आया कि किस तरह उन्होंने ऑफिस के एक क्लर्क को बरखास्त कर दिया था। उसने उस सेठ का टेलिफोन नहीं लिया था, जिसे लेकर उनके बारे में कानाफूसियाँ चल रही थीं। क्लर्क ने जब सफाई दी, तो उन्होंने कहा—तुम्हें किसने कहा था कि फोन लो ही मत? तुम हमसे पूछ नहीं सकते थे? इस क्लर्क ने ऊपर अपील की थी। इस पर उन्होंने सेक्रेटरी से एक कॉन्फिडेंशियल रिपोर्ट भिजवा दी थी कि यह आरएसएस का आदमी है।

"तुम तो काफी हट्टे-कट्टे थे। स्वर्ग में इतनी जल्दी कैसे आ गए?" ब ने पूछा।

"क्या बताऊँ बीबी जी! आना तो नहीं चाहता था। मेरे बीवी-बच्चे मेरे पीछे भूखों मर रहे होंगे।" केवट ने कहा।

"तुम्हारा खून-वून हुआ था?"

"नहीं, मैं अपनी ही मौत मरा। वह सारा किस्सा ही सुनाता हूँ आप लोगों को। ठर्रा पीने की तो मुझे आदत थी, यों कोठों पर मैं कभी नहीं गया। एक दिन मेरे साथी मुझे वहाँ जबरदस्ती ले गए। जब पहुँचा तो हैरत में पड़ गया, यह देखकर कि अच्छे-अच्छे खादीधारी भी यहाँ जमे हुए हैं। खूब पी रहे हैं और झूम रहे हैं। उनमें से कुछ तो ऐसे थे जो शराब और नारी-व्यापार के खिलाफ मंचतोड़ भाषण देते फिरते थे। खैर, मुझे हैरत में नहीं पड़ना चाहिए था, क्योंकि खादी दिखाने की और खाने की और होती है।"

"उनकी बात छोड़ो। तुम अपनी बात बताओ।" अ ने कहा।

"अपने साथियों की एक बात सुनाए बगैर नहीं रहा जाता बाबूजी! कहते—अरे, तू पूछता था समाजवाद क्या होता है, तो देख ले यहाँ। हम सुनाते थे, तो तू सवाल करता था, छोटे-बड़े सभी एक समान कैसे हो सकते हैं! सो यहाँ देख ले। देख, छोटे-बड़े सभी एक ही जमीन पर बैठे हैं या नहीं? सभी एक ही तरह की मस्ती में डूबे हुए झूम रहे हैं या नहीं? और यह भी देख, देश के नेताओं में जो ताकत नहीं है समाजवाद लाने की वह यहाँ की बाइयों में है। फिर भी बेचारी बदनाम हैं।...बाबूजी, साथियों की यह बात मुझे गलत नहीं लगी। और मेरा तो खयाल है, खादीधारी कोठों पर इन औरतों से जादूगरी जानने को ही जाते होंगे। मेरा मतलब है, उनकी समाजवादी कारीगरी जानने के लिए, जिससे वे पूरे देश के लिए उसे काम में ला सकें।"

"अपने तो कुछ पल्ले नहीं पड़ रहा है। भाई, अपनी मूल बात पर आओ।" अ ने कठौता केवट की ओर बढ़ाते हुए कहा।

केवट ने कठौते में ठर्रा उड़ेलते हुए कहा, "खूब पीने और गाना-वाना सुनने के बाद मेरे साथियों ने मुझे ले जाकर एक कमरे में ढकेल दिया। मैं नशे में जरूर था, लेकिन होश नहीं खोया था। इसीलिए कमरे में जो कुछ देखा, उससे मुझे घिन हो आई। इतनी कि मैं उठा और वहाँ से तेजी से भाग निकला।

लेकिन नीचे आने के लिए मैं ज्यों ही जीने की ओर बढ़ा मेरे पैर लड़खड़ा गए और मुझे पता नहीं, सीढ़ियों से लुढ़कता हुआ मैं कब नीचे जा गिरा। जब होश में आया, मैं अस्पताल में था। सिर को सात-आठ टाँके लगे थे। शायद मैं अच्छा हो जाता, लेकिन अस्पतालवालों की मेहरबानी से हो न सका। मुझे सेप्टिक हो गया और बस एक दिन बीवी-बच्चों को रोता छोड़कर इधर चला आया।" इतना कहते-कहते केवट का गला भर आया।

"ओह, तुम्हारी कहानी तो बड़ी गीली है, भाई!" ब ने सहानुभूति प्रकट की।

अ की आँखें खाना खत्म होते-न-होते मुँदने को हो आईं। क्यों न मुँदतीं! मछलियों-पर-मछलियाँ और कठौतों-पर-कठौता जो पेट में पहुँच चुके थे।

जब तीनों खाने से उठे, केवट ने फौरन उनके सोने का इन्तजाम किया। खटिया एक ही थी, अतः बाकी दो बिछावन उसने बैठक में नीचे फर्श पर लगाए। खटिया पर अ के लिए लगाया था, लेकिन उन्होंने उस पर सोने से मना कर दिया। शैतान के डर से। वे बैठकवाले ही एक बिछावन पर पड़ गए और ब को खटिया पर सोने को कहा।

तीनों जब लेट गए तो केवट ने खाना खाया और बाहर आँगन में चबूतरे पर बिना कुछ बिछाए ही जा सोया। कुछ बचा ही नहीं था जो अपने लिए बिछा लेता। उन तीनों का ही जैसे-तैसे इन्तजाम कर पाया था।

"केवट ने हमारी अच्छी खातिरदारी की है," लेट जाने पर कुछ देर बाद अ ने कहा, "हमें उसका खयाल रखना होगा।"

"कैसा खयाल?" क ने पूछा।

"और कुछ नहीं तो गाँव का पंच ही बना देंगे।"

नशे में आदमी धरती से स्वर्ग में पहुँच जाता है, अ स्वर्ग से धरती पर पहुँच गए थे।

क को यह समझते देर न लगी। बोले, "लेकिन केवट को नाव खेने के सिवाय आता क्या है!"

"कुछ न आता हो। पन्नालाल को क्या आता था सिवाय अँगूठा लगाने के। हमने उसे पंच बनवा ही दिया था।"

"यही अँगूठाछाप तुम्हारी कृपा से धीरे-धीरे कितना बढ़ गया!" ब ने

अन्दर से कहा, "विधानसभा का टिकट भी उसे मिला और वह पट्ठा जीत भी गया।"

"आखिर किसकी वजह से," अ ने कहा, "मैं तो उसे मंत्री भी बनवा देता। लेकिन चुन लिये जाने के बाद वह साला अन्दर-अन्दर मेरी ही जड़ें काटने लग गया था।"

"मूरख था और क्या," ब ने कहा, "इतना तक नहीं जानता था कि किसकी जड़ें काटी जाती हैं और किसकी जड़ों को पानी दिया जाता है। यशवन्त सिंह ने तुम्हारी जड़ों को पानी दिया, कितने अच्छे फल चख रहा है आज ऊँचे पद पर बैठकर। कहने को थर्ड क्लास ग्रैज्युएट है।"

"इस केवट को भी हम धीरे-धीरे ऊँचा उठा देंगे। तुम देखोगी आज जहाँ वह गंगा की नाव खे रहा है, एक दिन देश की नाव खेने लगेगा।"

"हाँ, जब हमारा लक्ष्य समाजवाद है, तो क्यों नहीं खे सकेगा।" ब बोली।

"हाँ-हाँ, यह होना ही चाहिए," अ निद्राधीन होते हुए बोले, "हाँ, वह हमारी वफादारी से सेवा करता रहे, बस।"

दूसरे दिन प्रात: नाश्ते आदि से निबट तीनों ने केवट से बिदा ली और इन्द्रपुरी की अपनी यात्रा पर निकल पड़े।

शशांक से भेंट

पगडंडी से पैदल यात्रा फिर आरम्भ हो गई। अ कुछ ही देर बाद चलते-चलते ऊब गए। वही पहले की तरह सोचने लगे, कैसा है यह स्वर्गलोक! यहाँ कुछ भी तो ऐसा नहीं है जो मृत्युलोक से न्यारा हो, अनोखा हो। नहीं, यह मृत्युलोक से भी गया-बीता लोक है। क्या इसी स्वर्ग के लिए धरती के लोग अपनी जान देते हैं!

काफी आगे बढ़ जाने पर इन लोगों को एक पहाड़ी दिखाई दी, जो दोनों ओर बड़ी दूर तक फैली हुई थी। आगे का रास्ता पहाड़ी पर से ही था। अ ने जब यह देखा, तो वे चिढ़कर बोले, "अरे, तो क्या हमें यह पहाड़ चढ़ना पड़ेगा?"

"पहाड़..." ब ने कहा, "इस छोटी पहाड़ी को तुम पहाड़ कहते हो?"

"स्वर्ग में तो सुना था सोने के पहाड़ होते हैं। यह तो धरती-जैसा पत्थर का ही पहाड़ है।"

"सोने का होता तो क्या चढ़ना न पड़ता?" ब ने कहा, "नहीं, फिर तो शायद तकलीफ महसूस न होती।"

"स्वर्ग में सोने की कीमत ही क्या!" अ बोले।

"कीमत तो हर चीज की धरती पर ही है।...सोने के महत्त्व को देखते हुए तुम लोगों ने वहाँ की हर चीज को सोना बना दिया है। राजा मिडास के

हाथ की तरह तुम्हारे हाथ भी जिस-जिस चीज को छू जाते हैं, वह सोना बन जाती है। इसीलिए तो देश की जनता आज सोना ही खाती है, सोना ही पहनती-ओढ़ती है। मूर्ख जनता सरकार को फिर भी गालियाँ देती है।"

"मुझे तो इस पहाड़ को देखकर गालियाँ आ रही हैं।"

"क्यों, पहाड़ क्या विरोधी पक्ष है?"

"पहाड़ विरोधी पक्ष न हो...विरोधी पक्ष जरूर पहाड़ थे, जो हमारे और जनता के बीच आ खड़े होते थे। बल्कि पहाड़ से भी बदतर। पहाड़ कम-से-कम चीखते-चिल्लाते तो नहीं।"

"खैर, उन पहाड़ों से तो तुम भागते रहे, इससे नहीं भाग सकोगे।" ब ने कहा।

"मैं तो नहीं चढ़ूँगा, आज तक चढ़ा ही नहीं।"

"अब तक औरों के कन्धों पर चढ़ते रहे, आज तो खुद ही चढ़ना होगा।" ब बोली।

"कोई और रास्ता जरूर होगा, उसी से क्यों न चलें?"

"होगा भी तो वह लम्बा पड़ेगा।" क ने कहा।

"इन्हें तो लम्बे ही रास्ते पसन्द हैं," ब बोली, "बोलो भाई अ, कौन-सा लम्बा रास्ता लें? पाँचसाला लम्बा या पच्चीससाला? मगर साथ ही यह सोच लो, अब तक औरों को जिन लम्बे रास्तों पर चलाते रहे उन पर खुद ही चलना पड़ेगा। चल सकोगे?"

इस पर क ने कहा, "शायद तुम्हारी समझ में नहीं आया होगा, ब क्या कह रही है।"

"आ भी जाए तो अब क्या लाभ!" ब बोली।

"भाई, हिम्मत से काम लो। इन्द्रपुरी पहुँचना है तो तुम्हें इस पहाड़ी पर चढ़ने के लिए कमर कसनी ही होगी।"

"मैं तो इस पगडंडी पर चलते-चलते ही थक गया हूँ। यह पहाड़ कैसे चढ़ूँगा!"

"बिलकुल आसान है," ब ने कहा, "समझ लो, तुम पहाड़ पर नहीं, चुनाव-प्रचार पर निकल पड़े हो।"

कोई चारा न देख अ को कमर कसनी ही पड़ी।

जब तीनों पहाड़ी पर चढ़ने लगे तो अ को भगवानदास की याद हो आई। भगवानदास उनके साथ पढ़ता था। उनकी बस्ती से कुछ ही दूरी पर एक पहाड़ी थी। भगवानदास उस पर जिस फुर्ती से चढ़ जाता था, उसे देखकर लोग विस्मित हो उठते थे। एक दिन अ को भी उचंग उठी कि भगवानदास की तरह चढ़कर दिखाएँ। लेकिन वे कुछ ही ऊँचाई तक गए होंगे कि उनकी साँस फूल गई और वे वहीं कुछ देर रुककर नीचे लौट आए। भगवानदास पत्थर के पहाड़ पर ही नहीं, पुस्तकों के पहाड़ पर भी मुग्धकारी ढंग से चढ़ जाता था। अध्यापक औरों के सामने उसका आदर्श प्रस्तुत करते। कहते, जिन्दगी में यदि सफल बनना हो, तो भगवानदास-जैसे बनो। उसके-जैसी बुद्धि, उसके-जैसा शारीरिक बल तुम लोगों में होना चाहिए। बाद में भगवानदास ने ऊँची डिग्रियाँ हासिल कीं और खेलों के बहुत-से पारितोषिक भी। किन्तु यही भगवानदास जिन्दगी के पहाड़ की जिस चोटी तक पहुँचना चाहता था वहाँ नहीं पहुँच पाया। किसी छोटी-मोटी चोटी तक चढ़ते-चढ़ते ही वह थक गया और महसूस किया कि किसी समर्थ की मदद के बिना अपने गन्तव्य तक पहुँच सकना मुश्किल है। लेकिन स्वाभिमानी इतना कि उसने किसी के भी सामने हाथ नहीं पसारा। कुछ लोग स्वयं भी उसकी मदद के लिए बढ़े, लेकिन वह अनुकम्पाजीवी नहीं बनना चाहता था। इससे दुनिया के लोग उसे स्वाभिमानी नहीं, मूर्ख कहते थे, और बिलकुल ठीक कहते थे।

चढ़ते-चढ़ते अ कुछ ही देर में हाँफने लगे। एक-एक कदम बढ़ाते हुए उन्हें इन्द्र पर गुस्सा आ रहा था। इस रास्ते पर चलते हुए जनता को कितनी परेशानी होती है, इन्द्र को मालूम भी है! ऐसा रास्ता नहीं बनवा सकते जो इस परेशानी से छुटकारा दिला सके? लेकिन जनता की परेशानियों को वे क्यों जानें! कभी खुद चलना पड़े तब? खुद तो विमान में बैठ सीधे पहुँच जाते होंगे एक जगह से दूसरी जगह। उफ्, यह एक-एक कदम बढ़ाना भी कितना भारी है! एक दिन विमान को मार गिराना चाहिए, तब जानेंगे यह इन्द्र कि चढ़ना क्या बला होती है।

कुछ और आगे बढ़ने पर अ की पूरी देह पसीना-पसीना हो उठी। शरीर से मोटे...काफी मोटे होते हुए भी याद नहीं उन्हें कभी पसीना आया हो। लोगों को जब भी पसीना-पसीना होते देखते, उन्हें उनसे घिन हो आती और लगता

इन लोगों में जरूर कोई खराबी है। अनेक शेखियों में उन्हें इस बात की भी शेखी थी कि उनके बदन को कभी पसीना नहीं छूटा।

सिर पर अब धूप भी काफी तेज हो चली थी। पसीना सुखाने और कुछ दम लेने के लिए अ ने कहीं पेड़ की छाया में बैठना चाहा। लेकिन उस नंगी पहाड़ी पर उन्हें कहीं भी कोई पेड़ दिखाई नहीं दिया।

"अब मुझसे नहीं चला जाता भाई!" आखिर हारकर वे एक जगह बैठते हुए बोले।

"अरे, थक गए अभी से? हमें तो अभी काफी चढ़ना है।" ब ने पीछे मुड़कर कहा।

"भाई, यह स्वर्गलोक तो मुझे बिलकुल पसन्द नहीं आया। इससे तो हमारी धरती ही अच्छी है। वहाँ न ऐसे पहाड़ हैं, न नदियाँ।"

"बिलकुल नहीं," ब ने कहा, "धरती को तो अब तुम लोगों ने पूरा स्वर्ग बना दिया है। यहाँ के लोगों को भेजो धरती पर एक बार। देखें वे—स्वर्ग, स्वर्ग में नहीं धरती पर है।"

"जरूर भेजना चाहिए," अ बोले, "यहाँ के देवताओं को मैं समझता हूँ अभी बहुत कुछ जानना और सीखना है।"

"हाँ, ये लोग उन सुखोपभोगों को भी न जानते होंगे जो धरती के देवताओं को प्राप्त हैं। देखेंगे तो ईर्ष्या हो उठेगी।...अच्छा, तो अब उठो। देवताओं को धरती पर भेजना है तो पहले हमें इन्द्रपुरी पहुँचना होगा। और इन्द्रपुरी हम यह पहाड़ी चढ़े बिना नहीं पहुँच सकते।"

अ के सामने उठने के सिवाय चारा ही क्या था!

उठकर वह पाँच-दस मिनट ही चले होंगे कि अचानक उनका पैर फिसल गया। वे अपना सन्तुलन खो बैठे और 'बचाओ-बचाओ, मैं मरा' चिल्लाते हुए नीचे की ओर लुढ़कते चले गए। ब और क जो आगे-आगे चल रहे थे, यह देखकर घबरा गए। जिस तेजी से अ लुढ़कते चले जा रहे थे, उन्हें पकड़ा भी नहीं जा सकता था, यद्यपि क उनके पीछे-पीछे दौड़े। आखिर अ एक चट्टान से टकराकर रुक गए। चट्टान से उनकी पीठ में इतनी जोर से चोट लगी कि वे उठकर बैठ न सके। ब और क ने सहारा देकर किसी तरह बैठाया।

अ की साँस फूल आई थी। जैसे-तैसे बोले, "नहीं, मैं यह पहाड़ नहीं चढ़ूँगा।"

"क्यों, ज्यादा चोट लगी है क्या?"

"लगता है, यह किसी शैतान का पहाड़ है, उस शैतान का जो मेरा दुश्मन है।"

"शैतान तो तुम्हारी धरती पर थे। यहाँ क्यों होने लगे?" ब ने कहा।

"वे ही शैतान यहाँ भी आ गए हैं। वे लोग जिस तरह धरती पर मेरे रास्ते में पहाड़ खड़े करते रहे, यहाँ भी कर दिया। वहाँ तो मैं किसी तरह उनसे पार पा जाता था, पर यहाँ मुझसे नहीं बन पड़ेगा।"

"हाँ, वहाँ तो तुम सहारों की नाव में बैठकर पार पा जाते थे। सोने की डोली में सवार हो जाते थे," ब ने कहा, "यहाँ तो काठ की डोली भी नहीं है।"

"उफ्, मेरी पीठ में कितना दर्द है, जैसे बिलकुल टूट गई हो!"

"चलो, हम तुम्हें सहारा देते हैं, और ले चलते हैं।" क बोले।

"नहीं-नहीं। मैं अब नहीं गिरना चाहता।"

"डरो नहीं। हम तुम्हें गिरने नहीं देंगे। बिलकुल धीरे-धीरे ले चलेंगे।"

"नहीं जाऊँगा। मैं नहीं जाऊँगा।" अ ने चिढ़कर कहा।

"क्यों नहीं?" ब बोली, "हम कोई नई बात कह रहे हैं क्या तुमसे? फिसले हुओं को, यदि वे अपने ही हों, सहारा देकर उठाना आपका ही उसूल नहीं है?"

इतना कहकर ब आगे बढ़ी और क से बोली, "चलो भाई, उठाओ इन्हें।"

अ सहारा पाकर जैसे-तैसे उठे और दोनों के कन्धों पर हाथ रखकर धीरे-धीरे आगे बढ़े। ऊपर पहुँचते-पहुँचते अ की देह में जैसे प्राण ही नहीं रहे।

आगे का रास्ता अब सीधा और ढलान का था। लेकिन ऊपर पहुँचते ही अ धम्म से नीचे बैठ गए।

"अब तुम यहाँ बैठ ही नहीं, सो भी सकते हो।" क ने कहा।

"एक-दो दिन ही नहीं, पूरे पाँच साल गहरी नींद सो सकते हो।" ब ने मुस्कुराते हुए कहा।

"तुमने मुझे कुम्भकर्ण समझ लिया है क्या?" ब ने चिढ़कर कहा।

"नहीं। कुम्भकर्ण तो बेचारा सिर्फ छह माह सोता था और चीख-पुकार सुनकर उठ भी जाता था।" ब बोली।

"पीठ का दर्द कैसा है अब?" क ने पूछा।

"व्यर्थ है यह पूछना," ब ने कहा, "चोटी पर पहुँचने पर दुख-दर्द नहीं रह जाते हैं। यहाँ की हवा ही ऐसी होती है।"

"लगता है आगे जंगल में से रास्ता है।" अ ने दूरदृष्टि दौड़ाते हुए कहा।

"होने दो," ब ने कहा, "नदी और पहाड़ की तरह जंगल भी पार करेंगे।"

"यहाँ के जंगलों में भी शेर-चीते होंगे। हमारे पास तो हथियार भी नहीं हैं।"

"और होते भी तो क्या कर लेते? तुमने कभी शेर-चीतों का शिकार किया था?" ब ने कहा।

"ना बाबा! मैं अहिंसा का पक्का उपासक था," अ बोले, "न खुद कभी हथियार उठाया और न औरों को ही उठाने दिया।"

"शेर-चीतों पर ही न! भेड़-बकरियों पर उठाना शायद हिंसा नहीं होती?"

"भेड़-बकरियों पर भी कोई हथियार उठाता है!" अ ने कहा।

"कैसे नहीं! हलाल तो बकरियाँ-भेड़ें ही होती हैं भाई, शेर-चीते नहीं," ब ने कहा, "एक अहिंसक राज में शेर-चीतों को मारना हिंसा मानी जाती है, भेड़-बकरियों को मारना नहीं।"

"बेकार की बात कर रही हो तुम।"

"भेड़-बकरियाँ भूख से तड़पकर या शेर-चीतों के डर से ज्यादा मिमियाने लग जाएँ तो गोलियाँ बरसाकर उन्हें मार डालना चाहिए।"

इस पर क ने कहा, "इनके राज में कभी ऐसा नहीं हुआ। भेड़-बकरियों को जब भी भयभीत देखा, शेर-चीतों पर ही इन्होंने गोलियाँ दागी हैं।"

"हाँ, खूब दागी हैं। मैं जानती हूँ। वे गोलियाँ बन्दूक की नहीं, धमकियों की गोलियाँ होती थीं।"

तभी अ ने कहा, "प्यास लगी है भाई! पानी मिलेगा यहाँ कहीं?"

"हुजूर को अभी शपथ ग्रहण करनी है।" ब ने कहा।

"उफ्, शपथ-वपथ की याद न दिलाओ। जी को कष्ट होता है।"

"शपथ के बाद आदमी की प्यास कितनी बढ़ जाती है!" ब ने कहा, "हजारों गैलन पानी पीता जाता है वह।"

"ओह!...तो तुम सिर्फ पानी की प्यास की बात कर रही हो!" क ने कहा।

"हम लोग क्या राक्षस थे जो इतना पानी पी जाते थे? बिलकुल सामान्य आदमी की तरह पानी पीते थे हम भी"

"तो नहाते राक्षसों की तरह होंगे।"

"नहीं, नहाते भी आम आदमियों की तरह थे।"

"अरे, तो तुम लोगों के पानी के और साथ ही बिजली के बिल राक्षसों जैसे क्यों होते थे? कहीं पानी और बिजली की कम्पनियाँ ही तो तुम लोगों के साथ खिलवाड़ नहीं करती थीं?"

"हम लोग ऐसी छोटी-मोटी बातों की ओर ध्यान नहीं देते थे।"

काफी देर होती देखकर क ने कहा, "अब उठो भाई! बातें तो रास्ते में भी हो लेंगी।"

अब वे ढलान पर नीचे की ओर चले।

ढलान समाप्त होने पर उन्हें निकट ही एक झरना दिखाई दिया। वहाँ जाकर तीनों ने पानी पिया और वे शीघ्र आगे बढ़े।

कुछ दूर जाने पर सचमुच ही जंगल मिला। घना जंगल। अ की आशंका सही निकली। उनका रास्ता उस घने जंगल में से ही था।

"शेर-चीतों के बारे में क्या सोचा है?" जंगल में डरे-डरे घुसते हुए अ ने पूछा।

"कुछ नहीं। मिलेंगे तब देखा जाएगा।" क ने कहा।

"मूर्खों-जैसी बातें मत करो। आग लगने पर कुआँ नहीं खोदा जाता।"

"तो खोदो यहीं कुआँ और ले चलो साथ।" ब ने हँसते हुए कहा।

"हम पेड़ों से डंडे तोड़ लें। अच्छे सख्त।"

"यानी सदन से कानून पास करा लें, अच्छे और सख्त।...अरे, अनुभवों से तुम कुछ नहीं सीखे क्या? शेर-चीतों का मुकाबला करते समय सख्त-से-सख्त डंडे भी टूट जाते थे।...डंडे भी बेचारे क्या करें, जब उन्हें चलानेवाले हाथ ही सख्त न हों।" ब ने कहा।

"हमें कुछ-न-कुछ उपाय करना ही होगा।"

"शेर-चीतों ने हमें धरती पर नहीं खाया तो यहाँ कैसे खाएँगे!" ब ने कहा, "उलटे वे हमें दावत देंगे।"

"हाँ। और कहेंगे," क बोले, "भाई, हम शेर-चीते नहीं हैं जो तुम हम

पर गोलियाँ चलाओ। हम लोग तो तुम्हारे बन्दे हैं। जो हुक्म करो, मानेंगे। बस हमारी एक शर्त है। हमें भेड़-बकरियों पर टूटने की छूट दे दो। हम जितनी चाहें, जैसी भी चाहें, खा सकें। साथ ही कहेंगे—बोलिए, इसमें आपको क्या एतराज है? और सचमुच तुमको एतराज क्यों होने लगा!"

"तुम लोगों का तो सिर फिर गया है। कैसी उलटी-सीधी बातें कर रहे हो!" अ ने कहा।

"सिर तो आदमी का तब फिरता है जब आग लगने के डर से वह एक नहीं, इतने कुएँ खोदता है, इतने कि एक दिन उसके चारों ओर कुएँ-ही-कुएँ हो जाते हैं। और जानते हो आखिर में नतीजा क्या होता है इसका? किसी कुएँ में उसका पैर फिसल जाता है और वह डूबकर मर जाता है। आग से बचने के लिए आदमी को इतना पानी नहीं इकट्ठा करना चाहिए कि एक दिन वही पानी उसके लिए आग बन जाए।" ब ने कहा।

"क, क्या तुम समझे ब की बातों का मतलब?"

"मतलब तो बहुत गहरा है, भाई!"

"क्या है?"

"अब समझकर क्या करोगे? कोई फायदा नहीं।"

"खैर, जाने दो।...देखो, हम ऐसे ही आगे बढ़े जा रहे हैं। शेर-चीतों से बचने के लिए हमें कुछ तो उपाय सोचना ही होगा।"

यह सुनकर ब ने कहा, "मुझे तो लगता है जंगली शेर-चीते इतने भयावने नहीं होते।"

"तो क्या सर्कसों और चिड़ियाघरों के होते हैं?"

"तुम नहीं समझोगे," क ने कहा, "खैर, तुम डरो नहीं। मैं तुम्हारे साथ हूँ, ब है।"

ब बोली, "मिल तो जाए कोई। मैं तो ऐसा डटकर मुकाबला करूँगी... ऐसा कि उसे अपनी नानी याद आ जाए।"

क और ब के साथ अ आगे बढ़े तो जा रहे थे, लेकिन हर कदम के साथ उनके दिल की धड़कनें बढ़ती जा रही थीं। जंगल की पगडंडी पर वे उन दोनों के बीच में चल रहे थे। क आगे थे और ब पीछे। जरा भी कहीं कुछ खड़बड़ होती, तो वे घबराकर एकदम नीचे बैठ जाते।

आश्वस्त उन्हें ब करती। उस स्थान पर जाकर, जिधर से आवाज आती, वह कहती—देखो-देखो, यहाँ तो कुछ भी नहीं है।

बीच जंगल में पहुँचने पर ब ने कहा, "जंगल में मंगल है। एक भी तो शेर या चीता नहीं दिखाई देता।"

"जंगल घने पेड़ों से बनता है, शेर-चीतों से नहीं।" अ ने कहा।

"लगता है, यहाँ के भी शेर-चीते शहरों में जा बसे हैं।"

"छोड़ो अब ये शेर-चीतों की बातें। कुछ और बात करो।" अ बोले।

"डाकुओं की करूँ?" ब ने कहा, "लेकिन यहाँ के जंगलों में डाकू नहीं होंगे!"

"क्यों?"

"यहाँ पुलिस ही नहीं है तो डाकू कैसे?" क ने कहा।

"हाँ। फिर जंगलों के डाकुओं के लिए पहले शहरों के डाकू होने चाहिए। शहरों के यहाँ होंगे ही नहीं।" ब ने कहा।

अ कुछ नहीं समझे।

"तुमने कभी डाकुओं के जंगलों में भ्रमण किया है?" ब ने पूछा।

"खूब किया है और सीना तानकर किया है।" अ का जवाब क ने दिया।

"आगे-पीछे कितनी पुलिस चलती थी?"

"कुछ भी हो। हमारे सामने डाकू आत्मसमर्पण कर देते थे।" अ ने कहा।

"ओह, तो कुछ बड़े लोगों ने इस मामले में यों ही नाम कमा लिया।"

"तुमने अखबारों में वे फोटो नहीं देखे, जिनमें ये खड़े हैं और इनके आगे हथियार डालकर डाकू समर्पण कर रहे हैं?" क ने कहा।

"हाँ। याद आता है। फोटो इनकी कोठियों के सामने के ही थे न? मैदान या जंगलवाले मैंने कोई नहीं देखे।"

"हाँ। वे सभी कोठियों के सामनेवाले ही थे।" क ने कहा।

"और उन डाकुओं को किन जेलों से बुलवाया गया था?"

"तुम तो कभी-कभी प्रेस-रिपोर्टरों जैसे सवाल करती हो," अ ने कहा, "उन प्रेस-रिपोर्टरों जैसे, जो विरोधी पार्टी के अखबारों के होते थे।"

"सच, ये लोग बड़े चालाक होते हैं। तुम लोगों से ऐसे सवाल पूछते

हैं जिनके सही जवाब ये जानते हैं, पर तुम कभी नहीं देते। खैर, शेर-चीते तो शायद इस जंगल में हैं नहीं। अगर डाकू हुए तो उनसे भी कोई डर नहीं।"

"क्यों?" अ ने पूछा!

"अरे भाई, जब तुम साथ हो तो कैसा डर! तुम्हें देखते ही वे आत्मसमर्पण कर देंगे?"

"कैसे कर देंगे? मैं कौन अब मंत्री हूँ।"

"क्यों? विनोबा भावे या जयप्रकाश नारायण कब मंत्री थे! उनके सामने तो अनेक डाकुओं ने आत्मसमर्पण कर दिया था।"

"तुम समझतीं क्यों नहीं?" क ने कहा, "विनोबा और जयप्रकाश के पास व्यक्तित्व था। इन लोगों के पास पद।"

"समझी। इन लोगों का व्यक्तित्व पद में ही होता था।"

"गलत," अ ने कहा, "तुम समझती हो बिना व्यक्तित्व के पद मिल जाता है?"

"अच्छा, यह बताओ। तुमने जिन्दगी में पद को बड़ा माना या व्यक्तित्व को?"

"यह बिलकुल असंगत और बेहूदा सवाल है।"

"खैर, जाने दो। ऐसे सवालों के जवाब पूछनेवाले खुद खोज लेते हैं।" ब ने कहा।

कुछ देर तीनों मौन चलते रहे। ब शायद अब तक के वार्तालाप की जुगाली कर रही थी। अचानक बोली, "एक बात पूछूँ? समाचार-पत्रों में वे फोटो तो खूब छपे जिनमें डाकू तुम लोगों को आत्मसमर्पण करते थे। लेकिन वे फोटो कभी नहीं छपे, जब तुम डाकुओं को आत्मसमर्पण कर देते थे।"

सुनकर अ को आश्चर्य हुआ। बोले, "हम लोगों ने कब आत्मसमर्पण किया?"

"कोई एक दिन हो तो बताऊँ। चुनाव के दिनों में तो निरन्तर यही प्रक्रिया चलती रहती थी।"

"रहने दो। हमने डाकुओं के वोटों की कभी परवाह नहीं की।"

इस पर क बोले, "अ, तुम नहीं समझोगे ब क्या कह रही है। तुम इस विषय पर उससे बहस ही मत करो।"

"ऊलजलूल बातों पर मैं कभी बहस करना पसन्द ही नहीं करता।" जब तीनों कुछ और आगे बढ़ गए तो अ ने कहा, "पता नहीं, यह जंगल अब और कितना रह गया है।"

"धरती पर कुछ लोग तो बेचारे अपनी पूरी जिन्दगी ही इस तरह गुजार देते थे—जंगलों में चलते-चलते। तुम यहाँ जरा देर में ऊब गए।" ब ने कहा।

"जंगली लोगों की बात और है।"

"मैं जंगली लोगों की नहीं, शहरी लोगों की बात कर रही हूँ।"

"शहरों में कहाँ के जंगल होते हैं?"

"होते हैं, खूब होते हैं। तुम्हीं लोगों के उगाए हुए। खैर छोड़ो। तुम इसी तरह धीरे-धीरे चलोगे तो दिन खत्म हो जाएगा, जंगल नहीं।"

"हाँ। और अँधेरा हो जाने पर जंगल जंगल नहीं रह जाता। राक्षस बन जाता है, पूरा राक्षस।" क ने कहा।

क की यह बात सुनकर अ इतने भयभीत हो उठे कि उन्होंने तेजी से कदम बढ़ाए। पैर बुरी तरह पिराने लगे थे फिर भी।

इसके बाद तीनों आध-पौन घंटा चले होंगे कि वे जंगल के दूसरे छोर पर पहुँच गए।

खुले मैदान में आ पहुँचने पर उन्होंने देखा—इन्द्रपुरी अब ज्यादा दूर नहीं है, क्योंकि उन्हें इन्द्रपुरी की इमारतों के कलश धूप में चमचमाते हुए दिखाई दिये।

"बस अब दिल्ली दूर नहीं है।" ब ने कहा।

"लेकिन इस दिल्ली में हम साधारण नागरिक की हैसियत से जा रहे हैं।" क आगे बढ़ते हुए बोले।

"इन्द्रपुरी में देवता लोग तो बड़े मजे से रहते होंगे और हमें ठहरना पड़ेगा किसी सराय में," अ ने कहा, "कुछ भी हो, मैं सराय-वराय में नहीं रहूँगा।"

"यहाँ न तार है न टेलिफोन," ब ने कहा, "वरना हम इन्द्र को इत्तला कर देते और ठाट से उन्हीं के महल में जा ठहरते मेहमान बनकर।"

इस पर क बोले, "फिर तो पैदल यात्रा भी न करनी पड़ती। इन्द्र का खास विमान चला आता स्वर्ग के द्वार पर हम लोगों के लिए। लेकिन आसपास तार या टेलिफोन होता तो भी बात न बन पाती। साला, हमारा प्रवेश ही गलत तरीके से हुआ है न।"

"प्रवेश गलत तरीके से या सही तरीके से, एक बार प्रवेश मिल जाने पर हम सभी सुविधाओं के हकदार हैं।" अ ने कहा।

इस पर ब बोली, "पता नहीं धरती का यह नियम स्वर्ग में भी है या नहीं?"

चलते-चलते इन लोगों को बाईं ओर से एक रथ अपनी ओर आता हुआ दिखाई दिया। वह इन्द्रपुरी की ओर ही जा रहा था। निकट आने पर ब ने रथ को रुकने के लिए कहा।

"ओह सुन्दरी, तुम कौन हो? क्या इन्द्रपुरी जाना चाहती हो?" रथ के बाहर झाँककर एक व्यक्ति ने पूछा। अपनी वेशभूषा से वह कोई देवता लगता था।

'सुन्दरी' सम्बोधन सुनकर ब गर्व से फूली नहीं समाई। ओह, स्वर्ग के देवता ने भी मुझे 'सुन्दरी' कहकर पुकारा। उसने अ की ओर अभिमान-भरी दृष्टि से देखा और फिर उस व्यक्ति को जवाब दिया, "जी श्रीमान! मैं मृत्युलोक से आ रही हूँ। मेरे साथ ये दो व्यक्ति और हैं।"

"मैं तुम्हारे साथ नहीं, तुम मेरे साथ हो।" अ का आहत अभिमान बोल उठा।

"कोई किसी के भी साथ हो। आप लोग रथ में आ जाइए।" उस व्यक्ति ने कहा।

वह व्यक्ति वास्तव में एक देवता ही था। नाम था शशांक।

तीनों जाकर रथ में बैठ गए।

अ को लगा था कि देवता उन लोगों को अपने रथ में नहीं बैठाएगा। पर जब बैठा लिया तो लगा यह कोई छोटा-मोटा देवता होगा। वे अपनी गाड़ी में इस तरह किसी को नहीं बैठाते थे। एक बार एक बीमार बूढ़े तक को नहीं बैठाया था। उस दिन उनकी गाड़ी ऐसी ही निर्जन सड़क से बस्ती की ओर जा रही थी। उस बूढ़े ने बीच सड़क पर खड़े होकर गाड़ी रुकवाई। यह देखकर वे झल्ला उठे थे। बूढ़े ने कहा—माई-बाप, गुस्सा मत करिए। दया कीजिए, मुझे बस्ती तक पहुँचा दीजिए। बदन में बुखार है। उन्होंने देखा, बूढ़े का बदन काँप रहा है, हाथ-पैर लटपटा रहे हैं और वह बुरी तरह से हाँफ भी रहा है। लेकिन उसकी यह हालत देखकर भी उनकी झल्लाहट दूर नहीं हुई। ड्राइवर

से बोले, गाड़ी आगे बढ़ाओ। गाड़ी जब बढ़ी तो वे मन-ही-मन कह उठे—इस मूरख को क्या मालूम यह गाड़ी किसकी है!

"आप क्या कहीं घूमने गए थे?" रथ आगे बढ़ने पर ब ने शशांक से पूछा।

"नहीं। मैं जंगल में शिकार को गया था। देखिए, कितना बड़ा शेर मारा है आज मैंने।"

इतना कहकर शशांक ने रथ के एक हिस्से का परदा उठाया और एक भीषण शेर की लाश दिखाई।

"ओह, तो यहाँ के जंगलों में ऐसे भयावने शेर हैं!" अ ने उस मरे हुए शेर से भी डरते हुए कहा।

"हाँ। लेकिन स्वर्ग में सिर्फ शेर ही भयावने हैं।" शशांक ने कहा।

"सुना, ये क्या कह रहे हैं?" ब ने अ से कहा।

लेकिन अ ने सुना नहीं। उनमें शेर का डर अब भी बना हुआ था। बोले, "मुझे अगर मालूम होता कि यहाँ ऐसे भयावने शेर हैं, तो मैं जंगल में से होकर कभी इधर न आता।"

"आप लोग धरती पर क्या करते थे?" शशांक ने पूछा।

जब तीनों ने अपना परिचय दिया, तो शशांक ने अ से कहा, "आप बड़े पुण्यात्मा हैं जो मंत्री होकर भी स्वर्ग आ सके।"

शशांक की बातों से लगता था, वह धरती के बारे में बहुत कुछ जानता था।

उसकी बात सुनकर ब ने कहा, "हाँ, बहुत बड़े पुण्यात्मा। इनकी मृत्यु से देश की अपूरणीय क्षति हुई है।"

"जरूर हुई होगी। कहते हैं धरती पर नररत्न इने-गिने ही होते हैं।" शशांक ने कहा।

"मृत्यु होते ही आकाशवाणी और दूरदर्शन पर पूरी तरह छा गए होंगे," ब बोली, "आकाशवाणी और दूरदर्शन जानते हो क्या होते हैं?"

"सरकार वाणी और सरकार दर्शन। आपके यहाँ के लोग ऐसा ही बता रहे थे।"

"कौन लोग थे ये?" अ ने पूछा।

शशांक ने अ की ओर ध्यान देते हुए आगे कहा, "कह रहे थे, कई लोग आपके यहाँ ऐसे हैं जिनकी जिन्दगी भूलकर भी कभी आकाशवाणी या

दूरदर्शन का विषय नहीं बन पाती। हाँ, मृत्यु से वे जरूर एकदम जोर-शोर का विषय बन जाते हैं। बड़ी लम्बी-चौड़ी गाथा गाई जाती है उनकी।"

"क्या ऐसा कह रहे थे वे लोग?" अ ने चिढ़कर कहा।

"यह भी बता रहे थे कि दूसरी ओर बहुत-से ऐसे लोग हैं जिनकी जिन्दगी जोरदार तरीके से आकाशवाणी और दूरदर्शन का विषय बन सकती है, लेकिन ये उनकी मृत्यु की भी खबर नहीं लेते।"

"निस्सन्देह ये हमारे विरोधी लोग हैं। ये लोग हम लोगों के खिलाफ स्वर्ग में भी डटकर प्रचार करते हैं।" अ ने कड़ुवाहट से कहा।

"तो तुम्हारे लोग उसका प्रतिवाद क्यों नहीं करते?" शशांक ने कहा।

"यहाँ हमारे लोग कम होंगे और विरोधियों की तादाद ज्यादा होगी, और क्या!"

"तो इसका मतलब है धरती पर विरोधी ज्यादा भले हैं, तुम लोगों से।" ब ने कहा।

"भले! अरे जिन लोगों की वजह से देश के कितने ही अच्छे काम रुके रह जाते हैं, वे कभी भले हो सकते हैं?"

इसकी पुष्टि करते हुए क ने कहा, "तुम ही सोचो ब, विरोधी इन लोगों से कैसे भले हो सकते हैं। उनमें न कोई कभी सच्चा देशभक्त रहा है, न विद्वान-चिन्तक या त्यागी-व्रती ही, जैसे इनकी पार्टी में होते हैं। इसका प्रमाण तो यही है कि न कभी उनको विश्वविद्यालयों से मानद उपाधियाँ मिली हैं, न सरकारी अलंकरणों से ही ये कभी विभूषित हुए हैं।"

"फिर इन्हें स्वर्ग में प्रवेश कैसे मिल जाता है?" ब ने शंका व्यक्त की।

"स्वर्ग के कानून ढीले पड़ गए होंगे।" जवाब अ ने दिया।

"सिर्फ विरोधियों के लिए, तुम लोगों के लिए नहीं?...खैर, तुम्हारे वे लोग तो स्वर्ग में अवश्य होने चाहिए जिन सच्चे और भले लोगों को तुमने उपाधियाँ बाँटी हैं।"

"मुझे तो ऐसे उपाधिधारी कम ही नजर आए।" शशांक ने कहा।

इस पर अ बोले, "इसका मतलब है, स्वर्ग की सरकार में भी पक्षपात चलता है।"

"स्वर्ग की सरकार में भी," शशांक ने कहा, "यह आप क्या कह रहे हैं?...आप तो अपनी सरकार के पक्षपात को साफ-साफ स्वीकार कर रहे हैं। ...खैर, जाने दीजिए इन बातों को। हम बस्ती में आ गए हैं। आप लोग कहाँ उतरना चाहेंगे?"

"आपकी इन्द्रपुरी भी बड़ी अजीब नगरी है। कहते हैं यहाँ होटल नहीं हैं।" अ ने कहा।

"नहीं। यहाँ मकान से पैसा नहीं लूटा जाता न, सो होटल नहीं हैं। धर्मशालाएँ हैं, और वहाँ आप लोगों को किसी बात की तकलीफ नहीं होगी।"

"न होती हो। धर्मशालाएँ तो गरीबों के लिए होती हैं।"

"और इसीलिए उनमें रुककर ये उनका हक नहीं छीनना चाहते। फिर धर्मशालाएँ इनकी धर्मनिरपेक्षता के खिलाफ भी हैं।" ब ने कहा।

इस पर शशांक ने कहा, "खैर, यदि आप लोग धर्मशाला में नहीं ठहर सकते, तो मेरे यहाँ चलिए।"

शशांक का यह प्रस्ताव सुनकर अ मन-ही-मन प्रसन्न हो उठे। लेकिन ब बोली, "आपके यहाँ भी ये कैसे चल सकते हैं। आप देवता हैं। आपका मकान मकान नहीं, मन्दिर होगा।"

यह सुनकर शशांक ने कहा, "ओह, तो इनकी धर्मनिरपेक्षता इन्हें धर्मशाला की तरह मन्दिर में भी नहीं रुकने देगी!"

"जी।"

अ मन-ही-मन चिढ़ गए। ब ने जैसे अपनी मूर्खता से उनके बँगले पर आया हुआ कोई बड़ा शिकार बाहर से बाहर लौटा दिया हो।

लेकिन नहीं, ऐसा नहीं हुआ। शशांक ने कहा, "मेरा मकान मन्दिर नहीं, मकान ही है।"

सुनकर अ के जी में जी आया।

शशांक की बात सुनकर ब ने कहा, "मकान से तात्पर्य महल होगा वह। देवता जो हैं आप।"

"क्यों, महल में रुकने में भी इन्हें आपत्ति है?"

अ को लगा, ब फिर बात बिगाड़ रही है। अतः स्वयं उन्होंने जवाब दिया, "नहीं, महलों में रुकने में मुझे कोई आपत्ति नहीं रही।"

इस पर क ने कहा, "हाँ, समाजवादी थे ये। उठते-बैठते, खाते-पीते, पहनते-ओढ़ते पूरी तरह समाजवादी थे। सो महलों-जैसे आवासों में रुकने में इनको आपत्ति नहीं रही।"

"यह तो बड़ी विचित्र बात हुई," शशांक ने कहा, "धर्मनिरपेक्ष होने के नाते इन्हें मन्दिरों से आपत्ति रही, तो समाजवादी होने के नाते महलों से क्यों नहीं?"

"समाजवादी थे इसीलिए नहीं", क ने कहा, "समाजवादी होने के नाते इन्होंने महलों और झोंपड़ियों में कभी फर्क नहीं किया। यही कारण है कि महलों का आतिथ्य ये बराबर स्वीकार करते थे।"

"और झोंपड़ियों का आतिथ्य?"

" आपके यहाँ हाथी हैं?" ब ने पूछा।

"हाथी...क्यों?"

"सोचिए। कोई झोंपड़ी हाथी को बुलाए, तो झोंपड़ी की क्या हालत हो जाएगी! नेक हाथी इसीलिए झोंपड़ियों के यहाँ नहीं जाते।"

यह सुनकर अ ने नाराज होकर कहा, "ब, तुम अपनी जबान को लगाम दो। हम लोग क्या धरती पर हाथी थे?"

"ओह, माफ करो मुझे। मुझे तुम्हें हाथी नहीं कहना चाहिए था।"

"ब भी क्या करे बेचारी", क ने व्यंग्य किया, "धरती पर हाथी से बड़ा कोई प्राणी भी तो नहीं।"

"अच्छा, अब तुम दोनों चुप ही रहो।"

तभी शशांक ने कहा, "हाँ, तो मैं रथ घर की ओर मोड़ने के लिए कहूँ? मुझे प्रसन्नता होगी, यदि आप मेरा आतिथ्य स्वीकार करें।"

ब कोई उलटा-सीधा जवाब न दे दे, इसके पूर्व ही अ ने तुरन्त स्वीकृति दे दी। और रथ शशांक के मकान की ओर मुड़ा।

शशांक का आतिथ्य

शशांक की पत्नी शुभांगी ने तीनों का हार्दिक स्वागत किया। विशेष बात यह कि स्वागत के बाद शीघ्र ही शुभांगी उनके सामने चाय की ट्रे ले आई। बोली, "आप लोग काफी थक गए होंगे। चाय लीजिए।"

अ ट्रे को देखते ही रह गए। स्वर्ग में वे प्रथम बार ही चाय देख रहे थे। बोले, "ओह चाय! यहाँ स्वर्ग में चाय मिलती है ?"

"हाँ", जवाब शशांक ने दिया, "इधर कुछ सालों से मिलने लगी है। शुभांगी जानती है, धरती के लोगों को चाय बहुत प्रिय है। इसलिए फौरन ले आई आप लोगों के लिए।"

"आप कभी धरती पर गई हैं?" ब ने शुभांगी से पूछा

"नहीं। लेकिन मेरी बड़ी इच्छा है, कभी धरती पर जाऊँ। यहाँ स्वर्ग में बिलकुल ऊब गई हूँ।"

"ओह, फिर गईं क्यों नहीं?"

"शशांक से मैं कितनी बार कह चुकी हूँ, कुछ दिन धरती पर जाकर रहें, वहाँ की जिन्दगी का आनन्द लें। लेकिन ये मेरी बात सुनी-अनसुनी कर देते हैं।...लीजिए, आप लोग चाय लीजिए।"

जब सब चाय पीने लगे, तो ब ने शशांक से कहा, "आप इन्हें धरती पर क्यों नहीं ले जाते?"

"कैसे ले जाएँ भाई! सबसे बड़ा सवाल तो एक्सचेंज का है। हम लोगों को एक्सचेंज इतनी आसानी से नहीं मिल पाता।"

"आप तो इन्द्र के दरबार में ऊँचे ओहदे पर होंगे।"

"फिर भी नहीं।"

"लगता है स्वर्ग में पैसे की कमी है।"

"नहीं। सवाल पैसे की कमी का नहीं। उसके सदुपयोग-दुरुपयोग का है। फिर हमारा पैसा जिस मुल्क में भी पहुँचता है, वहाँ के लोग स्वर्ग में आकर उसका नाजायज फायदा उठाते हैं।"

"अरे, आप लोगों को तो हमारे यहाँ की अर्थनीति अपनानी चाहिए।"

"ये और धरती पर जाएँ, कभी सम्भव नहीं। धरती के मेरे सपने, मैं जानती हूँ, कभी पूरे नहीं होंगे।" एक दीर्घ श्वास छोड़ते हुए शुभांगी ने कहा।

"चाय तो बड़ी अच्छी बनी है बहन!" ब बोली।

"शुभांगी को चाय बड़ी प्यारी है। सुबह उठते ही पहले इसे चाय चाहिए।" शशांक ने कहा।

"चाय है ही गजब की चीज।" अ ने कहा।

"चाय के सामने इसे अमृत भी फीका लगता है।"

"अमृत भी कोई पेय में पेय है," शुभांगी बोली, "गरम-गरम चाय पीने में जो मजा है वह अमृत में कहाँ!"

"यह चाय धीरे-धीरे सारे स्वर्गलोक में फैलती जा रही है। अमृत को छोड़कर लोग इसे ही पसन्द करने लगे हैं।" शशांक ने कहा।

इस पर शुभांगी बोली, "इसकी प्यालियों की खनक में ही कितनी मधुरता है! सचमुच, चाय हम स्वर्गवालों के लिए धरती की महान देन है।"

"तुम देन कहती हो, मैं शाप मानता हूँ। जानती हो, इन्द्र के ऑफिस में कर्मचारियों को अब घंटे-घंटे बाद चाय चाहिए। चाय के बिना वे फाइलें उठाना ही नहीं चाहते।"

यह सुनकर अ को याद आया, किस तरह वे अपने ऑफिस में फाइलों के एक-एक कागज के साथ चाय पीते जाते थे। उन पर दिये जानेवाले नोट

उनका दिमाग नहीं, चाय की प्याली ही देती थी। चाय और झूठ के बिना वे अपनी दिनचर्या की कल्पना ही नहीं कर सकते थे। एक बार दौरे पर उन्हें चाय नहीं मिल सकी थी। अजीब बस्ती में पहुँच गए थे। वहाँ एक-एक घर पुछवाया। कहीं नहीं मिली। आखिर चाय की पत्ती की खोज की। लेकिन वह भी नहीं मिली।

"यहाँ के लोग चाय नहीं पीते, सो पत्ती भी नहीं मिली।" ब ने, जो साथ थी, कहा था।

"अरे, कितने जंगली लोग हैं यहाँ के। चाय तक नहीं रखते।" अ ने खीझकर कहा था।

"हाँ, जंगली नहीं तो क्या" ब बोली थी, "अरे, रोटी मयस्सर नहीं सो न रखो। चाय तो खूब मिलती है।"

"ऐसे इलाके में आइन्दा भूलकर भी नहीं आऊँगा।"

और इसके बाद उन्होंने गाड़ी दौड़ाई थी चाय ले आने के लिए...जहाँ से मिले।

उस दिन थर्मस में जब चाय उनके सामने आई थी तो ब ने कहा था, "इस चाय की कीमत जानते हो क्या है?"

"क्या है?"

"चार लीटर पेट्रोल।"

"अरे, चार लीटर पेट्रोल ही न! मैं समझा कोई खजाना लुट गया। हम लोग इस तरह की छोटी-मोटी बातों का खयाल करें, तो कर चुके देशसेवा।" अ ने कहा था।

"धरती की तरह अब यहाँ भी कर्मचारी टी-टाइम की माँग करने लगे हैं।" शशांक ने कहा।

"उनकी माँग उचित है। स्वीकार की जानी चाहिए।" अ बोले।

"जिस दिन ऐसा हो जाएगा, तो समझ लीजिए ये लोग कैंटीनों में चाय नहीं, समय पीते देखें जाएँगे। आधे घंटे के पीछे एक-एक घंटे का। बिलकुल आप लोगों के यहाँ की तरह।"

"अरे, आप तो धरती के बारे में काफी जानकारी रखते हैं।" अ ने कहा।

"मैंने सुना है, धरती पर चाय के रेस्त्राँ बड़े महत्त्वपूर्ण स्थान बन गए हैं," शशांक ने कहा, "किसी से प्रेमालाप करना है, तो बस चाय के बहाने

किसी रेस्त्राँ में पहुँच जाइए। राजनीतिक मसले भी यहीं बैठकर सुलझाए जाते हैं। साहित्यिक अखाड़ेबाजों का एकमात्र स्थान तो ये रेस्त्राँ ही हैं। कहते हैं नई कहानी और नई कविता ने तो रेस्त्राओं में ही जन्म पाया है।"

"ये नई कहानी और नई कविता क्या चीज होती है?" अ ने प्याली आड़ में ले क से फुसफुसाकर पूछा।

"कोई चीज होती जरूर है। तुम इस तरह सपोज करो जैसे इनके बारे में सब कुछ जानते हो। साहित्य समझनेवाले धरती के विद्वानों की तरह।" प्याली की आड़ में से उसी स्वर में क ने जवाब दिया।

"लेकिन इन पर कुछ कहने की नौबत आ जाए तो?"

"उन विद्वानों की तरह तुम भी ऐसी उलझी हुई भाषा में बोलो कि सुननेवाले के कुछ पल्ले ही न पड़े। बल्कि ये इनके बारे में जो थोड़ी-बहुत सुथरी जानकारी रखता हो, वह भी उलझन-भरी बन जाए। ऐसे-ऐसे वाक्य प्रयोग में लाओ, जिनमें यथार्थबोध, युगबोध, अनुभूति की गहराई, संवेदनात्मक प्रकर्ष, सन्त्रास, घुटन, निराशा आदि शब्द लबालब भरे हों।"

अ को जैसे समस्त नवसाहित्य की कुंजी मिल गई। नौबत का अब जैसे सवाल ही नहीं रह गया। बोले, "हाँ, रेस्त्राओं में ही जन्म पाया है नये साहित्य ने। रेस्त्राँ हमारे जीवन का यथार्थबोध कराते हैं, रचना के पूर्व संवेदनात्मक प्रकर्ष जितना रेस्त्राओं में अभिव्यक्ति पाता है उतना अन्यत्र नहीं। अत: हमारा साहित्य जो जीवन के सन्त्रास और घुटन से भरा हुआ है, रेस्त्राओं के सिवाय अन्यत्र कहाँ रूप ग्रहण कर सकता है!"

"लेकिन रचनाकार जिस संवेदनात्मक प्रतिक्रियाओं का रेस्त्राओं में अनुभव करता है वे उसकी सही-सही प्रतिक्रियाएँ मानी जा सकती हैं—भोगे हुए यथार्थ की?" शशांक ने शंका व्यक्त की।

अ यह सुनते ही उलझन में पड़ गए। वास्तव में संवेदनात्मक प्रकर्ष या प्रतिक्रियाएँ क्या बला होती हैं, वे नहीं जानते थे और न यही कि भोगा हुआ यथार्थ किस चिड़िया का नाम है। अत: उन्होंने क की ओर देखा इस नीयत से कि वे ही इसका जवाब दें।

लेकिन क कुछ कहें इसके पहले ही ब बोल उठी, "बिलकुल नहीं। बनावटी होती हैं वे, पूरी तरह से बनावटी। और इन बनावटी प्रतिक्रियाओं को

रचनाकार...विशेष रूप से कवि ऐसे प्रतीकों में रखता है कि अच्छे-अच्छे समीक्षक भी उन्हें समझ नहीं पाते, बल्कि चक्कर में पड़ जाते हैं।"

शुभांगी को यह चर्चा अच्छी नहीं लगी। चाय की केतली अ की ओर सरकाती हुई बोली, "आप लोग तो बातों में ही उलझ गए हैं। लीजिए, और चाय लीजिए।"

"चाय की तासीर ही यह है कि पीनेवाले आप-ही-आप चर्चा में उलझ जाते हैं।" शशांक ने उठकर तीनों की प्यालियों में चाय उड़ेलते हुए कहा।

चाय उड़ेलकर शशांक पूर्ववत अपनी जगह बैठ गया।

"यह क्या, आपने नहीं ली?" अ ने कहा।

"बस, मैं ज्यादा नहीं लेता।"

"आप शिकार पर ले जाते हैं या नहीं चाय?" ब ने पूछा।

"नहीं। शायद तुम्हें नहीं मालूम। शिकार पर चाय का प्याला नहीं चलता। हाँ, चाय के प्याले पर शिकार जरूर चलता है। समझती हो न मतलब?" शशांक ने मुस्कुराते हुए कहा।

इस पर ब लजाकर बोली, "खूब समझती हूँ।"

"चाय होती तो गरम है, लेकिन इसकी गरमी गरम दिमाग को भी शीतल बना देती है।" शशांक ने कहा।

अ को शशांक की जानकारी पर बड़ा आश्चर्य हो रहा था। शशांक ने अभी जो कुछ कहा, वह उन्हें शत-प्रतिशत सत्य लगा। एक बार उनका गरम दिमाग सचमुच गरम-गरम चाय से बिलकुल शीतल बन गया था। वे एक कांट्रैक्टर पर बुरी तरह गरम हो उठे थे। उसने एक सरकारी भवन का जो काम किया था, उसे देखकर। उस गरमी में उन्होंने कांट्रैक्टर के साथ-साथ एक्जिक्यूटिव इंजीनियर को भी काफी डाँट-फटकार सुनाई थी, जिसने वह काम पास कर दिया था। लेकिन उनकी यह गरमी कांट्रैक्टर की गरम-गरम चाय से देखते-देखते ठंडी पड़ गई थी।

"चाय की महिमा ही न्यारी है साहब!" ब ने कहा, "मैं समझती हूँ, चाय ही एक ऐसी चीज है जिससे आप चाहें तो लोगों को बखूबी टाल सकते हैं या उनसे घंटों जुड़े रह सकते हैं। मैं जानती हूँ, एक अफसर मिलने आनेवालों को टालना चाहता था, तो वह उनके लिए फौरन चाय मँगवा लेता था और जिनके

साथ—विशेष रूप से किसी महिला के साथ—देर तक समय गुजारना चाहता, तो चाय तब मँगाता जब वह जाने के लिए उठ खड़ी होती।"

अ समझ गए, ब किसी अफसर के बहाने उनकी ही बात सुना रही है। उनके ऑफिस में या बँगले पर कोई महिला मिलने आती, तो वे इसी तरह की चालाकी किया करते थे। एक बार तो वे एक महिला के व्यक्तित्व से (औरतों के मामले में यह शब्द बड़ा चालाकी-भरा है) इतने प्रभावित हुए थे कि जब वह जाने को उठी, तो बोले, "बैठिए, चाय लेकर जाइए।" इस पर उस महिला ने कहा था, "अभी तो पी चाय।" वे भूल ही गए थे कि वह जाने के लिए दूसरी बार उठी थी। महिला उन्हें गलत न समझे, इसलिए उन्होंने कहा था, "दिमाग जनता की चिन्ताओं में उलझा हो, तो देखिए कैसे खयाल नहीं रहता।"

शुभांगी ने कहा, "चाय सचमुच ही अनोखी चीज है। एक विशेष बात इसमें यह है कि अमृत एक बार पी लें तो उससे हम अघा जाते हैं, जबकि चाय बार-बार पीने को तबियत करती है।"

"इसे स्वर्ग में लाया कौन?" ब ने पूछा।

"कौन लाता," शुभांगी ने कहा, "नारद जी के सिवाय कौन ला सकता है पहली चाय स्वर्ग में उन्हीं ने तैयार की समारोहपूर्वक। उस काली-काली चीज को लोगों ने बड़े कौतूहल से उबलते देखा। लेकिन जानते हैं, जब बनकर तैयार हो गई, कोई पीने को राजी नहीं हुआ। लोगों को लगा जैसे वह दूध और शकर मिला हुआ समुद्रमन्थन के बाद का हलाहल है!"

"जानते हैं स्वर्ग में पहली चाय किसने पी?" शशांक ने बीच में ही कहा।

"किसने...शुभांगी ने?" ब ने पूछा।

"हाँ, शुभांगी ने ही। पीते ही इसने तारीफों के पुल बाँध दिये। फिर तो और लोग आप-ही-आप आगे बढ़ गए। आज स्वर्ग में यह हालत है कि जंगल की जिन पत्तियों की ओर लोग आँख उठाकर देखते तक नहीं थे, वही अब उन्हें प्राणों-जैसी प्यारी हो गई हैं। इस चाय के पीछे अमृत की भी कदर जाती रही है।"

"चाय से बढ़कर भला कोई अमृत हो सकता है!" शुभांगी ने कहा।

"जानते हैं, अमृत की दुकानों के साइनबोर्डों पर आज क्या लिखा हुआ मिलता है? चाय-तुल्य अमृत पाने का एकमात्र स्थान। ये नारद जब भी धरती

की यात्रा से लौटते हैं, हर बार कोई ऐसी चीज ले आते हैं, जिससे स्वर्ग में क्रान्ति-सी हो जाती है। पिछली बार एक अलबम ले आए थे फिल्म अभिनेत्रियों का!" शशांक ने कहा।

"नारद जी, और फिल्म अभिनेत्रियों का अलबम!" अ ने आश्चर्य से कहा।

"अरे, ये बैरागी कम रसिक नहीं हैं।"

"वह अलबम क्या, रूप का खजाना था।" शशांक ने कहा।

यह सुनते ही अ को लगा, जैसे उनके मन में गूँजती बात ही शशांक के मुख से निकल पड़ी है। उन्होंने अभिनेत्रियों का एक अलबम केवट के यहाँ देखा था। और जब-जब उन्हें उसकी याद आती,, मन-ही-मन वे कह उठते—अलबम क्या, रूप का खजाना था। इसे उन्होंने पहले ब के पास देखा था। उन्होंने अनुमान लगाया था कि जरूर यह फिल्म अभिनेत्रियों का होगा। केवट के पास और कौन-सा अलबम हो सकता था! उस अलबम को देखने के लिए वे बेताब हो उठे थे।...लेकिन देखें तो कैसे देखें। सबके सामने देखने में संकोच होता था। आखिर ब और क की नजर बचाकर देखने का मौका उन्हें मिल ही गया था। और मिलता क्यों नहीं, जब थे ही इस ताक में।...पर जब देखने लगे, तो उन्हें इस बात का खयाल ही नहीं रहा कि उसे चोरी-चोरी देख रहे हैं। अत: रँगे हाथों ब की पकड़ में आ गए।

"अरे, तुम तो बिलकुल डूब गए हो इन अभिनेत्रियों में!"

"नहीं-नहीं, ऐसी बात नहीं। मैं तो फोटोग्राफी का आर्ट देख रहा था।" अलबम बन्द करते हुए पानी-पानी होकर उन्होंने कहा।

"जानते हो, बिलकुल यही बात तुम्हारे बेटे ने भी कही थी, जब तुमने उसे उसके कमरे में इसी तरह अलबम देखते हुए पाया था। और फिर भी तुमने उसे डाँटा था।"

"उसके भविष्य का सवाल था।"

"सोचना तो तुम्हें यह चाहिए था कि आज के युवक इतनी ही तड़प से हम नेताओं के अलबम क्यों नहीं देखते?"

क ने, जो बड़ी देर तक चुप थे, शशांक से पूछा, "अभिनेत्रियों के उस अलबम से भी यहाँ कोई क्रान्ति हुई?"

"जी हाँ। ऐसी कि कुछ न पूछिए।"

"कैसे, जबकि यहाँ एक-से-एक अप्सराएँ हैं?"

"हाँ, एक-से-एक बढ़कर। लेकिन अभिनेत्रियों की वेशभूषा और भंगिमाएँ तो उनके लिए न्यारी और सर्वथा अनोखी थीं।"

"ओह!" क के मुख से निकला।

"बस, अप्सराओं ने अब उनकी वेशभूषा और भंगिमाओं की नकल उतारनी शुरू कर दी। अप्सराओं ने ही नहीं, सामान्य घर की महिलाओं ने भी।"

"तो इस मामले में धरती और स्वर्ग की महिलाओं में कोई फर्क नहीं।"

शुभांगी बोली, "सच, आपकी धरती पर कैसी अनोखी-अनोखी बातें हैं। तभी तो मैं चाहती हूँ धरती पर जाऊँ। कहते हैं वहाँ नाना प्रकार के फैशन हैं। नाना प्रकार की खाने-पीने की चीजें हैं। रहने के मकान भी ऐसे-ऐसे हैं कि यहाँ का इन्द्रमहल भी उनके सामने फीका है। मकानों में लिफ्टें हैं, एयरकंडिशनर हैं, ऐसे-ऐसे बाथरूम हैं कि घंटों नहाते ही रहो। साफ-सुथरी और चौड़ी सड़कों पर कारें दौड़ने का आनन्द भी कहते हैं बड़ा अनोखा है। फिर सबसे बड़ा आकर्षण है सिनेमा-थिएटर। मैं तो शशांक से मिन्नतें कर-करके हार गई, लेकिन मेरा ऐसा नसीब कहाँ जो धरती के दर्शन कर पाऊँ!"

यह सुनकर शशांक ने कहा, "क्या बताऊँ आप लोगों को! यह सब नारद की लगाई हुई आग है। धरती की ऐसी-ऐसी बातें हाँकते फिरते हैं कि स्वर्गवासी यही सोचने लगे हैं कि सच्चा स्वर्ग यदि कहीं है, तो बस धरती पर ही है।"

"हाँकते नहीं, सही-सही कहते हैं। तुमको तो बस स्वर्ग में ही स्वर्ग लगता है।" शुभांगी ने कुछ चिढ़कर कहा।

"नारद की दृष्टि दुनिया की दूसरी ओर भी गई है कभी?" शशांक ने कहा, "बस इनी-गिनी जगहों की तड़क-भड़क देखकर चले आते हैं और करने लगते हैं यहाँ उसका बखान!"

"नारद जी कहीं खादी की कफनी तो नहीं पहनते?" ब ने पूछा।

सुनकर शशांक ब की ओर देखकर मुस्कुरा दिया और शुभांगी से बोला, "हम लोग बातें ही करते रहेंगे? इन लोगों को अब फ्रेश होने दो।"

शशांक का मकान वास्तव में एक बड़ा-सा महल ही था। काफी सुन्दर और हर तरह की सुविधाओं से युक्त। महल के सामने लम्बा-चौड़ा हरा-भरा बगीचा भी था। फिर भी अ को वह राजधानी के अपने बँगले की तुलना में

बिलकुल फीका और असुविधाजनक लगा। एयरकंडिशंड नहीं, वैसे आलीशान ड्राइंगरूम और बाथरूम नहीं।

तीनों के तीन अलग-अलग कमरे थे। कमरे क्या, छोटे-मोटे हॉल ही थे। आवश्यक सभी फर्नीचर इनमें मौजूद था। नीचे पूरे फर्श पर मुलायम कालीन बिछा हुआ था।

रात को खाना खा लेने के बाद अ सीधे अपने कमरे में आए और बिस्तर पर पड़ गए।

लेकिन दिन-भर के थके होते हुए भी उन्हें एकदम नींद नहीं आई।

आज अचानक उन्हें अपनी पत्नी की याद हो आई। सोचने लगे, गोबिन्दी यदि होती, तो पैर दबा देती। कुर्सी की थकावट को दूर करने के लिए वे कभी-कभी गोबिन्दी से पैर दबवा लेते थे। कभी-कभी तो थके न होते हुए भी। क्योंकि वे समझते थे, इससे वे गोबिन्दी को पतिसेवा का पुण्य लूटने का अवसर दे रहे हैं। उन्हें याद है, एक दिन रात को एक महिला सम्मेलन से, जहाँ उन्होंने विमेंस लिब पर जोरदार भाषण दिया था, घर लौटे थे, तो इतने थक गए थे कि जब तक गोबिन्दी से पैर नहीं दबवा लिये उन्हें नींद नहीं आई थी।

गोबिन्दी बड़ी पति-परायणा स्त्री थी। घर के हर कामकाज में प्रवीण। खाना तो वह ऐसा बनाती कि लगता, साक्षात अन्नपूर्णा हो। अ उसके साथ सुखी थे। सलोने-सलोने चार बच्चे भी उसने उनके लिए जने थे। लेकिन फिर भी अ अपनी और इर्द-गिर्द की जिन्दगी के सन्दर्भ में गोबिन्दी को देखते, तो उनका मन एकदम खट्टा हो उठता। वे सोचते, एक चार बच्चों की माँ वह है जो उनके ऑफिस में टाइपिस्ट है और एक यह उनके घर में। टाइपिस्ट चार बच्चों की माँ लगती ही नहीं है...जैसे अभी-अभी शादी हुई हो। और इधर यह गोबिन्दी ऐसी कि अपने ही बच्चों की माँ नहीं, दादी लगती है! पूर्जा-अर्चा और घर के कामकाज में जितना ध्यान देती है उतना अपनी देह की ओर क्यों नहीं देती? जब-तब उनके मन में आता, गोबिन्दी को ऑफिस की महिलाओं की तरह चुस्त कपड़े पहनाना सिखा दें। लेकिन केवल सोचते रह जाते। कहने का साहस कभी बटोर नहीं सके।

गोबिन्दी अब गाँव लौट गई होगी। करवट बदलते हुए अ ने सोचा। खैर, कहीं भी रहे वह। उसे किसी चीज की कमी नहीं रहेगी। बस डर यह है कि

दान-धर्म में ही सारा पैसा बरबाद न कर दे। न जाने क्यों उसे घर में आनेवाला पैसा पाप का पैसा लगता था। अपना पैसा सिर्फ वही पैसा है, जो तुम पहली को लाते हो। बाकी तो मल-मूत्र है, जिसे घर में नहीं रखा जाता, घूरे पर फेंक दिया जाता है। और सचमुच ही जब उन्होंने देखा कि उसकी कथनी और करनी में कोई अन्तर नहीं है, तो उन्होंने उसके चोरी-छिपे पैसे रखना आरम्भ कर दिया। गोबिन्दी अब अनुभव करेगी कि पति का वही मल-मूत्र अपनी उसकी जिन्दगी के लिए कैसा खाद की तरह काम आ रहा है।

इस मल-मूत्र के बीच अ को कब नींद आ गई, उन्हें पता नहीं।

दूसरे दिन सुबह भोजन के समय अ ने शशांक से कहा, "हम आज इन्द्र से मिल लेना चाहते हैं। हम चाहते हैं, शीघ्र ही हमें भवन मिल जाए।"

"क्यों ऐसी क्या जल्दी है?"

"हम इन्द्रपुरी में ही भवन चाहते हैं। शायद इसके लिए कुछ समय लगे।"

"माफ करें, आपको इन्द्रपुरी में भवन नहीं मिलेगा। इन्द्रपुरी तो क्या, देवताओं की किसी अन्य बस्तियों गें भी नहीं। धरती से आनेवालों के लिए भक्तों की अलग से कॉलोनियाँ हैं।"

"जानता हूँ। लेकिन मैं भक्तों की कॉलोनी में रहना पसन्द नहीं करता।"

"इन्होंने देश को छोड़कर किसी और की भक्ति की ही नहीं, जो ये भक्तों की कॉलोनी में रहेंगे।" ब ने कहा।

"ये चाहें तो यहाँ देशभक्तों की एक अलग कॉलोनी बसा सकते हैं।" शशांक ने कहा।

"देशभक्तों की अलग कॉलोनी!" ब बोली, "इन्हें इस तरह की अलगाव की बातें पसन्द नहीं।"

"जब ये धरती पर अपने देश में देशभक्तों की अलग जाति बना-बसा सकते हैं, तो यहाँ उनकी अलग कॉलोनी बसाने में क्या आपत्ति है?"

"हमारे यहाँ देशभक्तों की कोई अलग जाति नहीं है।" अ ने कहा।

"शशांक ठीक ही तो कह रहे हैं," ब बोली, "लोगों पर देशभक्ति की मोहर लगा-लगाकर क्या तुम्हारी सरकार ने देशभक्तों की एक अलग जाति नहीं बनाई है?"

"देशभक्ति की मोहर...सो कैसी?"

"ताम्रपट्ट, पेंशन, जमीन...देशभक्ति की मोहरें नहीं तो क्या हैं?"

"ये तो गौरव-चिह्न हैं। इन्हें तुम मोहरें कहती हो?"

"खैर, गौरव-चिह्न मान लेने में भी मुझे एतराज नहीं।"

"अच्छी चीज को अच्छे रूप में ही लेना चाहिए।"

"हाँ, मैं यह भूल ही गई थी कि बिना इन गौरव-चिह्नों के कुछ लोगों का गौरव होता ही नहीं था। लोग उन्हें उचक्के और निठल्ले कहते थे। दल के बाहर शायद ऐसे उचक्के-निठल्ले लोग कम थे।"

"मतलब?"

क को ये बातें अच्छी नहीं लगीं शशांक के सामने। अतः बोले, "ज्यादा उलझो नहीं भाई! अ, तुम अपनी मूल बात पर आओ।"

इस पर अ ने शशांक से कहा, "देखो भाई शशांक, इन्द्र यदि हमसे उलझेंगे और उलटे-सीधे सवाल करेंगे, तो मेरे पास भी कुछ सवाल हैं जिसके शायद उनसे जवाब न बन पड़ें।"

यह सुनकर शुभांगी ने कहा, "आप लोग तो व्यर्थ ही जल्दी मचा रहे हैं इन्द्र के पास जाने की। अभी चार-छह दिन यहाँ आराम से रहिए। हाँ, आपको यहाँ कोई कष्ट हो तो बात अलग है।"

"कष्ट...कष्ट हमें बस एक ही बात का है।" ब ने कहा।

"वह क्या?" शुभांगी ने आश्चर्य के साथ पूछा।

"आप लोगों के इतने अच्छे आतिथ्य का।" ब ने मुस्कुराते हुए कहा। सुनकर सभी हँस दिये।

अ दोपहर को अपने कमरे में आराम कर रहे थे कि अचानक उन्हें बेचैनी का अनुभव होने लगा। बिस्तर पर बड़ी देर तक करवटें बदलते रहे, फिर भी उन्हें बेचैनी से छुटकारा नहीं मिल सका। यह हो क्या गया? दिल क्यों बैठता जा रहा है?...यह बेचैनी ब्लड प्रेशर की नहीं है।...

धीरे-धीरे बेचैनी इतनी बढ़ गई कि अन्ततः वे पलँग से उठकर कमरे में चहलकदमी करने लगे।

लेकिन इससे बेचैनी पर कोई असर नहीं पड़ा। वह बढ़ती ही गई। अचानक उनके मन में शंका उठी कि कहीं इस कमरे में भूत-वूत तो नहीं! भूत-प्रेतों में उनका विश्वास नहीं था। जब भी भूत-प्रेतों की बात निकल आती थी, तो वे कहते—मुझे दुनिया में बस विरोधी लोग ही भूत नजर आते हैं। बाकी अदृश्य भूतों में मेरा कोई विश्वास नहीं। वे विरोधी पक्ष के भूतों को अदृश्य भूतों से भी अधिक खतरनाक मानते थे। अदृश्य भूतों के लिए तो जादू-टोने का इलाज है भी, पर इन दृश्य भूतों का कोई इलाज नहीं। ये भूत जब सदन में ऊँची आवाज में सनसनाते हैं, तो सारी देह अन्दर-ही-अन्दर काँप जाती है। चुनाव के दिनों में तो ये चौबीसों घंटे छाती पर सवार रहते हैं। न सुख से खाने-पीने देते हैं, न चैन से सोने देते हैं।

क्षण-भर के लिए अ के दिमाग में आया कि धरती पर उनके किसी बड़े भूत की मौत हो गई है और वह स्वर्ग की ओर निकल पड़ा है! धरती पर उसके साथी तो मुक्ति की साँस लेंगे, यह कहकर कि हमने एक महान देशभक्त को खो दिया है, पर इधर मेरी नाक में दम आ जाएगा।...लेकिन यहाँ वह मेरा कर क्या लेगा? नीचे तो अपनी कुर्सी-वुर्सी खिसक जाने का भय बना रहता था, पर यहाँ तो ऐसा कुछ भी नहीं है।

अ अब एक आरामकुर्सी में बैठ गए। सामने पूर्व दिशा की ओर एक-दो नहीं, कितनी ही खिड़कियाँ थीं। सभी खिड़कियाँ खुली हुई थीं और उनमें से ठंडी-ठंडी हवा आ रही थी। हवा के साथ रोशनी थी जो तीखी भी नहीं थी, धुँधली भी नहीं। उस हवा और रोशनी ने कमरे के वातावरण को काफी सजीव और सुखद बना दिया था।

लेकिन फिर भी अ का दम जैसे घुट रहा था। लग रहा था, कमरा जैसे पूरी तरह बन्द है। न वहाँ प्राणदायिनी हवा है, न दृष्टि देनेवाली रोशनी। सब ओर जैसे शून्य और अँधेरा-ही-अँधेरा है।

अब वे आरामकुर्सी से उठकर एक खिड़की के पास जाकर खड़े हो गए। उनका कमरा नीचे नहीं, ऊपर था। अत: खिड़की में से दूर तक देखा जा सकता था।

बाहर का दृश्य बड़ा ही हृदयग्राही था। दूर क्षितिज तक प्रकृति की मनोहारी छटा फैली हुई थी। उनकी आँखें बरबस उससे बँध गईं। लेकिन फिर

भी प्रकृति का वह सौन्दर्य उनकी बेचैनी को कम न कर सका। इस पर वे दूसरी खिड़की में जा खड़े हुए। दृश्य वही पहली खिड़की जैसा था, लेकिन यहाँ उनका ध्यान नगर-सौन्दर्य की ओर गया, जहाँ ऊँची-ऊँची इमारतें थीं... चौड़ी-चौड़ी सड़कें थीं, सड़कों पर वाहन और चलते-फिरते लोग। वहाँ जीवन का सौन्दर्य जैसे लहलहा उठा था...भव्य और उदात्त जीवन का सौन्दर्य। लेकिन चैन वे इस दृश्यावली से भी नहीं पा सके।

अब अ तीसरी खिड़की में जाकर खड़े हो गए। फिर तीसरी के बाद चौथी में...और एक-एक करके उन्होंने हर खिड़की में से बाहर की ओर झाँका। वास्तव में इन खिड़कियों ने उन्हें ऐसे मधुर और दिव्य दृश्यों को दिखाया जो जीवन के विविध पक्षों के चरम विकास के द्योतक थे। इनमें कहीं उनका मन-मस्तिष्क विविध कलाओं की मधुर झंकार से भर गया, तो कहीं ज्ञान-गरिमा से अभिभूत हो उठा।...लेकिन शान्ति उन्हें फिर भी मिल नहीं सकी। बेचैनी बनी ही रही।

जब यह बेचैनी बिलकुल बरदाश्त के बाहर हो उठी, तो उन्होंने ब को बुला भेजा और अपनी हालत उसे कह सुनाई। सुनकर ब ने कहा, "कमरे में तो कोई दोष नहीं है। हवा और रोशनी भरपूर है।"

"फिर भी मेरा दम घुट रहा है। लगता है जैसे कमरा चारों ओर से बन्द है।"

"क्या बात है, जबकि कमरे में इतनी खिड़कियाँ हैं और सभी खुली हुई हैं।"

इतना कहकर ब ने कमरे का बारीकी से निरीक्षण किया। एक-एक चीज को सूक्ष्मता से देखा। लेकिन उसे कोई ऐसी बात नहीं दिखाई दी जो अ की बेचैनी का कारण बन सकती थी। फिर वह एक खिड़की के पास जाकर खड़ी हो गई और बाहर के मनोहारी दृश्यों से प्रभावित हो उसने अ से सवाल किया, "इन खिड़कियों में से झाँककर देखा? मन को ये कैसा सुख देती हैं। तुम अपना पलँग इन्हीं के पास खींच लो। तुम्हारी सारी बेचैनी दूर हो जाएगी।"

"नहीं, इनसे मेरी बेचैनी दूर नहीं हुई। मैंने हर खिड़की में से झाँककर देखा है?"

"बड़ी अजीब बात है, फिर तो।"

ब कमरे का फिर निरीक्षण करने लगी। और उसे अचानक क्ल्यू (हल) मिल गया। बोली, "अब समझ में आया, यह कमरा तुम्हारी बेचैनी का कारण क्यों बन गया है। इस कमरे की खिड़कियों में ही दोष है।"

"मुझे भी यही लगता है। इनसे हवा और रोशनी अधूरी-अधूरी आती है। पहली खिड़की, जो इतनी बड़ी है, उसमें से भी।"

"गलत है यह बात कि पहली खिड़की बड़ी है। वह तुम्हारे पास है, इसलिए तुम्हें बड़ी लगती है। दूर की चीज हमेशा छोटी नजर आती है। ये सभी खिड़कियाँ समान हैं। सभी खिड़कियों में समान मनोहारी छटाएँ हैं।...लेकिन फिर भी वे दोषपूर्ण हैं।" ब ने कहा।

"क्या दोष है इनमें?"

"बस, इनका दोष यही है कि ये पूरब दिशा में हैं। तभी तो इनकी रोशनी और हवा तुम्हें अधूरी और बेचैन करनेवाली लगती है। तुम्हारी बेचैनी तब तक दूर नहीं होगी, जब तक एकाध पश्चिमी खिड़की नहीं खुल जाती।"

"ओह, यह बात अब तक मेरे ध्यान में कैसे नहीं आई?"

उस कमरे में पश्चिम की ओर एक छोटी-सी खिड़की थी। ब ने जाकर उसे खोल दिया और अ से कहा, "यहाँ आओ, और देखो तुम्हारी बेचैनी दूर होती है या नहीं?"

अ उस खिड़की के पास जाकर खड़े हो गए। बाहर झाँका। जो दृश्य देखे, देखते रह गए।

वातावरण चिमनियों के धुएँ से भरा हुआ था, फिर भी उन्हें सब कुछ साफ-साफ दिखाई दे रहा था। उन्होंने देखा, एक ओर लोग जहाँ मस्ती से झूम रहे हैं, वहीं दूसरी ओर कुछ लोग समुदाय बनाकर दूसरे समुदाय के साथ छीना-झपटी कर रहे हैं। एक ओर पुस्तकों के ढेर-के-ढेर लगे हुए हैं, तो दूसरी ओर शस्त्रास्त्रों के। शस्त्रास्त्रों के ढेर आकाश को छूते लगते थे। कुछ लोग बेतहाशा एक छोर से दूसरे छोर तक भाग रहे थे। भागती हुई औरतों को भी देखा उन्होंने...। इनकी वेशभूषा देखकर अ की आँखें छक गईं। वे एकटक उनकी ओर देखते ही रहे। फिर उन्होंने देखे कल-कारखाने। विचित्र बात यह कि इनमें आदमी पिस रहे थे और उनका खून एक बड़े हौज में इकट्ठा हो रहा था।...वास्तव में इस वीभत्स दृश्य को देखकर अ की आँखें मुँद जानी

चाहिए थीं। लेकिन मुँदी नहीं, बल्कि वे चाव से देखते रहे। फिर देखा, उस खून की किस्म-किस्म की चीजें बन रही हैं और वे सुन्दर पैकटों में बाजारों में पहुँचाई जा रही हैं। फिर उनकी दृष्टि गई उस इमारत की ओर, जहाँ एक अदालत थी। यहाँ खुद न्यायाधीश के सामने एक हट्टा-कट्टा आदमी एक दुबले-पतले आदमी को कोड़े मार रहा था।

"कैसी है यह खिड़की?" ब ने बीच ही में पूछा।

"तुमने तो मेरे लिए खिड़की नहीं, जिन्दगी ही खोल दी है। बेचैनी तो जैसे देखते-देखते हवा हो गई। अब तुम जा सकती हो...हाँ, वे पूरब की सारी खिड़कियाँ बन्द करती जाओ।"

"मैं तो पहले ही जानती थी, पश्चिम की इस खिड़की के पीछे तुम पूरब की उन सारी खिड़कियों को बन्द करवा दोगे।"

इतना कहकर ब ने पूरबवाली सभी खिड़कियाँ बन्द कर दीं और अपने कमरे में लौट गई।

इधर अ ने पश्चिम की खिड़की की ओर अपना पलँग खींच लिया और उसमें से दिखनेवाली दृश्यावली की ओर देखते-देखते कुछ ही देर में निद्रा के वशीभूत हो गए।

अ ने पश्चिम की खिड़की से जो कुछ देखा, वे स्वर्ग के दृश्य नहीं थे। वास्तव में वह खिड़की धरती के ही दर्शन कराती थी और अ को यह रहस्य शुभांगी ने बताया था।

इन्द्र से झड़प

अ, ब और क को इन्द्रपुरी में नहीं, भक्तों की एक कॉलोनी में ही जगह दी गई। जगह अलॉट करनेवाले अधिकारी ने जब इन्द्रपुरी में जगह देने से मना कर दिया, तो अ इन्द्र के पास पहुँचे और इन्द्र ने भी जब साफ-साफ जवाब दे दिया, तो अ की उनके साथ झड़प हो गई।

अ ने कहा, "स्वर्ग में आपकी यह तानाशाही है, और कुछ नहीं। धरती पर ऐसी तानाशाही नहीं चलती। हम लोग अपनी राजधानियों में छोटे-से-छोटे आदमी को भी बसने देते हैं, और यहाँ स्वर्ग में आप मंत्री जैसे प्रतिष्ठित व्यक्ति को भी नहीं बसने दे रहे हैं।" और फिर दरबार में बैठे देवताओं की ओर इशारा करते हुए कहा, "मुझे आश्चर्य है ये देवतागण आपकी तानाशाही कैसे चलने देते हैं!"

सुनकर इन्द्र क्रुद्ध नहीं हुए। उलटे शान्त स्वर में कहा, "जानता हूँ कि तुम लोग अपनी राजधानियों में छोटे-से-छोटे लोगों को भी बसने देते हो। लेकिन तुम्हारी राजधानियाँ इन्द्रपुरी नहीं, नरक होती हैं, नरक! कभी तुमने देखा बेचारे छोटे लोग बड़े लोगों के कारण कैसी जिन्दगी जीते हैं? हम न लोगों को ही एक स्थान पर बसने देते हैं, न कल-कारखानों को ही, जो एक जगह केन्द्रित होकर नगर को नरक बना देते हैं।...तुम तानाशाही की बात करते हो, लेकिन

मैं जानता हूँ तुम्हारे लोकतंत्र में सत्ता और धन के बल पर कैसी तानाशाही चलती है। मुझे यह बताओ, तुम्हारे लोकतंत्र में खास लोगों को ही सहूलियतें क्यों प्राप्त हैं...लाइसेंसों की, ऊँचे पदों की, ऊँची शिक्षा की? खास लोग गलत काम करते हुए भी क्यों पनपते हैं, और छोटी जनता ईमानदारी में भी क्यों भूखों मरती है? तुम जनता के हितैषी कहलाते हो, तो फिर तुम्हारे हाथ जनता को ठगनेवाले बेईमानों और धोखेबाजों पर उठते ढीलें क्यों पड़ जाते हैं? शायद इसलिए कि तुम्हारे हाथों की मजबूती इनकी मुट्ठियों में होती है!"

अ इन्द्र के दरबार से अपना-सा मुँह लिये हुए लौट आए। अपनी जिन्दगी में ऐसे जलील वे कभी नहीं हुए थे। नहीं, किसी से इस तरह याचना करने की नौबत ही नहीं आई थी। मात्र इशारे से बड़े-से-बड़े काम, गलत-से-गलत काम देखते-देखते हो जाते थे। फिर मकान की बात तो बिलकुल तुच्छ थी। उनके दूर के एक रिश्तेदार को राजधानी में एक अच्छे मकान की तलाश थी। काफी दौड़-धूप की उसने, लेकिन अच्छा-सा तो दूर, साधारण-सा भी नहीं मिल पाया था।

जब उन्हें यह मालूम हुआ, तो उन्होंने कुर्सी से बिना उठे ही उसे दिला दिया था। काफी अच्छा और औसत से कम किराये पर जिस सेठ को इसके लिए टेलिफोन किया था, पहले तो उसने कहा, "माफ करें। मैं कल ही एक मकान किराये पर उठा चुका हूँ। यदि आपने पहले सूचित किया होता तो...।" लेकिन कुर्सी ऐसी बातें सुन पाती है कभी! सुनकर कहा, "मुझे सपना तो नहीं आया था।" "ओह, नाराज न होइए श्रीमान! किरायेदार ने मकान अभी कब्जे में नहीं लिया है। मैं उसे मना कर दूँगा और उसका एडवांस लौटा दूँगा।" "क्या किराया है? सिर्फ पाँच सौ रुपये श्रीमान!" "पाँच सौ! अरे भाई, जनता को इतना तो न लूटो। मेरे रिश्तेदार के लिए चाहिए। पसन्द आया तो सौ रुपये से ज्यादा नहीं देंगे..." "श्रीमान जो उचित समझें दे दें।" फिर कुछ रुककर सेठ ने कहा, "क्षमा करें। आपको एक बात का स्मरण कराना चहता हूँ।" "अपने लाइसेंस का ही न? अगले हफ्ते आपका काम हो जाएगा।" दूसरे ही दिन उनके रिश्तेदार को मकान मिल गया था। जो बात वे औरों के लिए देखते-देखते कर देते थे, वही आज वे खुद अपने लिए नहीं करा सके थे। कैसी विडम्बना है!

"मैं इन्द्र को देख लूँगा।" घर को लौटते हुए अ ने बौखलाकर ब और क से कहा।

सुनकर ब बोली, "कैसे देख लोगे? आखिर इन्द्र यहाँ के सर्वेसर्वा हैं। बिलकुल उसी तरह, जैसे तुम धरती पर थे।"

"हम लोग सर्वेसर्वा नहीं, जनता के प्रतिनिधि थे।"

"फिर भी जनता तुम लोगों को गालियाँ देती ही थी।"

"तुम यह क्यों नहीं सोचतीं कि हम लोगों की भी मजबूरियाँ थीं।"

"मजबूरियाँ सिर्फ अपने और अपने लोगों के लिए नहीं थीं। फिर ऊँचे-ऊँचे नारों के समय ये बातें क्यों भूल जाती थीं?"

इस समय बाहर काफी कड़ी धूप थी। चलते-चलते अ की पेशानी पसीने से लथपथ हो गई थी। पसीना पोंछते हुए वे क से बोले, "साला, इस स्वर्ग से कभी छुटकारा मिल सकेगा!"

"अनाचार करो। आप ही अपदस्थ हो जाओगे।" क ने कहा।

अ ने यह सुन खुश होकर कहा, "सच, हम अनाचार से अपदस्थ हो सकते हैं?"

"क्यों नहीं," ब ने कहा, "यहाँ धरती जैसा नियम थोड़े ही होगा कि अनाचार तुम्हारे स्वर्ग को मजबूत बनाता चला जाए।"

अपना पसीना फिर से पोंछते हुए अ ने कहा, "यहाँ कम-से-कम टैक्सियाँ तो होनी चाहिए थीं।"

"कारें ही नहीं हैं यहाँ, तो टैक्सियाँ कैसे हों!" क ने कहा।

"क्यों न हम यहाँ एक कार का कारखाना शुरू करें। अच्छा धन्धा चलेगा।" अ ने कहा।

"तुम तो ऐसे कह रहे हो जैसे धरती से कोई बड़ी पूँजी बाँध लाए हो।" ब बोली।

"तो तुम समझती हो कारखाना खड़ा करने के लिए निजी पूँजी की जरूरत पड़ती है? हम पूँजी लोगों से एकत्र करेंगे।"

"कौन खरीदेगा तुम्हारे शेयर?"

"नहीं खरीदेगा कोई तो हम एडवांस में सेलिंग एजेंसियाँ बेच डालेंगे बड़ी रकमों पर। करोड़ों रुपया इकट्‌ठा हो जाएगा।"

"तुम्हारा कोई निकट का रिश्तेदार है यहाँ किसी प्रभावशाली पद पर, जिसकी धाक से एजेंसियाँ बेच दोगे?"

अ इसका जवाब नहीं दे सके।

कुछ देर तीनों मौन चलते रहे।

"तुम्हारे पैर चल-चलकर अब तक दो-चार इंच तो घिस ही गए होंगे।" ब ने मौन तोड़ते हुए कहा।

"पैर नहीं, जूते कहो।"

"पैदल चलनेवाले आदमी के जूते नहीं, पैर ही घिसते हैं। तभी तो वह वाहनों में दौड़नेवाले आदमी से अपने को छोटा महसूस करता है।"

"मैं अपने को यहाँ छोटा महसूस नहीं कर रहा हूँ।"

"इन्द्र के दरबार में तो जरूर किया होगा।"

"बड़ा वही नहीं होता जिसके हाथ में सत्ता होती है।" अ ने कहा।

"ओह, यह तो मैंने आज ही जाना।"

तभी पीछे से शशांक का रथ आ गया और इन लोगों को देखकर रुक गया।

रथ इन्हें लेकर जब चला, तो ब ने कहा, "इस तरह की लिफ्ट से आदमी को कितना सुख मिलता है!"

"हाँ, शशांक थे इसलिए यह लिफ्ट मिल सकी।" क बोले।

"हाँ भाई, लिफ्ट तो अपने ही आदमियों से मिलती है।" ब अ की ओर देख मुस्कुराती हुई बोली।

लेकिन अ को उस धूप में भी इस लिफ्ट से कोई सुख न मिला। उलटे उनका दिल इस पीड़ा से भर गया कि कहाँ वे लिफ्ट देते थे, कहाँ अब उन्हें दी जा रही है।

शशांक के घर से बिदा

भक्तों की एक कॉलोनी में अ, ब और क को अलग-अलग जगहें अलॉट हुईं। यह कॉलोनी इन्द्रपुरी से ज्यादा दूर नहीं थी। चित्रगुप्त की ओर से तीनों के बारे में इन्द्र के पास जो रिपोर्ट पहुँची थी, उसके आधार पर इन्हें जो जगहें मिलीं, उन्हें देखकर अ बुरी तरह तिलमिला उठे।

"इन्द्र ने ये क्वार्टर हमें क्या हरिजन समझकर दिये हैं?" अ ने तिलमिलाहट में कहा।

"क्यों, और यदि समझ भी लिया हो तो इसमें क्या बुराई है?" ब बोली।

"क्या हम हरिजन हैं?"

"अरे समाजवादी थे तुम धरती पर! हरिजनों को तो तुमने कभी बुरा नहीं माना।"

"हरिजनों को बुरा न मानने में बड़प्पन है, होने में तो छोटापन ही है।"

"तो तुम यह सिर्फ वोटों के लिए ही कहते थे कि हममें और हरिजनों में कोई भेद नहीं। जैसे आदमी हम हैं, वे भी हैं।"

"मैं जानता हूँ, ये क्वार्टर इन्द्र ने सरासर हमारा अपमान करने के लिए दिये हैं। मैं उनसे उलझ पड़ा था, इसलिए।"

"मैं नहीं मानती। मैं तो कहती हूँ, इन्द्र ने सचमुच ही हमें हरिजनों की बस्ती में क्वाटर दिये होते, तो मैं अपने को धन्य मानती।"

"तुम्हारा क्या, तुम कहीं भी रह सकती हो। मैं नहीं रह सकता। इन क्वार्टरों से तो बेहतर है, हम अलग से कहीं डेरा डाल लें।"

"छोड़ो इस ऐंठ को। कम-से-कम स्वर्ग में तो सामान्य आदमी की तरह जीना सीखो!"

"वैसे ये क्वार्टर इतने बुरे नहीं हैं।" क ने कहा।

"तो तुम्हें भी इन क्वार्टरों के बारे में एतराज़ नहीं है?"

"यह तो सोचो कि ये भी हमें मिल गए," क ने कहा, "चित्रगुप्त यदि हमारे खिलाफ रिपोर्ट भेज देते, तो जानते हो इसका नतीजा क्या होता?"

"अच्छा ही होता। हम धरती पर पहुँच जाते।"

"भूल जाओ धरती के सपने। नरक में कहो।" क बोले।

"उफ्, स्वर्ग में भी इतना भेदभाव!"

"हाँ, समाजवाद यहाँ भी है। तभी तो इन्द्र-जैसा भोगी महलों में रहता है और हम जैसे पुण्यवानों को ऐसे क्वार्टर देता है।" ब ने हँसते हुए कहा।

शशांक ने, विशेष रूप से शुभांगी ने इन लोगों को क्वार्टरों में जल्दी शिफ्ट नहीं होने दिया। शुभांगी ब का साथ इतनी जल्दी नहीं छोड़ना चाहती थी। दोनों में काफी घनिष्ठता पैदा हो गई थी। ब ने शुभांगी को धरती की तरह-तरह की वेशभूषा औरं केशभूषा की स्टाइलें सिखाई थीं। ब ने उसे बताया था, नारी की सुन्दरता उसके रूप में ही नहीं होती। नारी की खरी सुन्दरता उसकी वेशभूषा में, रंगरोगन और अंगविक्षेप में होती है। इनसे वह रूप के बिना भी सुन्दर-से-सुन्दर स्त्री का मुकाबला कर सकती है। स्वर्ग की स्त्रियों के बारे में उसने कहा, यहाँ की स्त्रियाँ भी सजती-फबती जरूर हैं, लेकिन उनकी स्टाइलें युगों पुरानी हैं। स्त्रियों को तो अपनी स्टाइलें और फैशन प्रतिवर्ष, बल्कि प्रति महीने बदल देने चाहिए।

शुभांगी ने ब के आदेश पर कई तरह के कपड़े सिलवा लिये—अलग-अलग दर्जियों से। अर्जेंट में। लेकिन उसे चुस्त कपड़े पसन्द नहीं आए। उन कपड़ों में अपने अंगों का उभार देखकर उसे स्वयं अपने-आप पर लज्जा हो आई। "अरे, इसमें लजाने की क्या बात है! अंगों का उभार ही तो नारी का सब

कुछ है।" ब के ऐसा कहने पर उसने कहा, "वह तो ठीक है, लेकिन कुलीन स्त्रियों के लिए यह अच्छा नहीं लगता। असभ्य लगता है।" "इसमें सभ्यता-असभ्यता की क्या बात है! बल्कि हमारी धरती पर तो वे ही स्त्रियाँ कुलीन और सभ्य कहलाती हैं जो अंगों के उभारवाले ऐसे चुस्त कपड़े पहनती हैं। जो इनसे नाक-भौं सिकोड़ती हैं, वे फूहड़ मानी जाती हैं।" "सच धरती तुम्हारी कितनी आगे बढ़ गई है!" "हमारे यहाँ नारी और बातों में भले ही पीछे रह ले, फैशन के मामले में हमेशा आगे रहती है। तुमने देखा न, नारी के गले और पीठ में कैसे कट होते हैं, उसके कपड़ों में कैसा कलर मैचिंग होता है और कैसा सिर पर बालों का कद्दू!" "स्वर्ग में सचमुच हम इतनी छोटी-मोटी बातें भी नहीं जानती हैं।" इसके बाद ब ने कहा, "मैं तुम्हें कपड़ों की ऐसी स्टाइलें बता सकती हूँ जिनमें लगे तुमने कपड़े पहने भी हैं और नहीं भी!" "ओह, कपड़ों की ऐसी भी स्टाइलें हैं!" शुभांगी ने आश्चर्य से कहा, "लेकिन इन्हें सिर्फ वेश्याएँ ही पसन्द करती होंगी?" इस पर ब बोली, "तुम समझती हो वेश्याओं ने ही अंग-प्रदर्शन का ठेका ले रखा है? किसी भी स्टाइल या फैशन को दिमाग से नहीं, सिर्फ आँख से देखना चाहिए। जो ऐसा नहीं करते, हमारे यहाँ वे असभ्य कहलाते हैं।" "ये पीठ के कट दुबली-पतली औरतें नहीं पहनती होंगी।" "क्यों, उनकी पीठ की हड्डियाँ दिखाई देंगी, इसलिए? तो इससे क्या? हड्डियों के पीछे वे फैशन में क्यों पीछे रह जाएँ! तुम नहीं जानतीं, दुबली-पतली हड्डियों की पीठ का भी एक निराला ही सौन्दर्य होता है। हमारे यहाँ तो इस तरह के सौन्दर्य का बाजारों में ही नहीं, गली-कूचों में भी रेला-सा बहता रहता है।"

एक दिन ब ने शुभांगी को इस बात की प्रतीति कराई कि वेशभूषा से अपने रूप में कैसा निखार आ जाता है। उसने उसे विशिष्ट स्टाइल के कपड़े पहनाए और सिर पर बालों का कद्दू बनाया। अपने ढंग से भौंहें, होंठ और गाल रँगे। फिर उसे साथ ले घर से निकली—ऐसे समय जब शशांक इन्द्र के दरबार से लौटता था। पहले तो शुभांगी ने बाहर निकलने में संकोच किया, लेकिन ब के यह कहने पर मान गई कि वे ज्यादा दूर नहीं जाएँगी।

कुछ ही दूर जाने पर सामने शशांक का रथ आता हुआ दिखाई दिया। रथ देखते ही ब ने शुभांगी से कहा, "शशांक से कोई बात नहीं करना तुम। जैसे उन्हें पहचानती ही नहीं हो।"

रथ उनके पास आते ही रुक गया। शशांक ने ब से कहा, "कहाँ जा रही हो? रथ में चली जाओ। कहो तो मैं ही पहुँचा दूँ।"

सुनकर ब मुस्कुराई। बोली, "धन्यवाद! मुझे विशेष दूर नहीं जाना है।"

रथ आगे बढ़ गया।

इधर ब कुछ और आगे जाने के बाद पिछले दरवाजे से घर लौटी और शुभांगी को उसके कमरे में बैठाकर शशांक के पास पहुँची।

"अरे, तुम लौट आईं! वह...वह तुम्हारे साथ कौन थी?"

"मेरी धरती की सहेली थी। आज ही अचानक भेंट हुई उससे।" ब ने कहा।

"कहाँ रहती है? मैंने तो उसे आज पहली बार ही देखा।"

"लेकिन उसने तुम्हें कई बार देखा है।"

"बड़ी सुन्दर है तुम्हारी यह सहेली!"

"शुभांगी जैसी सुन्दर तो नहीं," ब ने मुस्कुराते हुए कहा, "मिलना चाहते हो मेरी सहेली से?"

"तुम्हारी सहेली क्या सोचेगी!" शशांक ने कुछ सकुचाते हुए कहा।

"चाहो तो अभी मिल सकते हो। वह शुभांगी के कमरे में बैठी है।"

"शुभांगी के कमरे में! शुभांगी तो बाहर गई है।"

"मौका अच्छा है, मिल लो।"

और ब शशांक को शुभांगी के पास ले गई। शुभांगी से बोली, "ये तुमसे मिलने आए हैं माला! तुम्हारी सुन्दरता की तारीफ कर रहे थे। शायद तुम शुभांगी से भी सुन्दर हो। यानी इनकी पत्नी से।"

"क्या ऐसा कहा इन्होंने?" शुभांगी बोली।

और शुभांगी की आवाज से शशांक ने शुभांगी को पहचान लिया।

"ओह, शुभांगी तुम!"

"हाँ, मैं!"

"तुम तो इन कपड़ों में पूरी बदल ही गई हो। बड़े भले लगते हैं तुम पर ये कपड़े।...यह सारी करामात तुम्हारी मालूम होती है ब, मेरे साथ नाटक रचाने के लिए।"

यह कहते हुए शशांक ने पीछे मुड़कर देखा। लेकिन ब थी कहाँ वहाँ। देखते-देखते चुपचाप चलती बनी अपने कमरे में।

बाद में ब ने हँसते हुए शुभांगी से पूछा, "माला पति पर नाराज तो नहीं हुई?"

"नहीं ब," शुभांगी ने कहा, "पति का भला क्या दोष जब औरत ही इस तरह अपना रूप-रंग बदल ले।"

"देखी, कैसी है महिमा धरती के सजने-फबने की?"

"लेकिन पतियों को अच्छी नहीं लगती होंगी ये बातें। आखिर दूसरे मर्दों की भी तो नजरें पड़ती हैं।"

"खूब अच्छी लगती हैं पतियों को भी," ब ने कहा, "सभ्य सोसाइटियों में तो पतियों को इस बात का नाज होता है कि उनकी पत्नियों पर औरों की नजरें पड़ती हैं। ये नजरें उनके लिए जैसे पत्नियों की सुन्दरता का सर्टिफिकेट होती हैं। कुछ लोग तो इन सर्टिफिकेटों को कैश भी कराते हैं।"

"कैश कराते हैं, मतलब?"

"किसी दिन बताऊँगी?"

शुभांगी और शशांक इन लोगों को आखिर कितने दिन रोक सकते थे। एक हफ्ते...दो हफ्ते। अन्त में इन्होंने दोनों से इस आश्वासन पर बिदा ली कि जब भी वे याद करेंगे, आ जाया करेंगे।

इन्द्र के फरमान

अ ने क्वार्टरों को हरिजनों के क्वार्टरों जैसा कह दिया था, लेकिन इनमें आ ज़ाने पर इन लोगों ने देखा खाने-पीने और आराम की हर चीज वहाँ मौजूद है। सभी आवश्यक सामान पहले ही आ पहुँचा था। दासियाँ काम के लिए नियुक्त हो गई थीं। फिर जिस चीज की भी जरूरत उन्होंने पेश की वह फ़ौरन हाजिर हो गई। इस मामले में ये क्वार्टर मंत्रियों की कोठियों से किसी कदर कम नहीं थे।

स्वर्ग में पहुँचनेवाले हर व्यक्ति को कुछ-न-कुछ काम करना पड़ता है। यह काम उसे उसकी योग्यता और पिछले जीवन के रेकॉर्ड के आधार पर दिया जाता है।

अत: एक दिन अ को इन्द्र के दरबार से इस बारे में फरमान प्राप्त हुआ। अ ने जब उसे खोलकर पढ़ा तो पढ़ते ही रह गए। उसमें उन्हें घास काटने का काम दिया गया था। उन्हें लगा, जरूर कहीं कोई गलती हुई है।

उन्होंने फरमान वाहक से कहा, "अरे, तुम यह गलत जगह ले आए हो। किसी घसियारे के लिए है यह फरमान।"

"नहीं श्रीमान!" वाहक ने कहा, "गलत जगह नहीं लाया हूँ। यह आपके लिए ही है। आपका नाम साफ-साफ लिखा है इस पर।"

और अ ने देखा, सचमुच उनका ही नाम था उस पर। तो जरूर भूल से उनका नाम लिख गया है। यह सोचकर वाहक को तो उन्होंने बिदा किया और कुछ ही देर में वे स्वयं इन्द्र के दरबार में जा पहुँचे।

और जब सम्बन्धित अधिकारी ने उन्हें बताया कि फरमान पर नाम भूल से नहीं लिखा गया है, इन्द्र ने उनके लिए घास काटने का ही काम निर्धारित किया है, तो वे क्रोध से एकदम लाल हो उठे और बिना कोई सूचना दिये सीधे-सीधे इन्द्र के सामने जा पहुँचे। झल्लाकर बोले, "आपने मुझे क्या यह घास काटने का काम दिया है?"

इन्द्र ने एक क्षण उनकी ओर देखा और फिर पहचानकर बोले, "हाँ, कोई आपत्ति है?"

"मुझ-जैसे आदमी को घास काटने का काम!"

"तुम्हारा धरती का रेकॉर्ड देखकर ही दिया गया है।"

"आपने मेरे रेकॉर्ड में यही देखा कि मैं धरती पर घास काटता था?"

"तुम मंत्री थे न?"

"जी हाँ।"

"तो दिया गया काम गलत नहीं, ठीक ही है।"

"कैसे?"

"इसलिए कि तुम्हारी जनता की यही राय है कि तुम घास काटते थे।"

"जनता की राय गलत भी हो सकती है...नहीं, होती ही है।"

"जनता की राय और गलत! तुम्हारे यहाँ तो लोकतंत्र है न?" इन्द्र ने कहा।

"जी हाँ।"

"मंत्री किसकी राय से बनते हैं?"

"जनता की राय से और किसकी!" अ ने चिढ़कर कहा।

"तो जिस जनता की राय से तुम मंत्री थे, उसी जनता की राय से घसियारे कैसे नहीं बन सकते?"

अ से इस सवाल का जवाब नहीं बन पड़ा।

इन्द्र आगे बोले, "जनता के वोट-वोट तो सही, और गालियाँ-गालियाँ गलत!...क्यों? घसियारे की घास कम-से-कम पशुओं के काम आती है। तुम लोगों की घास तो पशु क्या, किसी के भी काम की नहीं होती।"

इतना कहकर इन्द्र ने अपने सामने की फाइल में सिर डाला। अ ने समझ लिया कि इन्द्र से अब और कुछ कहना बेकार है। वे सुनेंगे ही नहीं। अपने ऑफिस में अ जब किसी की बात ज्यादा नहीं सुनना चाहते थे, तो फाइल में इसी तरह सिर गड़ा देते थे।

मन-ही-मन झुँझलाए हुए वे वहाँ से निकल पड़े।

कॉलोनी में वापिस लौटने पर वे क के क्वार्टर पर पहुँचे। क को इन्द्र की ज्यादती की बात सुनाकर बोले, "तुम्हें भी मिला है कोई फरमान?"

"हाँ, मिला है।"

"क्या, वही घास काटने का?"

"नहीं, मुझे गड्ढे खोदने का काम मिला है।"

"गड्ढे खोदने का? सो कैसे? तुमने इन्द्र से शिकायत नहीं की?"

"मैं इन्द्र के पास नहीं गया। हाँ, इस विभाग के अधिकारी के पास गया था। उसने बताया कि जो काम तुम धरती पर करते थे, वही तुम्हें दिया गया है। मैंने कहा, मैं तो पार्टी का काम करता था और चुनाव के दिनों में अपने उम्मीदवार का प्रचार। गड्ढे नहीं खोदता था। इस पर उसने कहा—गड्ढे खोदना और क्या होता है। अपनी पार्टी और अपने उम्मीदवारों का काम करते समय क्या तुम जनता के लिए गड्ढे ही नहीं खोदते थे?"

"अब ये लोग क्या अपनी जनता के लिए गड्ढे खुदवा रहे हैं यहाँ?"

"चिढ़कर मैंने उससे यही सवाल किया था। बोला, नहीं श्रीमान! ऐसी कोई पंचवर्षीय योजनाएँ नहीं हैं हमारी। ये गड्ढे हम खाद तैयार कराने के लिए खुदवा रहे हैं।" क ने कहा।

"इन लोगों की खेती के लिए गड्ढे हम खोदें!"

"सत्ता है...जो करा ले।"

"कितने अन्धे हो गए हैं ये लोग सत्ता के मद में।"

"लगता है इस मामले में धरती और स्वर्ग में कोई फर्क नहीं।"

"इन्द्र ने हमें यह काम नहीं, दंड दिया है।"

"कुछ भी हो। अब स्वर्ग में आ फँसे हैं, तो करना ही पड़ेगा।" क बोले।

"उफ्, स्वर्ग और धरती में कितना फर्क है! वैसे भू-प्रदेश, जलवायु,

प्रकृति सब कुछ सुन्दर है यहाँ। बिलकुल हमारे देश-जैसी। लेकिन शासकों की नीति ने इस सुन्दर स्थान को...इस स्वर्ग को नरक बना दिया है।"

"हाँ, मैं भी यही सोचता हूँ," क ने कहा, "मैं तो अब इस निर्णय पर पहुँचा हूँ कि क्या स्वर्ग और क्या नरक, फर्क किसी लोक में नहीं, वहाँ के शासकों की नीति में होता है।"

"ब के बारे में मालूम हुआ, उसे क्या काम मिला है?"

"हाँ। उसे हम लोगों की तरह जंगलों में घास काटने या गड्डे खोदने का काम नहीं मिला है। उसे बागों में काम दिया है। गुलाब...सिर्फ गुलाब उगाने का"

"सिर्फ गुलाब उगाने का। मतलब?"

"मेरे साथ ब भी गई थी दरबार में। अधिकारी ने उसे बताया, तुम्हें भी तुम्हारे अनुरूप ही काम दिया गया है। तुम सिर्फ गुलाब उगाओगी...काँटो-भरा गुलाब। बोला, तुमने धरती पर काँटों-भरे गुलाब ही तो उगाए हैं। बेचारा जो भी तोड़ने के लिए हाथ आगे बढ़ाता था, गुलाब उसे मिला हो या न मिला हो, उँगलियाँ उसकी जरूर छिद जाती थीं।"

दूसरे दिन प्रातः नौ बजे जंगल में काम पर ले जाने के लिए अ के क्वार्टर के सामने बैलगाड़ी आ खड़ी हुई। अ अब तक सोकर भी नहीं उठे थे। जब गाड़ीवान ने उन्हें जगाया, तो रथ की जगह बैलगाड़ी देखकर उनके माथे पर बल पड़ गए। बैलगाड़ी में वे कभी बैठे न हों, ऐसी बात नहीं थी। चुनाव के दौरान कई बार बैठे थे, जब जीप किसी कारण फेल हो जाती थी। एक बार तो वे राजधानी में भी बैलगाड़ी में बैठे थे पेट्रोल की बचत के लिए। अपने बँगले से मंत्रालय को निकले थे। वे पेट्रोल की बचत कर सकें, इसके लिए उनकी बैलगाड़ी के पीछे-पीछे कैमरा सँभाले जीप भी चल रही थी। यह घटना राष्ट्रीय दृष्टिकोण से इतनी ऐतिहासिक थी कि प्रदेश का कोई अखबार नहीं बचा था, जिसमें उनकी बैलगाड़ी के फोटो न छपे हों।

कोई आध-पौन घंटे के बाद सब कामों से निवृत्त होकर वे बैलगाड़ी में जाकर बैठे, मन-ही-मन झल्लाते हुए। गाड़ी चली, तो सोचने लगे कि एक

बैलगाड़ी वह थी जिसमें वे राजधानी में बैठे थे और एक यह है। उस आलीशान गाड़ी के सामने यह गाड़ी स्वर्ग की होकर भी कैसी खटारा लगती है।...राजधानी में तो उन्होंने बड़ी शान से गर्दन ऊपर उठाए रखी थी, यहाँ वे लटकाए रहे। यहाँ कौन प्रेस-फोटोग्राफर थे। और होते भी तो क्या वे गर्दन उठा सकते थे? उन्हें लगा, उन्हें काम पर नहीं शूली पर चढ़ाने के लिए ले जाया जा रहा है।

शाम को ज्यों ही जंगल से लौटे तो सीधे बिस्तर पर जा पड़े। कमर बिलकुल टूट गई थी।

कुछ देर बाद जब क उनसे मिलने आए, तो अ की हालत देखकर बोले, "अरे, क्या बात है? तबियत तो ठीक है?"

"इस तबीयत को, लगता है इन्द्र मिटाकर रख देगा। काम पर जाना पड़ा आज। जंगल से घास काटकर अभी-अभी लौटा हूँ।"

यह सुनकर क ने परिहास किया, "जंगल से नहीं, मंत्रालय से कहो। कितनी काटी घास आज मंत्रालय में?"

"मैं कल से यह घास काटने नहीं जाऊँगा। मैं घसियारा नहीं हूँ। घास मैंने राजधानी में भले ही काटी हो, जंगलों में नहीं।" अ ने चिढ़कर कहा।

"काम कितना ही छोटा हो या कड़ा हो, हम इन्द्र का आदेश टाल तो नहीं सकते।"

"मैं तो टाल दूँगा। इन्द्र हमारा क्या बिगाड़ लेगा?" उठकर बैठते हुए अ ने कहा।

"तुम समझते हो इन्द्र का आदेश तुम्हारी सरकार का आदेश है कि भंग करते जाओ, और लोग और सरकार देखती ही रहे। फिर हम कोई ऊँचे तस्कर, मुनाफाखोर या करचोर भी तो नहीं, जो किसी तरह इन्द्र के काम आ सके।"

"क्या तुम भी गए थे आज काम पर?"

"हाँ, गया था। गड्ढे खोदते-खोदते मुझे लगा, हम स्वर्ग में नहीं, जेल में आ गए हैं सश्रम कारावास का दंड भुगतने के लिए।"

"स्वर्ग...स्वर्ग! साला, ये शासन करनेवाले लोग भले ही कह लें कि यह स्वर्ग है। उनके लिए होगा भी। औरों के लिए तो यहाँ की धरती एक बड़ी जेल ही है। शासकों की गलत नीतियों की दीवारों से घिरी हुई जेल।" अ ने कहा।

"अच्छा होता हम नीचे धरती के देवताओं को छोड़कर इन देवताओं को भजते।" क ने कहा।

"मैं तो बीमारी का बहाना बना दूँगा और कल से काम पर नहीं जाऊँगा। तुम भी यही बहाना बना दो।"

"लेकिन यह बहाना कितने दिन चलेगा?"

"जितने दिन चल जाए।"

अ ने बीमारी के बहाने का उपयोग धरती पर एक-दो बार बखूबी किया था। जिस दिन वे देखते अपने खिलाफ उठाए जानेवाले सवालों के जवाब उनसे नहीं बन पड़ेंगे, वे बीमारी का बहाना बनाकर सदन में पहुँचते ही नहीं थे। बीमारी उनके खिलाफ बीमार केसों पर एक अच्छी दवा सिद्ध होती थी।

अ ने आगे कहा, "यहाँ के कुछ डॉक्टरों को टटोलकर देखेंगे, ताकि वे यह सर्टिफिकेट दे दें कि हम घास काटने और गड्ढे खोदने के अयोग्य हैं। कोई भी शारीरिक श्रम ये कर नहीं सकते।"

"यहाँ ऐसे डॉक्टर मिल जाएँगे झूठा सर्टिफिकेट देनेवाले?" क ने कहा, "मेरा खयाल है यहाँ के डॉक्टर सिर्फ रोगी की चीरफाड़ करते होंगे, सच्चाई की नहीं।"

"साला, सच्चाई आदमी को कितनी मुसीबत में डाल सकती है, ये अड़ियल लोग क्या जानें!"

"खैर, तुमने जो कहा है वही करें हम लोग। बीमारी का बहाना बना लें और काम पर न जाएँ।" क ने कहा।

और दूसरे दिन अ और क काम पर नहीं गए। गाड़ीवान से कह दिया कि हम बीमार हैं। जब तक अच्छे नहीं हो जाते, काम पर नहीं जाएँगे।

इसका नतीजा यह हुआ कि एक हफ्ते बाद इन्द्र ने दोनों को दरबार में हाजिर होने के फरमान जारी किये।

क को यह डर था ही। अ से बोले, "अब क्या करें?"

"चिन्ता मत करो। मैं सब देख लूँगा।" अ ने कहा।

दोनों जब दरबार में पहुँचे, तो इन्द्र ने कहा, "तुम दोनों के बारे में शिकायत है कि काम पर नहीं जा रहे हो।"

"जी, हम काम पर नहीं जा रहे हैं।" अ ने निर्भीक होकर कहा।

"क्यों नहीं जा रहे हो?" इन्द्र ने चिढ़कर पूछा।

"हम बीमार हैं।"

"तुम लोग क्या सचमुच बीमार हो? किस वैद्य का इलाज चल रहा है?"

"देखिए महाराज," अ ने साफ-साफ कहा, "सच बात तो यह है कि हम लोगों को आपके दिये हुए काम पसन्द नहीं हैं। काम काम होना चाहिए, दंड नहीं।"

"हमें सीख देने की कोशिश मत करो," इन्द्र ने क्रुद्ध होकर कहा, "रचनात्मक कामों से मुँह मोड़कर कोरी सीख देने के कामों से धरती पर अघाए नहीं शायद? मुझे तो आश्चर्य यह होता है कि तुम-जैसे लोगों को स्वर्ग मिल कैसे गया! खैर, घास नहीं काट सकते, तो बताओ और क्या कर सकते हो? यहाँ हमारे पास चाँदी की कैंचियों से फीते काटने, लम्बे-लम्बे हवाई भाषण झाड़ने या बड़ी-बड़ी कागजी योजनाएँ बनाने और उनका प्रचार करने जैसे कोई काम नहीं हैं, जो हम तुम्हें दें।"

अ पहले ही भरे हुए थे। इन्द्र की बात सुनकर बोले, "हम इतने मूर्ख नहीं हैं जो किसी तानाशाह से इस तरह की उम्मीद करें। फीते काटने का सुअवसर तो आपको भी नहीं मिलता होगा, फिर हमें क्यों मिलेगा? और मिलेगा भी कैसे? स्वर्ग में निर्माण-कार्य चल रहे हों तो मिले भी। कितनी विचित्र बात है कि जिसे हम स्वर्ग कहते हैं, वहाँ युगों-युगों से जीवन का वही ढर्रा चला आ रहा है। उस ढर्रे को आप-जैसे तानाशाह बदलना ही नहीं चाहते। हमारे भाषणों और योजनाओं की आप हँसी उड़ाते हैं, लेकिन कभी जाकर देखिए तो हमारी धरती को। कितनी उन्नति कर दिखाई है हम लोगों ने वहाँ। हमारी इमारतें आपकी इमारतों को लज्जित करेंगी। हमारी सड़कों और उन पर दौड़ते किस्म-किस्म के वाहनों को देखकर आप दंग रह जाएँगे। आपके यहाँ साधारण होटल तक नहीं हैं। हमारे यहाँ के पॉश होटलों में एक बार रह लेंगे, तो अपने स्वर्ग के महल को भूल जाएँगे। इन होटलों की शराबों, इनकी कॉलगर्लों के सामने आपको अपना सोमरस, अपनी अप्सराएँ फीकी लगने लगेंगी। कैबरे डांस देखेंगे, तो कहेंगे इसे कहते हैं नृत्यकला, स्वर्ग की नृत्यांगनाएँ तो सिर्फ हाथ-पैर हिलाती हैं।"

अ ने देखा, इन्द्र के माथे पर बल पड़ गए हैं और एक-एक देवता कान खड़े किये और आँखें फाड़े उनकी ओर देख रहे हैं। लेकिन अ अभी रुके कहाँ थे। आज जैसे उन्हें पब्लिक प्लेटफार्म मिल गया था। आगे बोले, "हम धरती के लोग जिस स्वर्ग की प्रशंसा करते नहीं अघाते, उसे जब हमने अपनी आँखों से देखा, तो पाया कि वह स्वर्ग जंगलों, पहाड़ों और सपाट मैदानों के सिवाय कुछ नहीं है। जो कुछ है यह इन्द्रपुरी ही है। नदियों पर पुल तक नहीं हैं, बाँधों की तो बात कौन करे। बड़े-बड़े कल-कारखानों के अभाव में सारी प्राकृतिक सम्पदा यों ही पड़ी हुई है। मुझे तो ये सब बातें देखकर ऐसा लगा जैसे मैं मानवों की हज़ार-दो हजार वर्ष पहले की दुनिया में पहुँच गया हूँ। जिस स्थान पर तानाशाही होती है, वह इसी तरह पिछड़ा हुआ रह जाता है।"

इन्द्र के सामने आज तक किसी ने इस तरह बोलने की हिम्मत नहीं की थी। अतः अ के एक-एक शब्द के साथ उनका हृदय क्रोध से भरता गया। एक तो इस आदमी ने उनके आदेश की अवहेलना की और ऊपर से इस तरह अशिष्टतापूर्ण बातें सुना रहा है। इसे कड़े-से-कड़ा दंड दिया जाना चाहिए। ...लेकिन नहीं, क्रोध में आकर इस समय दंड देना न्यायसंगत नहीं। बाद में शान्त चित्त से ही इस पर विचार करना ठीक होगा। बस, यही सोचकर इन्द्र अचानक अपने सिंहासन से उठे और बिना कुछ कहे दरबार से चले गए।

अ को लगा, इन्द्र को उन्होंने जैसे निरुत्तर कर दिया है। तभी तो चुपचाप उठकर चले गए। उनका प्लेटफार्मी जोश अब जैसे और उफन उठा। उस उफान में अब वे दरबार में बैठे देवताओं की ओर मुड़कर बोले, "महाराज इन्द्र उठकर चले गए। उन्हें मेरी बातें अच्छी नहीं लगीं। कैसे लगें! तानाशाह शासक को खरी-खरी बातें हमेशा कड़वी लगती हैं। ये अपनी आलोचना सुन नहीं सकते।...फिर मेरे आरोप गलत नहीं थे। यदि होते, तो इन्द्र कुछ जवाब देते। हमारे यहाँ धरती पर लोकतंत्र में यदि शासक जवाब देने में अपने को असमर्थ पाता है, तो वह अपने पद से अलग हट जाता है। जनता फिर नया शासक चुनती है। हम धरती के लोग इन मामलों में बहुत आगे बढ़ गए हैं। आप स्वर्ग के लोग अब भी जहाँ-के-तहाँ हैं। आश्चर्य तो इस बात का है कि आप लोग देवता कहलाकर भी इन्द्र की हाँ-में-हाँ मिलाते हैं। क्यों नहीं आप सब मिलकर एक मजबूत संगठन बनाते और लोकतंत्र की माँग करते? इस

बात को मत भूलिए कि समूह में शक्ति होती है, ऐसी प्रचंड शक्ति जो बड़े-से-बड़े तानाशाह को भी झुका देती है। जागिए और अपने अधिकारों के लिए संघर्ष कीजिए। इन्द्र के खिलाफ ऊँची आवाज उठाइए, मोर्चे निकालिए और आवश्यकता पड़े तो हिंसा पर भी उतर आइए। मैं विश्वास दिलाता हूँ कि आप लोग यदि कमर कस लें और इन्द्र के खिलाफ जोरदार आन्दोलन शुरू कर दें, तो विजय आपको जरूर मिलकर रहेगी। इन्द्र को सारे अधिकार-सूत्र आपके हाथों सौंपने ही पड़ेंगे। सोचिए, आप सोचिए। ये बातें मैं अपने लिए नहीं, आप लोगों के अधिकारों के लिए सुना रहा हूँ। हमारी धरती पर एक अदना आदमी भी शासक बन सकता है। यहाँ आप अदने नहीं, देवता होकर भी नहीं बन सकते। कैसी विचित्र बात है और आप इस स्थान को स्वर्ग कहते हैं!"

देवतागण इन्द्र को सुनाए गए अ के भाषण से ही सहम-से गए थे, इस भाषण से तो जैसे भौंचक हो उठे। कैसे न होते। युगों से राजभक्ति के संस्कार जो उन पर थे।

अ को यह बात ताड़ते देर न लगी। वे सैकड़ों मंच तोड़ चुके थे, भीड़ के मानस को अच्छी तरह समझते थे। बोले, "आप लोग शायद पचा नहीं पा रहे हैं मेरी बातें। आपके राजा के खिलाफ जो बोला हूँ। हमारे यहाँ छोटे-से-छोटा आदमी भी इस तरह के भाषणों को सहज ग्रहण करता है। बल्कि वह स्वयं भी शासक को खरी-खोटी सुनाता है। गालियाँ तक देता है। लोकतंत्र इसे ही कहते हैं। हमारे लोकतंत्र ने जनता को भरपेट रोटी भले ही न दी हो, गाली का अधिकार जरूर भरपेट दिया है। सोचिए, महत्त्व पेट का है या अधिकारों का। मैं समझता हूँ कि आप पेट के लिए नहीं जीते हैं, और इसीलिए मेरी बातों पर गम्भीरता से विचार करेंगे। याद रखिए, जो डरता है वह रोटी भले ही भरपूर पा ले, भरपूर चोटी कभी नहीं पा सकता।"

इतना कहकर अ एकदम वहाँ से चल दिये। उन्हें इस बात का भी ध्यान नहीं रहा कि क भी उनके साथ थे।

लोकतंत्र का प्रचार और उसके लिए आन्दोलन

उस दिन, अ ने क और ब को अपने यहाँ बुला भेजा। तीनों ने साथ ही खाना खाया।

खाते समय अ ने कहा, "जानते हो, मैंने तुम लोगों को क्यों बुलाया है? सोचता हूँ, मैं यहाँ लोकतंत्र के लिए आन्दोलन करूँ।"

ब को क से इन्द्र के दरबार में घटी सारी बातें मालूम हो चुकी थीं। अ की बात सुनकर बोली, "चलो अच्छी बात है। तुम्हारे हाथों लोकतंत्र स्वर्ग के पास नहीं पहुँच सका, अब स्वर्ग ही लोकतंत्र के पास पहुँच जाएगा।"

"मेरी बात की हँसी मत उड़ाओ ब," अ ने कहा, "मैं सीरियसली कह रहा हूँ। मैं अपने कार्य में तुम लोगों का सहयोग चाहता हूँ।"

"इस आन्दोलन में हमारा साथ कौन देगा?" क ने कहा, "देवताओं से सहयोग मिलना असम्भव है। और जो नॉन-देवता हैं वे देवताओं के भक्त हैं।"

"क्यों नहीं मिलेगा देवताओं से सहयोग? अधिकार की लालसा किसे नहीं होती! सुखासीन लोगों में तो यही लालसा होती है। बस, जगाने की जरूरत होती है देशभक्ति के नाम पर। हमें ऐसी प्रचार-योजना बनानी होगी कि देवतागण धीरे-धीरे हमारी ओर आकृष्ट होते चले जाएँ। भक्तों को भी देवताओं से फोड़ना

होगा। और एक दिन मौका देखकर इन्द्र के खिलाफ भारी मोर्चा खोल दें। उसमें हमारा नारा होगा इन्द्र की तानाशाही मुर्दाबाद! स्वर्ग में लोकतंत्र होकर रहेगा।"

यह सुनकर ब ने कहा, "धरती पर सुना था कि आदमी को अपने मर्ज से मौत के बाद छुटकारा मिल जाता है। गलत सुना था।"

"यह कौन-सी बात बीच में टपक पड़ी?"

"अरे, अपने अधिकारों के मर्ज से तुम्हें यहाँ भी छुटकारा नहीं मिला।"

"देखो ब, तुम्हें यदि इन्द्र की चाकरी करनी है, तो खुशी से करो। मैं नहीं कर सकता।" अ ने चिढ़कर कहा।

"नाराज क्यों होते हो भाई! बतलाओ, मैं तुम्हें किस तरह सहयोग दे सकती हूँ?"

उस रात तीनों बड़ी देर तक बातें करते रहे और तीनों ने मिलकर स्वर्ग में लोकतंत्र के प्रचार आन्दोलन की एक ठोस योजना तैयार कर ली।

दूसरे दिन प्रात:. ब ने देखा, अपने घर के सामने शशांक का रथ आ रुका है। और ज्यों ही उसमें से शुभांगी को उतरते देखा, तो उठकर फौरन स्वागत के लिए दौड़ी।

"बड़ा शुभ दिन है आज का। कहो, कैसी हो?"

"अच्छी हूँ," अन्दर आते हुए शुभांगी ने कहा, "तुम अपनी सुनाओ।"

"इन्द्र की कृपा से अपनी तो अच्छी गुजर रही है," ब ने मुस्कुराते हुए कहा, "गुलाब उगा रही हूँ। बैठो। मैं दासी को चाय की कह आती हूँ।"

जब दोनों चाय पी रही थीं तो शुभांगी ने कहा, "कल तो अ ने इन्द्र के दरबार में खूब सुनाई। देवताओं में हलचल मच गई। शशांक सुना रहे थे। फिर क्लब में कल शाम यही विषय था देवताओं की जबान पर।"

"देवताओं को अ का व्यवहार अशिष्टतापूर्ण लगा होगा।"

"सभी को नहीं," शुभांगी ने कहा, "कुछ की प्रतिक्रियाएँ अनुकूल भी थीं, यद्यपि दबी जबान में थीं। कह रहे थे, कितनी हिम्मतवाला आदमी है यह जो इन्द्र की सत्ता को सीधे-सीधे ललकार सकता है। ठीक ही कह रहा था कि स्वर्ग में तानाशाही है। हम लोगों के, देवता होकर भी, बताइए क्या अधिकार हैं! बस, इन्द्र की आज्ञाओं का पालन करते रहिए। कुछ ने कहा, उस धरती पर जिसे हमने बनाया है, वहाँ छोटे-से-छोटे आदमी को भी अपना शासक

चुनने का अधिकार है...नहीं, शासक बनने का भी अधिकार है। और यहाँ स्वयं हमारे लोक में ऐसा कुछ नहीं है। बताइए, हम कभी शासन की बागडोर सँभाल सकते हैं! वहाँ पाँच वर्ष में चाहो तो शासक बदल दो। यहाँ युगों से एक ही आदमी का शासन चला आ रहा है। ऐसे आदमी का, जिसे हमने नहीं चुना है। बड़ी विचित्र बात है। कुछ लोगों ने यह कहकर समर्थन किया कि धरती के एक साधारण आदमी की बातें भले ही हों ये, हैं विचारणीय। देख नहीं रहे हो, स्वर्ग में जैसे सब कुछ ठहर गया है। कहीं गति ही नहीं है। आखिर कब तक चलेगा ऐसा?"

"इस बारे में तुम्हारा क्या खयाल है?" ब ने पूछा।

"मेरा खयाल! तुम तो जानती हो, धरती देखने की मेरी बड़ी अभिलाषा है। वहाँ जा नहीं सकती, तो कम-से-कम स्वर्ग पर ही धरती देखने को मिल जाए।" शुभांगी ने कहा।

"देखने को मिल सकती है शुभांगी, मिल सकती है," ब ने गम्भीर होकर कहा, "यदि हमें तुम-जैसे लोगों का सहयोग मिल जाए।"

"सहयोग, कैसा सहयोग?"

"किसी दिन तुम्हारे पास आऊँगी, तब बात करूँगी।"

"आना, जरूर आना," शुभांगी बोली और फिर उठते हुए कहा, "अच्छा, अब मैं चलती हूँ। और सुनो। मैं तुम्हें यह बताने आई थी कि अ जरा सावधान होकर रहें। शशांक बता रहे थे कि कुछ देवताओं ने अ के ख़िलाफ बड़ी बुरी-बुरी प्रतिक्रियाएँ प्रकट की हैं। इन्द्र के भक्त ये देवता उन्हें परेशान कर सकते हैं।"

"इस सूचना के लिए शत-शत धन्यवाद शुभांगी!" ब ने कृतज्ञता प्रकट करते हुए कहा।

पिछली रात अ और क ने यह भी तय किया था कि दूसरे दिन से दोनों काम पर जाना शुरू कर देंगे। यह इसलिए कि इन्द्र को लगे, इन लोगों ने अपनी गलती स्वीकार कर ली है, आप ही रास्ते पर आ गए हैं, जबकि इसके पीछे हेतु होगा धीरे-धीरे लोगों में अपनी योजना का प्रचार करना।

और शीघ्र ही तीनों ने अपना प्रचार-कार्य आरम्भ कर दिया।

"कितने दिन से घास काट रहे हो यहाँ?"

जंगल में कितने ही लोग घास काटते थे। दूसरे दिन अ जब काम पर गए तो घास काटते-काटते उन्होंने एक से पूछा।

"जब से स्वर्ग में आया हूँ।" उसने जवाब दिया

"क्या करते थे धरती पर?"

"सरकारी अस्पताल में डॉक्टर था।"

इन्द्र भी बड़ा घाघ है—अ ने मन-ही-मन कहा। ठीक ही काम दिया है इस डॉक्टर को। लेकिन एक सरकारी डॉक्टर स्वर्ग में आ कैसे गया? उम्र ज्यादा नहीं है। कहीं एक्सीडेंट वगैरह से तो नहीं चला आया इधर?

"क्या बात है, धरती इतनी जल्दी कैसे छोड़ दी?" अ ने उससे पूछा।

"टिटेनस हो गया था।"

"खुद डॉक्टर थे। इलाज नहीं कर सकते थे?"

"क्या बताऊँ। पीड़ा होती है मुझे कहते। अस्पताल के स्टॉक में इंजेक्शन नहीं थे। ऊँचे दामों मैंने ही बेच खाए थे एक-एक कर सारे। मुझी को जब जरूरत पड़ी तो मेरी करनी मेरे लिए ही जहर बन गई। जगह कस्बे की थी। शहर से मँगाया, तब तक काफी देर हो चुकी थी।"

"स्वर्ग किस आधार पर मिल गया तुम्हें?"

"अपने दरबार में यमराज बड़े खुश लगे मुझ पर। चित्रगुप्त से बोले, भाई इस व्यक्ति को हम स्वर्ग भेजेंगे। धरती पर मेरे लिए बड़ा सहायक सिद्ध हुआ है—उन मरीजों के मामले में, जिन पर मेरा बिलकुल बस नहीं चलता था।"

"ओह, तब तो तुम बड़े गुणी थे।...स्वर्ग में क्या घास ही काटते रहोगे?" अ ने अब अपनी मूल बात छेड़नी चाही।

"घास काटी क्या और जानें काटी क्या, मेरे लिए कोई फर्क नहीं पड़ता, जब तक नीचे की तरह यहाँ भी अपनी आराम से कट रही है।"

"हँसिया और चाकू में कोई फर्क नहीं है?"

"स्वर्ग में कोई काम छोटा नहीं माना जाता।"

"कौन कहता है ऐसा, इन्द्र? अरे, तुम इन्द्र को नहीं जानते। बड़ा काँइयाँ आदमी है यह। एक अच्छे-खासे डॉक्टर को मजदूर बना दिया। यह काँइयाँपन नहीं तो और क्या है?"

डॉक्टर सुनकर कुछ नहीं बोला। चुपचाप घास काटता रहा।

"तुमने धरती पर मजदूरों को देखा है? जरूर देखा होगा," अ ने बात का सिलसिला जारी रखते हुए कहा, "मजदूरों की यूनियनें देखी होंगी, उनके मोर्चे देखे होंगे?"

"हाँ-हाँ!"

"मजदूर जब अपनी माँगों के लिए लड़ते हैं तो शासकों को उनके सामने झुक जाना पड़ता है।"

"हाँ-हाँ, जानता हूँ।"

"क्यों न हम भी एक संगठन बनाएँ यहाँ इन्द्र के खिलाफ?"

सुनकर डॉक्टर पहले तो कुछ सहमा। फिर बोला, "क्या यहाँ भी संगठन बन सकते हैं?"

"क्यों नहीं," अ ने कहा, "किसी दिन इस बारे में मैं तुमसे बात करूँगा।"

लंच के समय अ ने देखा, निगरानी रखनेवाला देवता एक आदमी को पकड़कर लिये चला आ रहा है, उस ओर जहाँ सभी एक साथ बैठकर लंच लेते थे।

देवता ने जब उस आदमी को उन्हीं के पास ला बैठाया, तो अ ने देवता से पूछा, "क्या बात है? इसे इस तरह पकड़कर क्यों लाए?"

"अरे, बड़ी बुरी आदत है इसकी," देवता ने कहा, "मौका मिला नहीं कि हरे-भरे छायादार पेड़ों की टहनियाँ तोड़ना शुरू कर देता है।"

"क्या करते थे भाई धरती पर?" देवता के वहाँ से चले जाने पर अ ने उस आदमी से पूछा।

"वकील था।"

"ओह, तो अपनी आदत से मजबूर हो। नीचे हरे-भरे छायादार कानूनों की टाँग तोड़ते थे, यहाँ उसी तरह के पेड़ों की टहनियाँ तोड़ते हो।"

वकील सिर्फ हँस दिया।

दोनों जब लंच करने लगे, तो अ ने पूछा, "यहाँ क्या काम करते हो?"

"पास ही तालाब में जाल फैलाता हूँ मछलियों के लिए।"

"यह काम तुम्हें क्या समझकर दिया है इन्द्र ने?"

"इन्द्र ने मेरी वकालत का नहीं, पार्टी का काम देखा। मैं शासक दल का सक्रिय सदस्य भी था।"

"ओह, तो तुम मेरी ही पार्टी के थे। मैं नीचे एक राज्य का मंत्री था। लेकिन यह पार्टी के काम का मछलियाँ पकड़ने से क्या सम्बन्ध?"

"पार्टी में मेरा मुख्य काम अन्य पार्टियों की मछलियों पर जाल फैलाने का था। सो इन्द्र ने यहाँ भी वही मछलियों पर जाल फैलाने का काम दे दिया।"

"वाह खूब! इन्द्र का दिमाग भी खूब चलता है भाई!"

"मछलियाँ...मेरे जाल की मछलियाँ जैसे यहाँ मर जाती हैं, नीचे भी मर जाती थीं।"

"मर जाती हों," अ ने कहा, "तुम्हारा तो फायदा ही होता था।...हाँ, यह तो बताओ, वकील होते हुए भी तुम्हें स्वर्ग कैसे मिल गया?"

"भाई, धरती पर जब बीमार पड़ा, तो यमराज के एजेंटों को तगड़ी रिश्वत दी। इससे उन्होंने यमराज को कुछ दिनों टाल दिया। उस बीच मैंने स्वर्ग के कानूनों का अध्ययन किया। क्योंकि मैं जानता था, मौत के बाद मिलेगा मुझे नरक ही।"

"भाई, ये यमराज के एजेंट...स्वर्ग के कानून...अपने तो कुछ पल्ले नहीं पड़ा।"

"अरे भाई, डॉक्टरों का इलाज कराया और धर्म की पुस्तकें पढ़ीं। एजेंटों ने तो विश्वास दिलाया था कि हम यमराज की छाया ही पूरी तरह से टाल देंगे। लेकिन यमराज के ही एजेंट थे। अपने मालिक से बेवफाई थोड़े ही कर सकते थे।...जितने दिन यमराज को दूर रख सके, उस समय को मैंने जरा भी नहीं गँवाया और जितना बन सका, स्वर्ग के कानून पढ़ डाले।...बस, उसी अध्ययन के आधार पर यहाँ स्वर्ग में आ गया।...और फिर यह भी सोचो, जो आदमी औरों को फाँसी के फंदे से छुड़ाने की सिफत रखता था, वह खुद अपने को नरक के फंदे से नहीं छुड़ा सकता था! यमराज मेरी जिरह के सामने टिक नहीं सके।"

"तुम वाकई बहुत होशियार लगते हो।" अ ने कहा।

"देखो, यह दिमाग भगवान ने बनाया और मैंने इसका उसी के खिलाफ उपयोग किया। अपने इस दिमाग के कारण ही नीचे शासक दल के नेता चुनाव के दिनों में मेरे यहाँ भीड़ लगाए रहते थे।"

"क्यों?"

"वे सलाह लेने आते थे कि चुनाव जीतने के लिए कानून किस तरह तोड़े जाएँ, ताकि कानून की निगाहों में वे टूटे हुए न लगें।"

"तो यहाँ टहनियाँ तोड़ने की तुम्हारी ख्वाहिश पूरी नहीं हो पाती होगी, नहीं?" अ ने मौके का फायदा उठाने के नाते से सवाल किया।

"साला, यहाँ इन्द्र की हजार आँखें हैं न!"

"कितना अच्छा हो, इन्द्र की सारी आँखें फूट जाएँ।" अ ने कुछ धीमे स्वर में कहा।

"यह कैसे हो सकता है?"

"हो सकता है।"

और इसके बाद अ ने उस वकील को अपनी योजना कह सुनाई।

उधर गड्ढे खोदते हुए क अपने एक साथी से बात कर रहे थे—

"थक जाते होंगे गड्ढे खोदते हुए, नहीं?"

"हाँ भैया, क्यों नहीं।"

"धरती पर भी क्या गड्डे ही खोदते थे?"

"नहीं भैया! धरती पर मैं बड़े आराम की जिन्दगी बिताता था। हाथ-पैर हिलाए बिना ही पैसे की बरसात होती थी।"

"पैसे की बरसात! क्या करते थे?"

"फिल्म-निर्माता था।"

"स्वर्ग में आए हो। क्या धार्मिक फिल्में बनाते थे?"

"धार्मिक फिल्में!" साथी हँसा, "जानते हो, मेरा एक साथी जो केवल धार्मिक फिल्में बनाता था, नरक में गया है। उन फिल्मों से उसने पैसा नहीं, नरक बटोरा।"

"ओह!"

"मैं तो धड़ल्ले से मसाला फिल्में बनाता था। एक-एक इस तरह हिट होती थी कि बस कुछ न पूछो।"

"और फिर भी तुम स्वर्ग में आ गए?"

"कैसे न आता! हर फिल्म के बाद इतना दान-पुण्य करता था, मन्दिरों पर इतना चढ़ावा चढ़ाता था कि स्वर्ग के द्वार मेरे लिए आप ही खुल गए।"

"काले पैसे से ही दान-पुण्य करते थे न? यह काला पैसा भगवान ने स्वीकार कैसे कर लिया?"

"कैसे न करते! काला पैसा तो सरकार की नजरों में होता है, भगवान की नजरों में थोड़े ही।"

"यानी काला पैसा सिर्फ कानूनी पाप है, धार्मिक पाप नहीं?"

"बिलकुल नहीं। धर्म जब कानून में टाँग नहीं अड़ा सकता, तो कानून धर्म में कैसे अड़ा सकता है! भैया, मैं तो कहता हूँ, धरती पर जो अब थोड़ा-बहुत दान, धरम और पुण्य बचा हुआ है, मन्दिरों-मठों की जो चमक-दमक बची हुई है, वह काले धन की वजह से ही। जिस दिन काला धन नहीं रहेगा, धरम-करम का भी नाम-निशान मिट जाएगा।...सोचो तो भैया, मेहनतकश जब अपना पेट ही नहीं पाल सकता, तो धरम-करम क्या पाल सकता है?"

"स्वर्ग में तो आदमी को धरती का ही काम दिया जाता है। तुम फिल्म-निर्माता थे। तो फिर यह गड्ढे खोदने का काम कैसे मिला तुम्हें?" क ने कहा।

"देवराज की सत्ता को कौन चैलेंज कर सकता है! बोले, तुम फिल्में नहीं बनाते थे। लोगों के लिए गड्ढे खोदते थे। सो यह काम दे दिया।"

"अब जिन्दगी-भर यही काम करते रहोगे क्या?"

इस पर निर्माता ने कोई जवाब नहीं दिया।

"तुम कोई ऐसा गड्डा नहीं खोद सकते, जिसमें देवराज की सत्ता ही जा गिरे?"

"क्या...क्या ऐसा गड्ढा भी खोदा जा सकता है?" निर्माता ने उत्सुकतापूर्वक कहा।

"क्यों नहीं!"

"मुझे बताओ। मैं तो आज और अभी खोदने को तैयार हूँ।"

और इसके बाद क ने उसे अपनी स्कीम कह सुनाई।

शाम को बैलगाड़ी से जब घर की ओर लौट रहे थे, तो क गाड़ीवान से बोले, "गाड़ी तो बड़ी अच्छी हाँकते हो दद्दा! धरती पर क्या गाड़ी ही हाँकते थे?"

सुनकर गाड़ीवान ने एक लम्बी साँस छोड़ी और कहा, "हाँ, कह लो गाड़ी ही हाँकता था।"

"चेहरे-मोहरे से तो तुम गम्भीर और विद्वान लगते हो। मुझे तो नहीं लगता तुम गाड़ी हाँकते थे।"

"तुम्हारे लगने-न लगने से क्या। इन्द्र को तो यही लगा। वहाँ अच्छा-खासा वाइस-चांसलर था, लेकिन यहाँ इन्द्र ने फरमान सुना दिया—जाओ यहाँ भी तुम्हें गाड़ीवान नियुक्त किया जाता है।"

"वाइस-चांसलर क्या गाड़ीवान होता है?"

"इन्द्र कहने लगे—विश्वविद्यालय का खटारा चलानेवाले को गाड़ीवान न कहा, वाइस-चांसलर कह दिया, फर्क क्या पड़ता है!"

"दिमाग खराब है इस इन्द्र का," क ने कहा, "वाइस-चांसलर की क्या हस्ती है, जानता ही नहीं। हजारों छात्रों और सैकड़ों शिक्षकों का भविष्य उसके हाथ में होता है। शिक्षा को जिस रास्ते चाहे मोड़ सकता है।"

"मैंने जब उन्हें यह बताया, तो वे बोले—अरे मुझे बताओ तो, कभी मोड़ सके हो तुम अपने खटारे को किसी रास्ते अपने मालिक की मर्जी के बिना? छात्रों और शिक्षकों के भविष्य की बात करने पर कहा—उनका भविष्य तुम्हारे हाथों नहीं, उलटे तुम्हारा भविष्य उनके हाथों में था। खटारे में सवार छात्र जब भी चीखते-चिल्लाते थे, तुम्हारे प्राण सूख-सूख जाते थे। खटारे में जुते हुए शिक्षकों का दाना-पानी तुम पर नहीं, तुम्हारे मालिक पर निर्भर था। सो उन पर भी तुम्हारी आर नहीं चल पाती थी। पहियों की चर्र-चूँ तक बन्द करने का दम तुममें नहीं था, क्योंकि आँगन भी तुम्हारे नहीं, तुम्हारे मालिक के ही कब्जे में होता था।"

"इन्द्र बहुत ही काँइयाँ आदमी है, नहीं?"

"क्या बताएँ, स्वर्ग में आकर तो अपना भाग्य ही फूट गया।"

"यहाँ कोई वाइस-चांसलरी दे तो करोगे?" क अपनी बात पर आए।

"कैसी बात करते हो भाई! यहाँ कौन अपना रिश्तेदार रखा है मंत्रालय में!"

"क्यों, वहाँ कोई ऐसा रिश्तेदार था?"

"हाँ, चपरासी के पद पर था एक रिश्तेदार। सो कोई दिक्कत नहीं हुई। न होता तो पूरा जीवन लेक्चररी में ही खत्म हो जाता।"

"दिक्कत यहाँ भी नहीं होगी, यदि मेरी बात सुनो।" क ने कहा।

इस पर उस लेट वाइस-चांसलर ने एकदम उत्सुकता दिखाई, "क्या... क्या ऐसा कोई गुर है तुम्हारे पास?"

और क ने उसे गुर बताया!

ब ड्यूटी के बाद शाम को पैदल ही बगीचे से निकली। वह इन्द्रपुरी के ही एक बगीचे में काम करती थी। निकलने के कुछ देर बाद उसने आगे जाती हुई एक देव-स्त्री को आवाज दी, "शुभांगी, शुभांगी!"

उस स्त्री ने पीछे मुड़कर देखा। ब उसके निकट जाकर बोली, "माफ करें, मैं आपको शुभांगी समझ बैठी, अपनी सहेली। लेकिन आप बिलकुल शुभांगी जैसी ही हैं, उसी की तरह सुन्दर।"

ब पहले ही जानती थी कि वह महिला शुभांगी नहीं है, फिर भी जान-बूझकर उसने उसे उस नाम से पुकारा। सुन्दर भी वह शुभांगी-जैसी नहीं थी, फिर भी उसे सुन्दर कहा।

अपनी तारीफ सुनकर वह स्त्री खुश हो उठी। बोली, "कोई बात नहीं। ऐसी भूलें होती ही रहती हैं।"

"चलिए, भूल से ही सही, आपसे परिचय का अवसर तो मिला। आपका शुभ नाम?"

"नाम...नाम यहाँ रास्ते पर नहीं बताया जाता। घर चलिए। वहाँ मैं भी अपना नाम बताऊँ, आप भी अपना बताएँ।"

ब को यही तो चाहिए था। मन-ही-मन प्रसन्न हो उठी और उस स्त्री के साथ हो ली।

घर पहुँचने पर परिचय आदि के बाद देव-स्त्री ने दासी को सोमरस लाने के लिए कहा, "क्षमा करें, मैं सोमरस नहीं लेती।" ब ने कहा।

"चाय तो लेती हैं?"

"आप व्यर्थ क्यों कष्ट करती हैं!"

"इसमें कष्ट की क्या बात है!"

जब दोनों चाय पी रही थीं, तो देव-स्त्री ने कहा, "मुझे भी सोमरस की अपेक्षा चाय ज्यादा पसन्द है। आपकी धरती की यह चीज सचमुच बड़ी अनोखी है।"

ब जिस मौके की ताक में थी, वही उसके हाथ आ लगा। बोली, "धरती की

चाय ही क्या, और भी कितनी चीजें अनोखी हैं। यहाँ स्वर्ग में आ जाएँ तो स्वर्ग का कायापलट हो जाए। लेकिन नहीं, इन्द्र उन्हें कभी आने नहीं देंगे।"

"क्यों, इन्द्र भला क्यों नहीं आने देंगे?"

"इसलिए कि इन्द्र फिर इन्द्र नहीं रह जाएँगे। जानती हैं, हमारे यहाँ धरती पर लोकतंत्र नाम की एक ऐसी शासन-प्रणाली है, जिसमें जनता स्वयं अपना शासक चुनती है? जनता में से कोई भी व्यक्ति इन्द्र बन सकता है। यह प्रणाली यदि स्वर्ग में आ जाए, तो कल आप स्वयं इन्द्र की जगह ले सकती हैं।"

"क्या...मैं स्वयं!" देव-स्त्री ने आश्चर्य से कहा।

"हाँ। इसीलिए तो इन्द्र ऐसी बातों को स्वर्ग में आने नहीं देंगे। मैं तो कहती हूँ, स्वर्ग के देवताओं को अब जाग जाना चाहिए। उन्हें वे सारे अधिकार प्राप्त करने चाहिए, जो हम मानवों को धरती पर प्राप्त हैं।...किसी दिन मैं फिर मिलूँगी आपसे और इस बारे में आपके पति से बात करूँगी। मुझे विश्वास है कि वे हमारी लोकतांत्रिक शासन-प्रणाली को जरूर पसन्द करेंगे।...अच्छा, अब चलती हूँ।"

देव-स्त्री ब से इतना प्रभावित हुई कि वह उसे जाते हुए तब तक देखती रही जब तक वह आँखों से ओझल नहीं हो गई।

एक दिन एक देवता के घर में ब ऐसे ही घुस गई।

"कहिए, कौन चाहिए आपको?" देवता ने उससे पूछा। "क्षमा कीजिए। मैं समझी यह शशांक का महल है," ब ने कहा, "आपके यहाँ नेम प्लेटें न होने से ऐसी गड़बड़ हो जाती है।"

"आप शायद नई-नई आई हैं स्वर्गलोक में?"

"हाँ। मैं तो शशांक का महल खोजते-खोजते बिलकुल थक गई।"

"अरे, तो कुछ देर यहाँ विश्राम कर लीजिए।"

ब जब देवता के ड्राइंगरूम में जाकर बैठ गई, तो देवता ने कहा, "सोमरस लेंगी या अमृत?"

"अरे, मैं तो आपके यहाँ बरबस मेहमान बन गई।"

"नहीं, ऐसी बात नहीं। सोमरस मँगाता हूँ जिससे आपकी थकान दूर हो जाएगी।"

सोमरस पीते हुए ब ने देवता से उसका नाम पूछा।

"मुझे हिरण्यमय कहते हैं।" उसने बताया।

"ओह! कितना सुहावना नाम है। नाम के अनुरूप हैं भी आप।"

सुनकर देवता मन-ही-मन प्रसन्न हो उठा।

"आप धरती पर नहीं प्रकट हुए? मेरा मतलब, कभी कोई अवतार नहीं लिया?"

"नहीं, मुझे काम ही नहीं पड़ा।"

इस पर ब ने कहा, "लगता है धरती पर प्रकट होने का, अवतार आदि लेने का कुछ ही देवताओं ने ठेका ले रखा है!"

सुनकर देवता के कान खड़े हो गए। आज तक मानव-मुख से उसने कभी ऐसी बात नहीं सुनी थी। नहीं, स्वयं उसने भी कभी नहीं सोची थी।

ब पुनः बोली, "सभी देवताओं को धरती पर जाने का अवसर क्यों नहीं दिया जाता? कुछ ही देवता जाते हैं बार-बार! इससे हुआ यह कि धरती पर वही देवता पुजते रहते हैं, उन्हीं के मन्दिर बनते हैं, उन्हीं के उत्सव मनाए जाते हैं।...ये विष्णु क्या इन्द्र के खास देवताओं में से हैं? बार-बार इन्हीं को क्यों अवसर दिया जाता है अवतार लेने का? आपको क्यों नहीं, जबकि आप भी कोई छोटे-मोटे देवता नहीं? धरती पर हम लोग आपका नाम तक नहीं जानते। कैसे जानें, जब इन्द्र ने आपको धरती पर जाने का अवसर ही नहीं दिया! इस विष्णु में ही न जाने ऐसे कौन-से सुरखाब के पर लगे हैं! मैं नहीं समझती थी कि स्वर्ग में भी पक्षपात चलता है। क्यों न चले! तानाशाही जो है...तानाशाही धरती पर हो या स्वर्ग में, पक्षपात सिर उठाता ही है। क्षमा करें, आपने मुझे विश्राम के लिए बैठाया और मैं आपके स्वर्ग की व्यवस्था को बुरा-भला कहने लगी।"

"आपकी धरती पर सुना है, लोकतंत्र है?"

"हाँ, ऐसा लोकतंत्र, जिसमें जनता पाँच-पाँच साल में अपना शासक बदल सकती है। यही कारण है कि वहाँ का शासक इन्द्र की तरह मनमानी, पक्षपात या अन्याय नहीं कर सकता।"

"धरती की सचमुच कुछ बातें बड़ी अच्छी हैं।"

"यहाँ स्वर्ग में भी हो सकती हैं, यदि आप लोग चाहें। यदि सभी अपने अधिकारों के प्रति जाग्रत हो जाएँ। आप कहेंगे, मैं इन्द्र के खिलाफ प्रचार

कर रही हूँ।...मुझे भला इन्द्र से क्या लेना-देना है! बने रहें वे तानाशाह, मेरा क्या जाता है। मुझे तो दुख इस बात का है कि हम मानवों के मृत्युलोक में तो लोकतंत्र है और यहाँ...स्वर्ग कहे जानेवाले देवताओं के इस लोक में तानाशाही!"

"हाँ, लगती तो बात बड़ी अजीब है।" देवता ने अपनी प्रतिक्रिया व्यक्त की।

"क्यों नहीं देवता परस्पर संगठित होते और एक झंडे के नीचे आकर लोकतंत्र का नारा लगाते? धरती पर हम मानवों ने तानाशाही का या एकतंत्र शासन का खात्मा इसी तरह संगठित होकर किया है..."

हिरण्यमय के यहाँ से ब जब घर के लिए उठी, तो उसने मन-ही-मन कहा, अच्छा रहा आज का दिन भी।

अ ने अपने क्वार्टर पर एक क्लब शुरू किया। इस क्लब में ताश के साथ-साथ बैडमिंटन, टेबल टेनिस, लॉन टेनिस, कैरम आदि खेलों की व्यवस्था थी। देखते-देखते यह क्लब इतना लोकप्रिय हुआ कि शाम को इन्द्रपुरी की ओर से कितने ही रथ इस ओर दौड़ पड़ते। बैडमिंटन और टेनिस देवताओं और देव-स्त्रियों के लिए कौतूहल का विषय बन गए थे। उधर ताश के खेल में ब्रिज और रमी। कुछ लोगों को ब्रिज और रमी स्टेक के साथ खेलना अच्छा नहीं लगा। इस पर ब ने उन्हें बताया—ये खेल हमेशा स्टेक के साथ ही खेले जाते हैं। हमारी धरती पर इन्हें बिना स्टेक के खेलना पिछड़ापन माना जाता है। अतः प्रगत लोग स्टेक से खेलते हैं। आप भी प्रगत लोगों की भाँति हमेशा स्टेक से ही खेलें।

क्लब में विभिन्न विषयों पर चर्चाएँ भी होतीं। चर्चाओं के बीच अ, ब, क इन्द्र के खिलाफ लोकतंत्र की बातों को किसी-न-किसी बहाने घसीट लाते थे। आखिर क्लब उन्होंने इसी उद्देश्य से तो शुरू किया था।

अ, ब, क को इन्द्र के खिलाफ प्रचार शुरू किये एक वर्ष भी पूरा नहीं हुआ था कि एक दिन शुभांगी ने ब के पास आकर कहा, "एक अच्छी खबर सुनो बहन! कुछ देवता एक याचना-पत्र तैयार कर रहे हैं। इसमें वे इन्द्र से लोकतंत्रीय संविधान की माँग करेंगे।"

सुनकर ब खुशी से फूली नहीं समाई। बोली, "सच!"

"इन्द्र को यह याचना-पत्र स्वयं शशांक प्रस्तुत करनेवाले हैं। इसके लिए जो समिति बनी है, उसके वे अध्यक्ष हैं।"

"शशांक को लाख-लाख बधाइयाँ शुभांगी!" ब ने कहा, "मैं दावे के साथ कहती हूँ कि शशांक को अपने मिशन में जरूर सफलता मिलेगी। इन्द्र को झुकना ही पड़ेगा।" जो याचना-पत्र तैयार हुआ, कहना न होगा कि उसमें अप्रत्यक्ष रूप से अ का ही हाथ था।

याचना-पत्र देखकर इन्द्र हक्का-बक्का रह गए। विश्वामित्र या राजा बलि की तपस्याओं ने उन्हें इतना नहीं चौंकाया था, जितना इस माँगपत्र ने चौंका दिया। दूसरे ही क्षण उनमें इतना क्रोध भर आया कि उन्होंने उस पत्र के टुकड़े-टुकड़े कर देने चाहे। लेकिन विवेक नहीं खोया। शशांक से, जिसने उन्हें वह दिया था, बोले, "ठीक है। मैं विचार करके शीघ्र ही निर्णय करूँगा।"

रात को इन्द्र ने निजी कक्ष में अपने कुछ विश्वासपात्र देवताओं के साथ याचना-पत्र के बारे में बात की और कहा, "शशांक को यह क्या सूझी है? जरूर इसके पीछे किसी और का हाथ है।"

"मुझे लगता है," एक देवता ने कहा, "इसके पीछे अ का हाथ है। उस अ का, जिसे आपने घास काटने का काम दिया है और एक दिन दरबार में आकर आपके सामने तानाशाही...लोकतंत्र और न जाने क्या-क्या बक गया था।"

"इस अ ने अपने घर एक क्लब खोल रखा है," दूसरे एक देवता ने कहा, "वहाँ वह आपके विरुद्ध प्रचार करता रहता है।"

"तो इसकी सूचना तुमने मुझे पहले क्यों नहीं दी?" इन्द्र ने क्रुद्ध होकर कहा।

"हम नहीं समझते थे कि देवता लोग मानवों के बहकावे में आ जाएँगे।"

"शासक के विरुद्ध आवाज उठानेवालों का दंड है कारागृह।"

"शशांक और अ को कारागृह का रास्ता दिखाया जाए।" एक बुजुर्ग-से देवता ने कहा।

"हाँ, यही ठीक है," एक अन्य देवता ने समर्थन किया, "परम्परा से चली आ रही व्यवस्था को भला कभी बदला जा सकता है!"

दूसरे दिन शशांक और अ की गिरफ्तारी के फरमान जारी हो गए और उन्हें बिना इन्द्र के सम्मुख प्रस्तुत किये कारागृह में डाल दिया गया।

इन्द्र को लगा, याचना-पत्र को वे सहज ही पचा गए हैं, लेकिन उन्हें क्या पता, प्रजा से जुड़े मसले सहज ही नहीं पचाए जा सकते। इसका अनुभव उन्होंने शाम को उस समय किया, जब एक दासी ने उनके पास आकर कहा—एक बहुत बड़ा जनसमुदाय महल की ओर बढ़ा चला आ रहा है, आपके विरुद्ध चिल्लाता हुआ—हमारे नेताओं को मुक्त करो, इन्द्र की तानाशाही मुर्दाबाद, स्वर्ग में लोकतंत्र होकर रहेगा!

इन्द्र ने खिड़की में जाकर प्रत्यक्ष अपनी आँखों से देखा, तो सारे बदन को पसीना छूट आया। लेकिन शासक घबरा भी जाए, तो भी अपनी ताकत के अहसास को थोड़े ही भूल जाता है! अतः इन्द्र ने फौरन अपने रक्षादल के प्रमुख को फोन किया। जवाब में प्रमुख ने कहा, "आप चिन्ता न करें। आपकी सुरक्षा की व्यवस्था मैंने पहले ही कर दी है।"

"इन लोगों को आगे बढ़ने से रोको। मेरे महल तक न आ सकें।"

"कोशिश करता हूँ। लेकिन मोर्चे की प्रचंडता को देखते हुए काम जरा कठिन है।"

"वरुण से कहो—इन पर बादलों को छोड़ दो। बादलों के अँधेरे से डरकर लोग तितर-बितर हो जाएँगे।"

"जो आज्ञा।"

लेकिन मोर्चे पर बादलों का कोई असर नहीं हुआ। आन्दोलनकारी आगे बढ़ते ही गए।

"लाठी प्रहार करो। अगर इसका भी कोई परिणाम दिखाई न दे, तो अग्नि से कहो—इन लोगों पर ज्वाला की मार करो।" इन्द्र ने रक्षा-प्रमुख को नया आदेश दिया।

लेकिन ज्वाला की मार की नौबत नहीं आई। ज्यों ही लाठी प्रहार आरम्भ हुआ, मोर्चा पीछे हट गया।

इस मोर्चे का नेतृत्व कर रहे थे क, ब और शुभांगी। मोर्चा इस तरह संगठित था कि लाठी प्रहार की चिन्ता किये बिना वह इन्द्र के महल तक पहुँच सकता था।

लेकिन मोर्चा पीछे हट गया शुभांगी के कारण। लाठी-प्रहार आरम्भ होते ही ब के सिर पर भारी चोट पड़ी और बेहोश होकर जब वह गिर पड़ी, तो शुभांगी एकदम चिल्ला उठी, "भाइयो, बहनो, रुक जाओ। मोर्चा आगे नहीं जाएगा।"

अस्पताल में ब ने शुभांगी से कहा, "मेरे गिर जाने के कारण मोर्चा तुम्हें पीछे नहीं हटाना चाहिए था शुभांगी!"

"कैसे न हटाती बहन!" शुभांगी बोली, "लेकिन तुम चिन्ता न करो। हमारा आन्दोलन बराबर जारी रहेगा।"

और आन्दोलन सचमुच जारी रहा, जिसका इतिहास काफी लम्बा है।

संक्षेप में इतना ही कहा जा सकता है कि छिटपुट मोर्चे रोज ही निकलते रहे। सरकार की ओर से लाठी चलती, धर-पकड़ होती और आन्दोलनकारी जेलों में ठूँस दिये जाते। ब, क और शुभांगी ने इस बात का खयाल रखा कि उनमें से कोई गिरफ्तार न होने पाए। वे पीछे रहकर ही मोर्चे का संचालन करते। धीरे-धीरे कुछ ऐसी हवा बही कि इन्द्र से असहयोग आरम्भ हो गया। दरबार के छोटे-बड़े कर्मचारियों में, कारागृह के अधिकारियों में, यहाँ तक कि सुरक्षा-दल के अधिकारियों तक में असहयोग की यह भावना फैलती गई। इन्द्र परेशान हो उठे। खाने-पीने में रुचि जाती रही। चैन से नींद भी नहीं आती। अप्सराओं के नृत्य भी फीके लगने लगे। बस, परेशानी से छुटकारा पाने के लिए वे मदिरा के प्याले-पर-प्याले चढ़ाए रहते।

आखिर समझदारी से काम लिया इन्द्राणी ने।

इन्द्राणी ने इन्द्र से कहा कि समय के रुख को समझो। आँधी के सामने कोई नहीं टिक पाता, अच्छे-अच्छे धुरंधर धराशायी हो जाते हैं। इन्द्र फिर भी नहीं माने। हाँ, इन्द्राणी की इस बात पर जरूर राजी हो गए कि आन्दोलनकारियों को रिहा कर दिया जाए और नेताओं से बातचीत शुरू की जाए। हो सकता है, ऊँचे पदों के प्रलोभन में वे अपनी माँग त्याग दें।

लेकिन नेतागण प्रलोभन में नहीं आए। इन्द्र ने उन्हें सीमित सत्ता सौंपने की बात कही। नतीजा इससे भी कुछ नहीं निकला।

बातचीत का दौर एक हफ्ते तक चलता रहा।

आखिर, एक दिन इन्द्राणी ने ही नेताओं के सामने आकर घोषणा की, "इन्द्र ने आपकी माँगें स्वीकार कर ली हैं। स्वर्ग में लोकतंत्र की स्थापना होगी।"

अ, ब, क, शुभांगी, शशांक और सहयोगी नेताओं ने जब यह सुना, तो खुशी से फूले नहीं समाए।

इन्द्र और अ आमने-सामने

लोकतंत्र की घोषणा के बाद शीघ्र ही लोकतंत्रीय संविधान तैयार हो गया। संविधान समिति में अ और शशांक भी थे। संविधान के अन्तर्गत चुनाव समिति बनी और उसने मतदाता सूचियाँ तैयार कर शीघ्र ही चुनाव-तिथियों की घोषणा कर दी।

बस, अब क्या था। जोर-शोर से चुनाव-प्रचार आरम्भ हो गया।

साफ-साफ दो दल बन गए। एक इन्द्र का दूसरा अ का। दोनों दलों ने अपने-अपने उम्मीदवार तय किये और बाकायदा चुनाव फॉर्म भरे। इन्द्र की पार्टी की ओर से स्वयं इन्द्र उम्मीदवार थे और उनके सामने अ की पार्टी की ओर से स्वयं अ। अ की पार्टी से एक क्षेत्र के लिए शशांक भी खड़े हुए।

स्वर्ग में अ की हैसियत धरती से भी बढ़-चढ़कर थी। धरती पर मंत्री होते हुए भी चुनावपूर्व हर बार उनकी दशा दीन-हीन हो जाती थी। टिकट के लिए एक भिखारी की तरह हाथ फैलाना पड़ता था। बार-बार दिल्ली दौड़ना पड़ता था। दल के पदाधिकारियों के उलटे-सीधे ताने सुनने पड़ते थे। चुपचाप सुन लेते थे। (हाँ, सिद्धान्तों की बात उठती थी, तो खरा-खरा जवाब देने से भी न चूकते। एक बार चयन समिति ने उनसे कहा—इस बार अच्छे कार्यकर्ताओं को दिये जाएँगे टिकट। इस पर वे बोले—यह तो बड़ी अच्छी बात है। लेकिन अच्छे कार्यकर्ता चुनाव जीत जाएँगे? अव्वल तो वे आपको मिलेंगे ही नहीं।

...समिति इसका कोई जवाब नहीं दे सकी थी। इसी तरह एक बार जब उनसे कहा गया—अरे भाई, अब हमें देश के लिए कुछ करने दो, तो उन्होंने यह कहकर समिति का मुँह बन्द कर दिया था कि जरूर कीजिए, लेकिन पार्टी का भी ध्यान रखिए।) एक बार तो अपनी उम्मीदवारी पर पानी फिरते देख वे समिति के सामने रो पड़े थे। एक बार उन्होंने अध्यक्ष के घर जाकर उनके पैर पकड़ लिये थे। इस तरह हर बार चुनाव-टिकट उनके लिए जीवन-मरण का सवाल बन जाता था। अब यहाँ स्वर्ग में अपनी पार्टी के वे ही सर्वेसर्वा थे।

अ की पार्टी ने अपने चुनाव-घोषणा-पत्र में स्वर्ग की जनता के लिए एक पंचवर्षीय योजना का समावेश किया।

पूरी योजना अ ने ही तैयार की थी, हालाँकि वे कोई बड़े अर्थशास्त्री नहीं थे। वैसे इसके लिए एक विशेष कमेटी बनाई गई थी, जिसका अध्यक्ष धरती का एक जाना-माना अर्थशास्त्री था। उसने कई अच्छे-अच्छे सुझाव पेश किये थे। लेकिन अ उससे सहमत नहीं हो सके। नतीजा यह हुआ कि अध्यक्ष ने अपने पद से इस्तीफा दे दिया।

पूरी योजना तैयार हो जाने पर जब वह पार्टी पदाधिकारियों के सामने आई, तो कई लोगों ने उसे सन्देह की निगाहों से देखा।

"यह तो बड़ी भारी-भरकम योजना है भाई! क्या हम इसे क्रियान्वित कर सकेंगे?"

इस पर अ ने कहा, "देखो, योजना बनाते समय इस बात का विचार नहीं किया जाता कि उसे हम क्रियान्वित कर सकेंगे अथवा नहीं। योजनाओं के पीछे एक विशेष दर्शन होता है। वे ऐसी हों कि जनता पार्टी की ओर आकृष्ट हो जाए और वोट उसी की पेटी में डाले।"

"लेकिन इससे जनता एक बार वोट दे देगी, हर बार तो नहीं।"

"अगली बार हम कोई दूसरा जाल रचेंगे।"

"लेकिन पहली योजना पूरी न कर सकने के लिए क्या जवाब देंगे?"

"क्यों, हम कहेंगे हमने योजनाएँ सभी पूरी की हैं। देश ने आज इतनी प्रगति की है...प्रगति समय गुजरने के साथ इधर-उधर कुछ होगी ही...वह इन्हीं योजनाओं की बदौलत तो। कहेंगे, कुछ लोगों को प्रगति नजर नहीं आ

रही है। इन लोगों को सोचना चाहिए कि इतने विशाल और युगों से तानाशाही में रहे पिछड़े देश को उठाने में समय लगेगा। हमारे पास कोई जादू की छड़ी तो नहीं कि रातों-रात देश की हालत बदल दें।"

"ओह!"

"फिर प्रकृति के प्रकोप कहाँ जाएँगे। जब-तब वे भी हमारे बचाव के काम आ सकेंगे। बाढ़ और अकाल हमें उबार ले जाएँगे। योजनाएँ पूरी न होने के लिए हम विरोधियों को भी जिम्मेदार ठहरा सकते हैं। उनके हर कदम की, फिर वह कितना ही सही और जनहित में क्यों न हो, यह कहकर भर्त्सना करते रहें कि यह लोकतंत्र के खिलाफ किया जा रहा षड्यंत्र है। इससे जहाँ हम अपनी जिम्मेदारियों से साफ-साफ बच निकलेंगे, वहाँ विरोधी पक्ष भी बदनाम हो जाएगा।"

"ओह, किसी पार्टी में आप-जैसे अनुभवी हों, तो उसे भला आगे भी सफलता क्यों नहीं मिलेगी!"

दूसरे ने शंका की, "फिर भी जनता में जो लोग समझदार हैं, पढ़े-लिखे हैं, वे हमारी चालबाजियों को समझे बिना नहीं रहेंगे।"

"कितने-से होते हैं ऐसे लोग!" अ ने कहा, "चतुर राजनीतिज्ञ इस वर्ग को पूरी तरह खारिज कर देता है। तथापि इन लोगों को भी वश में करने का एक तरीका है। प्रत्यक्ष प्रचार के दौरान बताऊँगा।"

क चुनाव-प्रचार में माहिर थे ही। प्रचार-कार्य में लग गए। स्वयं खड़े होने को राजी नहीं हुए। अ ने उन्हें बहुत कहा, फिर भी नहीं। क ऐसे आदमियों में से थे जो प्रचार-प्रसार की धूम से औरों को शीर्ष नेता, अभिनेता या लेखक बना देते हैं, पर स्वयं अपनी कमजोरियों से डरते हुए कुछ नहीं बनते।

क जगह-जगह जाकर सभाएँ आयोजित करते। छोटी-छोटी सभाएँ किसी मन्दिर में, सराय में या किसी पेड़ के नीचे। लोगों से कहते, "अ बड़े कुशल राजनेता हैं। धरती पर वर्षों मंत्री रहे हैं। उनका मंत्रित्वकाल स्वर्णाक्षरों में लिखा जाने योग्य है। सच, कहाँ अ और कहाँ इन्द्र। इन्द्र की रग-रग में तानाशाही भरी हुई है। कल यदि उन्हीं के हाथों राज्य की बागडोर चली गई, तो आज की दबी हुई तानाशाही फिर सिर उठाएगी। देखिए, आज आपको अ की ही बदौलत अपना शासक चुनने का अधिकार मिल सका है। इसलिए स्वर्ग में

यदि लोकतंत्र की जड़ को मजबूती से जमाना है, तो आप उन्हें और उनकी पार्टी के सदस्यों को ही वोट दीजिए।"

ब का प्रचार देव-स्त्रियों में चल रहा था, "देखिए, अ अधिकारों के भूखे नहीं हैं। धरती पर बहुत भोग चुके हैं अधिकारों का सुख। उन्होंने अपने प्राण हथेली पर रखकर इन्द्र से जो खुली लड़ाई लड़ी, वह स्वयं अपने लिए नहीं, यहाँ के लोगों के लिए लड़ी है। आपकी गर्दनों पर युगों से लदा तानाशाही का जूआ उन्होंने उतार फेंका। वे तो चाहते थे, खड़े ही न हों, लेकिन लोग नहीं माने। बोले, इन्द्र से तो बस आप ही टक्कर ले सकते हैं। फिर उनके जैसा लोकतंत्र का अनुभव किसके पास है। वे ही लोकतंत्र की सरकार सुचारु ढंग से चला सकते हैं। इन्द्र तो अब तक तानाशाह रहे हैं! उनके हाथों सत्ता चली जाती है, तो लोकतंत्र को वे ताक पर रख देंगे और वही तानाशाही ढर्रे पर शासन करेंगे।"

क भक्तों की बस्तियों में भक्तों को सुनाते, "आप लोगों ने स्वर्ग के लिए धरती के सुखों का त्याग किया, लेकिन बदले में क्या सुख मिला है आपको यहाँ? स्वर्ग के देवता...इने-गिने देवता स्वयं तो यहाँ खूब सुख भोगते हैं और धरती पर अपने भक्तों से छोटे-छोटे सुखों का भी त्याग कराते हैं। कैसी विचित्र बात है! ठीक है। माना कि देवता धरती पर भक्तों की परीक्षा लेते हैं। लेकिन एक बार भक्त जब स्वर्ग में आ जाता है, तो देवताओं को उसके साथ भेदभाव का व्यवहार नहीं करना चाहिए। उसे वे ही अधिकार मिलने चाहिए जो देवताओं को प्राप्त हैं। अब आप देखिए। हम लोगों की यहाँ अलग बस्तियाँ हैं। इसी भेदभाव के कारण तो। भक्त तो देवताओं को अपने हृदय में स्थान दे और वे भक्त को अपनी नगरी में भी नहीं दे सकते! भेदभाव की ऐसी बात धरती पर नहीं देखी जाती। वहाँ की आदर्श व्यवस्था में छोटे-बड़े, अमीर-गरीब, पापी-पुण्यात्मा सबके साथ समान व्यवहार होता है। हम ऐसी ही आदर्श व्यवस्था इस स्वर्ग में कायम करना चाहते हैं। इसी तरह आप यह भी देखिए कि भक्तों को अपनी इच्छानुसार काम करने की स्वतंत्रता नहीं है। उन्हें वही काम करना होता है जो इन्द्र लादते हैं। उधर देवताओं को देखिए। अपनी मर्जी के काम करने को स्वतंत्र हैं। नहीं, वे चाहें तो काम ही न करें। इन विषमताओं का अन्त अब होना ही चाहिए। अच्छे-अच्छे गुणियों के गुण

यहाँ नष्ट हो गए। मैं गोस्वामी जी से मिला था। पूछा—आपने यहाँ कितने ग्रंथों की रचना की? बोले—एक की भी नहीं। मैंने कहा—क्यों नहीं, जबकि आपको यहाँ धरती से कहीं बेहतर सुविधाएँ प्राप्त हैं? इस पर जानते हैं उन्होंने क्या जवाब दिया? बोले—कोरी सुविधाओं से क्या होता है! यहाँ धरती-जैसा प्रेरणादायक वातावरण ही नहीं है! तो ऐसी रही हैं इन्द्र की नीतियाँ। ठीक है कि अब इन्द्र की वह तानाशाही नहीं रहेगी, फिर भी जो युगों से तानाशाह रहा है उसके हाथों में फिर से सत्ता का चला जाना खतरे से खाली नहीं..."

अप्सराओं के बीच ब ने इस तरह प्रचार किया, "आप स्वर्गलोक की सुन्दर स्त्रियाँ हैं। नृत्य और संगीत में निपुण हैं। लेकिन क्या आपको स्वर्ग में प्रतिष्ठा प्राप्त है? नहीं। केवल इसलिए कि आप इन्द्र की चाकर हैं, उनके दरबार में नाचती-गाती हैं। धरती पर भी आप-जैसी सुन्दर स्त्रियाँ हैं। आप जैसा ही नाचती-गाती हैं। लेकिन वे वहाँ बड़ा प्रतिष्ठापूर्ण जीवन व्यतीत करती हैं। ऐसा प्रतिष्ठापूर्ण कि औरों को उनसे ईर्ष्या हो उठती है। उनकी कला यहाँ की तरह दीवारों में बन्द नहीं रहती। रेडियो, टेलीविजन और फिल्मों के द्वारा देश-देशान्तरों में विस्तार पाती है। आप-जैसी सुन्दरियाँ जब फिल्मों में पहुँच जाती हैं, तो इतना नाम, इतना धन पाती हैं जो बड़े-से-बड़े गुणी को भी प्राप्त नहीं होता। लोगों के दिलों में बस जाती हैं, सो अलग। इनकी फिल्मों के पीछे ऐसी भीड़ उमड़ती है कि टिकट कई गुना ज्यादा दामों पर, ब्लैक में बिकते हैं। इन फिल्म अभिनेत्रियों के हजारों-लाखों फैन होते हैं। आपका है कोई फैन? कैसे हो? आपकी कला लोगों तक पहुँचती कहाँ है! वह तो इन्द्र के महल की दीवारों से टकराकर वहीं दम तोड़ देती है। इन्द्र ने आपको और आपकी कला को कभी मुक्त नहीं रखा। इसलिए कि वे तानाशाह हैं। फिर अपनी तानाशाही को बनाए रखने के लिए उन्होंने आपका जब-तब उपयोग किया। देखिए न, जब भी किसी ने उनका पद छीन लेने के लिए तपस्या की, उसे भंग करने को उन्होंने आप लोगों को भेजा। बदले में आपको क्या मिला? वही गुलामी-की-गुलामी प्रतिष्ठा को धब्बा लगता है, सो अलग। हाँ, लोकतंत्र में अब आप गुलाम नहीं रहेंगी। आपको अपने स्वतंत्र विकास का अवसर मिल सकेगा। लेकिन यदि इन्द्र ही कल गद्दी पर आसीन हो जाते हैं, तो कौन जाने ऐसा अवसर आपको मिल ही जाएगा। इसलिए आप लोग इन्द्र को नहीं, हमें

वोट दें। मैं विश्वास दिलाती हूँ, हमारी पार्टी आपकी कला को विकसित होने का पूरा-पूरा अवसर देगी। हमारी सरकार फिल्म-निर्माण को प्रोत्साहन देगी, जिससे आपकी कलाओं के व्यापक विकास का मार्ग खुल जाएगा। इस विकास में यदि आप शरीर का नग्न प्रदर्शन भी करें, तो हमें कोई आपत्ति न होगी।"

स्थान-स्थान पर आम सभाएँ आयोजित होतीं, जिनमें अ का भाषण इस तरह होता, "ये इन्द्र...ये इन्द्र खड़े हैं मेरे खिलाफ चुनाव में। जो व्यक्ति वर्षों तक तानाशाह रहा, क्या वह लोकतंत्र का शासन चला सकता है? इन्द्र के पास स्वर्ग के विकास की कोई योजनाएँ हैं? जो दृष्टि उन्होंने युगों-युगों नहीं पाई, वह रातो-रात कैसे पा लेंगे? महलों में भोग-विलास के सिवाय उन्होंने किया ही क्या है अब तक, जो आगे करेंगे? धरती पर हम लोग स्वर्ग की कामना करते हैं। इसके लिए कठिन-से-कठिन तपस्याएँ करते हैं। आखिर यही सोचकर तो कि स्वर्ग पाकर हमें सब कुछ मिल जाएगा। कहाँ है यहाँ वह सब कुछ? मैं जब स्वर्ग में आया, तो इस भूमि को देखकर हैरान रह गया। इतनी पिछड़ी हुई, इतनी अविकसित दशा तो हमारी धरती के किसी हिस्से में नहीं है। बड़े-बड़े उद्योगों-कारखानों, ऊँची-ऊँची इमारतों और तेज-से-तेज वाहनों की तो बात ही छोड़िए, यहाँ न नदियों पर पुल हैं, न जंगलों से गुजरती हुई सड़कें और न पहाड़ों पर डाकबँगले! यहाँ की प्राकृतिक सम्पदा यों ही बेकार पड़ी हुई है। न जंगलों से लाभ उठाया जा रहा है, न लोहे-कोयले की खदानों से। नदियों का पानी भी बाँधों के बिना यों ही बह जाता है। खेती भी यहाँ पुराने ढंग से होती है। किसानों के पास खेत जोतने के वही पुराने हल हैं और सिंचाई के लिए वही पुराने चरस। यदि यहाँ ट्रैक्टर न हों, बिजली से चलनेवाले पानी के पम्प न हों, तो खेती का नया ढंग किसान जाने कैसे? वह अपना माल भी वही पुरानी बैलगाड़ियों में ढोता है, क्योंकि यहाँ ट्रक-जैसा फुर्तीला वाहन ही नहीं है।

"आपकी इन्द्रपुरी की बात लीजिए। यह इन्द्रपुरी स्वर्ग की विकसित नगरी कहलाती है। विकसित! मुझे तो हँसी आती है, जब मैं लोगों को इसे विकसित कहते हुए सुनता हूँ। मैं आपको अब क्या बताऊँ! हमारी धरती पर ऐसी नगरियाँ पाँचवीं-छठी शताब्दी में होती थीं। आज के नगरों की तुलना में यह उनके पासंग में भी नहीं बैठती। आप यदि धरती के नगरों को देखें...वहाँ की सुख-सुविधाओं से युक्त इमारतें, चमकती हुई लम्बी-चौड़ी सड़कें, सड़कों

पर तेजी से दौड़नेवाले तरह-तरह के वाहन, किस्म-किस्म के फैशनेबल स्त्री-पुरुष, बाजारों में चमकती-दमकती दुकानें, बीसियों प्रकार की मदिराओंवाले पॉश होटल देखें, तो आप अनायास कह उठेंगे—स्वर्ग धरती के समक्ष एकदम तुच्छ है। आपके इस नागर जीवन में न फिल्म थियेटर हैं, न खेलों के स्टेडियम और न ही नाइट क्लब। मनोरंजन के नाम पर बस पुराने ढंग के नाटक-घर हैं। हमारे नाइट क्लबों में आप एक बार पहुँच जाएँ, तो वापस स्वर्ग को आना नहीं चाहेंगे। कहेंगे इससे बढ़कर स्वर्ग और कहाँ हो सकता है!

"शिक्षा के क्षेत्र में भी यहाँ कोई विकास नहीं। स्कूल-कॉलेजों में बस वही पुरानी भाषा संस्कृत पढ़ाई जाती है। कैसे विकास हो सकता है यहाँ की शिक्षा का, जब तक अंग्रेजी-जैसी भाषा नहीं पढ़ाई जाती। खत्म कर दो उस दकियानूसी संस्कृत भाषा को और उसके स्थान पर रखो अंग्रेजी। अंग्रेजी है तो आपके पास विश्व का विशाल ज्ञान है। कूटनीति, रणनीति और हड़पनीति का ही नहीं, सेक्स का, क्राइम का, बीटल-हिप्पियों की संस्कृति आदि सभी का। वह धुरंधर विद्वान भी मूर्ख है जो अंग्रेजी नहीं जानता और वह निपट मूर्ख भी विद्वान है जिसे अंग्रेजी आती है। यही कारण है कि धरती के स्कूल-कॉलेजों में अंग्रेजी को अनिवार्य तौर पर पढ़ाया जाता है। हम इस बात की चिन्ता नहीं करते कि छात्र अंग्रेजी सीखकर अपनी भाषा को और भाषा के साथ-साथ अपनी संस्कृति को हीन समझते हैं। भाषा और संस्कृति के मिथ्याभिमान के पीछे क्या हम विश्व का विशाल ज्ञान खो दें? हमारे कुछ भाषाभिमानी कहते हैं, विश्व का विशाल ज्ञान हमारी भाषाओं में भी विद्यमान है। मैं नहीं मानता और यदि मान भी लें कि विद्यमान है, तो भी हमारा मस्तक अंग्रेजी ही ऊँचा रख सकती है। यहाँ यूनिवर्सिटी भी एक ही है—सिर्फ इन्द्रपुरी में। भक्तों की बस्तियों में यूनिवर्सिटियाँ क्यों नहीं हैं? हम तो कहते हैं कि देहातों की भी अपनी-अपनी यूनिवर्सिटियाँ हों। यूनिवर्सिटियों का प्रसार ही तो यथार्थ में शिक्षा का प्रसार है। यही तो वे स्थान हैं जहाँ छात्रों को देश का राजनीतिक नागरिक—जिसे हम आदर्श नागरिक कहते हैं—बनने की शिक्षा मिलती है; छात्रसंघों के चुनावों, दावपेचों, आन्दोलनों, घेरावों आदि के द्वारा। फिर यूनिवर्सिटियाँ सचेत मस्तिष्कवालों को व्यस्त रखती हैं, जिससे उनका जीवन सुगम बनता है और सरकार का भी। ये यूनिवर्सिटियाँ परास्त राजनीतिज्ञों के

लिए भी अच्छी निद्राभूमि सिद्ध होती हैं। तात्पर्य यह कि यूनिवर्सिटियाँ हमारी विकास-शृंखला की महत्त्वपूर्ण कड़ी हैं।

"मेरा भाषण काफी लम्बा हो गया। अन्त में मैं आप लोगों से बस इतना ही कहना चाहूँगा कि आप लोग इन्द्र की नहीं, हमारी पार्टी को वोट दें। हम आपके लिए जितना कर दिखाएँगे, इन्द्र से वह कभी सम्भव नहीं। देखिए, ये वही इन्द्र हैं जिन्होंने जनता की लोकतंत्रीय माँग को क्रूरता से कुचल देना चाहा था। लेकिन जनता उनकी क्रूरता से डरी नहीं। अन्त तक डटकर मुकाबला करती रही और उनकी तानाशाही को जड़ से उखाड़ फेंका। देखिए, कल ऐसा न हो कि वे अपनी जड़ें फिर से जमा लें। अतः आप अपने वोट हमें दीजिए। मैं आपको विश्वास दिलाता हूँ कि हमारी सरकार 'स्वर्ग' को बिलकुल 'धरती' बना देगी। स्वर्ग का देखते-देखते कायापलट कर देगी। पार्टी की पंचवर्षीय योजनाएँ आप लोगों के सामने हैं। इन योजनाओं को क्रियान्वित करने में हम जी-जान लगा देंगे।...जय स्वर्ग!...आप लोग भी मेरे साथ ऊँची आवाज में तीन बार कहिए—जय स्वर्ग...जय स्वर्ग...जय स्वर्ग!"

हजारों की संख्या में उपस्थित जनसमुदाय अ के स्वर में स्वर मिलाता।

उधर इन्द्र का प्रचार भी जोरों से आरम्भ हो गया था। किन्तु चुनाव के मामलों में पूरी तरह अनभिज्ञ होने से वे और उनके दल के लोग जो कुछ भी करते थे, वह अ की पार्टी की नकल या अनुसरण ही होता था। देखा कि प्रतिस्पर्धी छोटी-छोटी सभाएँ करते हैं, तो उन्होंने भी उनका आयोजन किया। उन्होंने जगह-जगह पोस्टर चिपकाए, तो इन्होंने भी चिपकाए। उनके प्रचारक घर-घर पहुँचने लगे, तो इनके भी पहुँचने लगे।

लेकिन इन्द्र के सामने सबसे बड़ी समस्या उस समय खड़ी होती थी, जब उन्हें आम सभाओं में भाषण करना होता था। उन्होंने आज तक कभी भाषण नहीं दिया था। जरूरत ही नहीं पड़ी थी। उनकी पार्टी में भी ऐसा कोई नहीं था जो जोरदार भाषण...विशेष रूप से राजनीतिक भाषण दे सके। कई ऐसे भक्त भी उनकी पार्टी के सदस्य थे जो स्वर्ग में हाल ही के दिनों में आए थे और जिन्होंने धरती का प्रजातंत्र देखा था। किन्तु ये लोग भी भाषण-चतुर नहीं थे, क्योंकि राजनीतिक दाव-पेचों से सदैव दूर रहे थे। इन्द्र उस समय बड़े चिन्तित हो उठे जब इनमें से एक भक्त ने उनसे कहा कि आप भी सभाओं

में अ की तरह जोर-शोर से भाषण झाड़िए। लोकतंत्र में भाषण ही तो सब कुछ है। प्रतिस्पर्धी पर हमला करने का एकमात्र हथियार! लोकतंत्र में अन्ततः वही सफल होता है जो इस हथियार को बखूबी चलाना जानता है। 'लोकतंत्र' को एक प्रकार से 'भाषणतंत्र' ही समझिए। दूसरे शब्दों में इसे शब्दों की आतिशबाजी भी कह सकते हैं। इस अतिशबाजी में जनता को बढ़-चढ़कर खूब आश्वासन दीजिए, बिना इस बात की चिन्ता किये कि आप उन आश्वासनों को पूरा भी कर सकेंगे या नहीं।

इन्द्र आज तक भारी-से-भारी हथियार चलाने से नहीं डरे, लेकिन भाषण-रूपी हथियार से उंनकी रूह काँप उठती। और यही कारण है कि उन्हें अ और उनकी पार्टी के लोग उन दैत्यों से भी भयानक लगते, जिनको मार गिराने में उन्होंने वर्षों संघर्ष किया था। जब भी अ के भाषणों की गूँज उन तक पहुँचती, वे ऐसे विचलित हो उठते जैसे अ उन्हें अपदस्थ करनेवाले कोई तपस्वी ही हों। नहीं, उनसे भी बढ़कर। किसी ने सुझाया, क्यों नहीं वे अपने भाषण बृहस्पति से तैयार करा लेते? उनसे बढ़कर वाणी-सामर्थ्य किसमें है। इन्द्र मान गए। लेकिन उन्होंने जब बृहस्पति से कहा, तो वे बोले—भाई, मैंने अ के भाषण सुने हैं। मेरे पास वह वाणी कहाँ जो अ के पास है। अ की कुटिलता, उनका दाव-पेच, उनकी शब्द-चटुलता मैं आपके भाषण में ला सकने में असमर्थ हूँ।

कोई उपाय न देख इन्द्र ने अ के भाषणों के पैटर्न पर अपने भाषण तैयार करने का प्रयत्न किया, किन्तु कर नहीं सके। अ धरती की बातें सुनाते थे, वे कहाँ की सुनाएँ? अ उन्हें गालियाँ देते थे, क्या वे भी अ को गालियाँ दें?

आखिर इन्द्र को अपनी पार्टी में मेघनाद नामक एक ऐसा सदस्य मिल गया, धरती पर जिसका सारा जीवन राजनीति में ही व्यतीत हुआ था। वह बड़ा विद्वान था और अपनी पार्टी के कर्मठ सदस्यों में उसकी गणना होती थी, यद्यपि इसी कारण चुनाव-टिकट उसे कभी नहीं मिला था। वह एक प्रभावशाली वक्ता भी था। इन्द्र की पार्टी में देर से शामिल न होता, तो उसे यहाँ अवश्य टिकट मिल जाता। उसने शीघ्र ही इन्द्र के लिए अच्छे-अच्छे भाषण तैयार कर दिये और इस तरह इन्द्र की समस्या सुलझ गई।

अब क्या था। इन्द्र भी अ की भाँति धड़ल्ले से आम सभाओं में बोलने लगे। उनका पहला भाषण ही काफी प्रभावशाली रहा, जो इस प्रकार था—

"सज्जनो और देवियो, आप जानते हैं, स्वर्ग में अब पुराने शासनतंत्र का अन्त हो गया है और नये लोकतंत्र का संविधान बन गया है। इसी संविधान के अन्तर्गत अब आपको अपना शासक चुनने का अधिकार मिला है।...बड़ी अच्छी बात हुई है यह। आरम्भ में मेरा इसके लिए विरोध रहा। विरोध के कारण जनता में एक तूफान-सा खड़ा हुआ और अन्त में मैंने जनता की माँग स्वीकार कर ली। इस तूफान को लेकर मेरे प्रतिस्पर्धी मेरी बड़ी कटु आलोचना करते हैं और अपनी सफलता की डींग हाँकते हुए कहते हैं कि हमने इन्द्र की तानाशाही को जड़ से उखाड़ फेंका। लेकिन क्या इन्द्र वास्तव में तानाशाह था? एक उदार और जनहितैषी राजतंत्र को क्या तानाशाही कहा जा सकता है? तानाशाहों की भाँति यदि मैं अन्यायी और क्रूर होता, तो अ को उसी दिन कारागृह में डाल देता, जिस दिन उन्होंने भरे दरबार में तानाशाह कहकर मेरा अपमान किया था। कारागृह को नाना प्रकार की यातनाओं के आदेश जारी कर देता। लेकिन मैंने ऐसा नहीं किया। मुझे तानाशाह कहनेवाले और लोकतंत्र का डंका पीटनेवाले ये अ कितने निठल्ले और झूठे हैं, आप लोग नहीं जानते। मैंने जब इन्हें घास काटने का काम दिया, तो ये एक ही दिन काम पर गए और फिर हफ्ते-भर घर पर पड़े रहे। जब मैंने जवाबतलब किया, तो बीमारी का बहाना बना दिया। अपने देश के लोकतंत्रीय शासन के मंत्री रहे हैं न ये, निठल्लेपन और झूठ के संस्कार शायद उसी पद की देन हैं।

"अब ये स्वर्ग में मंत्री बनने के सपने देख रहे हैं। मैं इनसे कहता हूँ—महोदय, अच्छी तरह जान लीजिए, आप-जैसे लोगों की दाल यहाँ नहीं गल सकती। मक्कारी और झूठ धरती पर सफल हो सकते हैं, यहाँ स्वर्ग में नहीं। आपके भाषणों की जादूगरी धरती के लोगों पर चल सकती है, यहाँ स्वर्ग के लोगों पर नहीं।

"कहते हैं ये कि इन्द्र अपने महलों में भोग-विलास के सिवाय करते ही क्या हैं। कौन-से भोग-विलास देखे इन्होंने मेरे? मुझ पर विलासिता का आरोप लगानेवाले अ अपनी धरती की जिन्दगी क्यों भूल जाते हैं! मैं जानता हूँ, धरती पर ये मंत्री लोग किस प्रकार का जीवन व्यतीत करते हैं। देखिए, इनकी जनता फुटपाथों पर रात काटती है चिथड़ों में, और ये महलों-जैसी कोठियों में मोटे-मोटे गद्दों पर चैन से खर्राटे भरते हैं। इनकी जनता अन्न के

एक-एक दाने के लिए तरसती है और ये नाना प्रकार के व्यंजनों पर हाथ साफ करते हैं। इनकी जनता तन ढकने के लिए मोटे-धोटे कपड़े को रोती है और ये अपनी प्रतिष्ठा के लिए रेशमी खादी पहने घूमते हैं। जनता को कंगाल, दीन-हीन, जर्जर रखकर मंत्रियों के इस तरह के ठाट-बाट कहाँ तक उचित हैं...उसी जनता को अभावग्रस्त रखकर, जिसके वोटों से ये मंत्री बनते हैं? नदियों के बाँधों, बिजली के पम्पों और ट्रैक्टरों से खेती की बात करते हैं ये, अधिक उत्पादन की क्यों नहीं करते? विदेशों से अनाज इन्हें तब भी क्यों मँगाना पड़ता है?

"ये कहते हैं, स्वर्ग तो बड़ा पिछड़ा हुआ और अविकसित है। यहाँ न उद्योग-धन्धे हैं और न वे सारी बातें जिन्हें ये विकास के नाम पर गिनाते हैं। विकास...किसका विकास? आप लोग नहीं जानते। जिसे ये धरती का या अपने देश का विकास बताते हैं, वह देश के इने-गिने लोगों का विकास है। सड़कों पर इनकी कारें दौड़ती हैं, किन्तु सामान्य लोग सामान्य वाहनों के लिए भी परेशान हैं। नगरों में ऊँची-ऊँची इमारतें होती हैं, किन्तु सामान्य लोग सामान्य निवास के लिए तरसते हैं। चमक-दमकवाली दुकानों की भी बातें करते हैं ये, लेकिन उन नंगी-भूखी झुग्गियों की नहीं जो इन्हीं दुकानों की चमक-दमक की देन हैं।...विकास! मुझे हँसी आती है, जब ये विकास के नाम पर बढ़ते हुए फिल्मी थियेटरों, पॉश होटलों और नाइट क्लबों की बात करते हैं। इनके विकास की...प्रगति की क्या यही मंजिलें हैं? दीन-हीन लोगों के उद्धार से इनका कोई रिश्ता नहीं?

"यहाँ की शिक्षा पर भी ये लोग प्रहार करते हैं। कहते हैं, हटा दो उस दकियानूसी भाषा...संस्कृत को। उसके स्थान पर अंग्रेजी रखो। खूब, देशाभिमान हो तो ऐसा। अरे, अंग्रेजी से इतना प्रेम है, तो रखो अंग्रेजी भी, लेकिन अपनी भाषाओं को तो मत कुचलो। मैं जानता हूँ, धरती पर अंग्रेजी से इन्हें इतना मोह क्यों रहा। ये डरते थे कि यदि अंग्रेजी को, जिसने देश को ग्रस लिया है, हटा देंगे तो देश में दरारें पड़ जाएँगी। इनके व्यक्तित्व में इतना दम नहीं था, ऐसी ठोस राष्ट्रीयता नहीं थी कि सम्भावित दरारों को पाट सकते। धरती की यूनिवर्सिटियों की भी बड़ी बढ़-चढ़कर तारीफ करते हैं ये। मैं पूछता हूँ, क्या गाँव-गाँव में यूनिवर्सिटियाँ खोल देना ही शिक्षा की उन्नति का मानदंड है? मैं

आपको क्या बताऊँ! इनकी यूनिवर्सिटियाँ उस खटारे के समान हैं जो छात्रों को किसी निर्दिष्ट स्थान तक नहीं ले जाता। छात्र जब उस खटारे से उतरता है, तो अपने को निरा दिशाहीन और पंगु अनुभव करता है। यही कारण है कि इनके देश के छात्रों में भारी असन्तोष और अनुशासनहीनता है जिनका उल्लेख ये अपने भाषणों में भूलकर भी नहीं करते।

"इन्होंने स्वर्ग के उद्धार के लिए 'पंचवर्षीय योजना' की घोषणा की है। अ जरा बताएँ तो धरती पर चार-चार पंचवर्षीय योजनाएँ बनाकर कितना उद्धार कर लिया था अपने देश का? उद्धार यदि हुआ भी तो बड़े-बड़े उद्योगपतियों का, व्यापारियों का, ऊँची-ऊँची कुर्सियों पर आसीन सरकारी कर्मचारियों का और इनके पास के, दूर के रिश्तेदारों का। साधारण जनता तो उलटे पहले से ज्यादा भूखों मरने लगी। योजनाएँ हमारी भी हैं। लेकिन वे सीधी-सादी हैं। इनकी योजनाओं की भाँति जनता की आँखों में धूल झोंकनेवाली नहीं। प्रतिस्पर्धियों की भाँति हम यह भी घोषणा नहीं करना चाहते कि हम 'स्वर्ग' को 'धरती' बना देंगे। सच तो यह है कि स्वर्ग को हम स्वयं धरती नहीं बनने देंगे।...भुखमरी, बेकारी, अभावों आदि से भरी धरती! कैसी विचित्र बात है कि यही अ धरती पर वोट पाने के लिए कहते थे—हम धरती को स्वर्ग बना देंगे और आज यहाँ धरती का अधूरा चित्र पेश करते हुए कहते हैं स्वर्ग को धरती बना देंगे! और ज्यादा क्या कहूँ! मैं आप लोगों को विश्वास दिलाता हूँ कि जब मैंने एक बार लोकतंत्रीय संविधान स्वीकार कर लिया है, तो भविष्य में भी बराबर उसका पालन करूँगा। मेरी सरकार आपके अधिकारों और उन सारी सुविधाओं का, जिनसे आप हर दृष्टि से समृद्ध और प्रतिष्ठापूर्ण जीवन जी सकें, पूरा-पूरा ध्यान रखेगी। अत: आपसे निवेदन है कि आप अपने वोट मेरी ही पार्टी को दें और इस तरह मेरे तथा मेरे सहयोगियों के हाथ मजबूत बनाएँ।"

और कुछ ही दिनों बाद इन्द्र ने अनुभव किया कि उनके पैर चुनाव मैदान में धीरे-धीरे जमते जा रहे हैं।

इन्द्र जब तक आम सभाओं में नहीं बोले थे, अ खुश थे। लेकिन जब देखा कि वे भी उनकी तरह जमकर बोलने लगे हैं, तो बहुत विचलित हो उठे। वे यह सोचकर अत्यधिक व्यग्र हो उठते कि इन्द्र उनके हर मुद्दे का जोश-खरोश के साथ जवाब देते हैं। इन्द्र उनकी छोटी-से-छोटी कमजोरियों

को भी उघाड़कर रख देते हैं। वे सोचते, इन्द्र कहाँ से जानते हैं ये सब बातें? जरूर इनकी पार्टी में धरती का कोई ऐसा आदमी है, जो वहाँ के राजनेताओं की बारीक-से-बारीक बातें जानता है।

अ ने अपने भेदिये छोड़कर इस बात की खोजबीन शुरू की। और जब उन्हें मेघनाद का पता चला, तो उन्होंने उसे बड़ी चतुराई से अपने पास बुला भेजा।

अ ने उस वकील के मार्फत, जो यहाँ तालाब में मछलियाँ पकड़ता था, मेघनाद को अपनी ओर फोड़ने की कोशिश की। उसे पोलिटिकल सफरर के नाम पर पेंशन और ताम्रपट्ट देने, कोई ऊँचा पद बहाल करने या किसी बड़े उद्योग का लाइसेंस बख्शने के प्रलोभन दिये। लेकिन मेघनाद अध्यापक का चना निकला, जिसे अ का भाड़ फोड़ नहीं सका।

यह देखकर अ पागल-से हो उठे। मेघनाद जब लौट चला, तो अ ने फौरन अपने दो आदमियों को बुलाया और उनके कान में कुछ कहा। सुनकर वे आदमी हिचकिचाए। अ ने कहा—क्यों, हिचकिचाते क्यों हो? राजनीति में सब कुछ चलता है। फिर जान से थोड़े ही मार डालना है।

आखिर दोनों ने अ की बात मान ली।

शीघ्र ही दोनों मेघनाद के पीछे-पीछे चले और जब वह एक निर्जन पगडंडी से जा रहा था, अचानक उस पर डंडों से प्रहार कर दिया।

मेघनाद बेहोश होकर गिर पड़ा।

कोई दो घंटे के बाद जब उसे होश आया, गिरते-पड़ते वह इन्द्र के पास पहुँचा।

इन्द्र ने जब उसके मुँह से सारी बातें सुनीं, तो उन्होंने बस यही किया कि उसे आराम से एक बिस्तरे पर लिटाया और धनवन्तरि को फोन लगाया।

इन्द्र की पार्टी के कुछ सदस्य भी उस समय वहाँ मौजूद थे। मेघनाद की बातें उन्होंने भी सुनी थीं। सुनकर वे क्रुद्ध हो उठे थे। इन्द्र से उन्होंने कहा, "हम भी अब अ को देख लेंगे। उनकी लाठी का जवाब हम तलवार से देंगे।"

"नहीं-नहीं भाई!" इन्द्र ने अपना संयम बनाए रखकर कहा, "ऐसा नहीं होगा। ऐसा होना भी नहीं चाहिए।"

"क्यों नहीं? इससे तो वे हमें और मारते-दबाते जाएँगे।"

“भाई लोगो, यदि धौंस-डपट और लाठी-तलवार के बल पर ही हमें गद्दी पानी है, तो फिर यह लोकतंत्र का नाटक क्यों? पवित्र काम को अन्त तक पवित्रता से ही निभाना चाहिए।”

“इससे तो हम घाटे में रहेंगे।”

“यही होगा न कि हम हार जाएँगे। हार जाएँ। लोकतंत्र को बट्टा लगाकर यदि हम जीत भी जाते हैं, तो क्या वह हमारी वास्तविक जीत होगी? इस तरह की जीत को मैं छल मानता हूँ, देश के संविधान के साथ छल, देश की जनता के साथ छल। नहीं, मुझे ऐसी जीत नहीं चाहिए।”

“अ ने मारपीट करके राज्यापराध किया है। उन्हें कम-से-कम इसका दंड तो मिलना चाहिए।”

“हाँ, क्यों नहीं!” इन्द्र ने कहा, “लेकिन क्या आप लोग समझते हैं अ कानून की पकड़ में आ जाएँगे? वे इस तरह के कामों में माहिर लगते हैं, सो अपनी चमड़ी बखूबी बचा ले जाएँगे।”

अ के पास इन्द्र के खिलाफ कहने को कुछ नहीं बचा, तो उन्होंने उन पर वे आरोप लगाने शुरू किये, जिन्हें धरती पर विरोधी पार्टियाँ उनके दल पर लगाया करती थीं। उन्होंने सोचा, इन्द्र भी शासक दल के हैं। अत: जैसे उनके दल पर किये जानेवाले कई आरोप सही-सही होते थे, इन्द्र पर भी वे सही बैठेंगे।

इन्द्र पर उन्होंने इस तरह के आरोप लगाए—

“इन्द्र आज जो चुनाव-प्रचार में इतना पैसा झोंक रहे हैं, आखिर वह कहाँ से आया है? बड़े-बड़े उत्पादकों-व्यापारियों से चन्दे इकट्ठे किये गए हैं। बदले में कल इन लोगों को ऐसी सहूलियतें दी जाएँगी, जिनसे ये तो खूब फूले-फलेंगे, लेकिन जनता पिस जाएगी। ये लोग अनाप-शनाप कीमतें बढ़ाएँगे, चीजों का कृत्रिम अभाव पैदा करेंगे, लाखों-करोड़ों की कर-चोरी करेंगे। फिर भी सरकार इनकी ओर से चुप रहेगी। आकाशवाणी और दूरदर्शन का भी इन्द्र अपने दल के चुनाव-प्रचार के लिए दुरुपयोग कर रहे हैं। आकाशवाणी और दूरदर्शन वास्तव में समस्त राष्ट्र की वाणी हैं, किसी दल-विशेष की नहीं। अत: उनके प्रसारण में दल-विशेष को ही स्थान नहीं दिया जाना चाहिए। सभी दलों को समान रूप से न्याय मिलना चाहिए। फिर, विरोधी दलों के समाचार भी तोड़-मरोड़कर प्रसारित न किये जाएँ, जैसा कि इस समय हो

रहा है। आज वास्तव में 'आकाशवाणी' 'इन्द्रवाणी' और दूरदर्शन 'इन्द्रदर्शन' बनकर रह गए हैं।

"आकाशवाणी और दूरदर्शन की तरह इन्द्र सरकारी मशीनरी का भी अपने प्रचार-कार्य में धड़ल्ले से उपयोग कर रहे हैं। सरकारी अधिकारी और सरकारी रथ शासकीय कार्यों के बहाने इन्द्र के प्रचार के लिए इधर-उधर दौड़ते दिखाई देते हैं। स्वयं इन्द्र ने भी सरकारी दौरों का दौर बढ़ा दिया है, जिन पर सरकारी खजानों का लाखों रुपया फूँक रहा है।

"इस तरह वोटों को अपनी ओर खींचने के लिए इन्द्र उनसे जो-जो बन पड़ रहा है, कर रहे हैं। मुझे विश्वसनीय सूत्रों से ज्ञात हुआ है कि सरकारी कर्मचारियों के वेतन सम्बन्धी संशोधन के लिए शीघ्र ही एक वेतन आयोग की नियुक्ति की जा रही है। मिल-मजदूरों के लिए नये बोनस-सिस्टम पर भी अलग से विचार किया जाएगा। मैं कहता हूँ, क्या ये बातें वोटों के लिए ही नहीं हैं? वोटों के लिए नहीं, तो ये इसी समय क्यों? और भी सुनिए, अपने चुनाव-क्षेत्र में भारी उद्योग खड़े करने की बातें भी वे चला रहे हैं। तेल रिफाइनरी भी ये वहाँ खड़ी करना चाहते हैं। जरा सोचिए, तेल रिफाइनरियाँ तेल-क्षेत्रों में बननी चाहिए या वहाँ से सैकड़ों मील दूर अपने चुनाव-क्षेत्र में! बस, ये सब बातें जनता के वोट अपनी ओर खींचने की चालें हैं।"

अ के प्रचारक घर-घर जाते ही थे। बड़े-बड़े लोगों के यहाँ स्वयं अ जाते। इसके लिए उनके पास एक अलग रथ था। पार्टी ने प्रचार-कार्य के लिए कई अच्छे-अच्छे रथ खरीदे थे। एक हेलिकॉप्टरनुमा विमान भी। अ एक दिन क और ब को साथ ले बापूजी के यहाँ निकले। उनके यहाँ ये लोग आज दूसरी बार जा रहे थे। पहली बार ये नेहरू जी के सिलसिले में उनसे मिले थे।

लोकतंत्र का संविधान तैयार हो जाने के बाद अ जब अपना दल बनाने के काम में लग गए, तो एक दिन क ने कहा, "क्यों न हम नेहरू जी को अपनी पार्टी में ले आएँ?"

सुनते ही अ सहम उठे। नेहरू जी के प्रति उनके मन में सुप्त क्रोधभाव था। जब भी दिल्ली जाते, वे उन्हें बुरी तरह फटकारा करते थे। फिर उन्होंने

सोचा, नेहरू जी को अपनी पार्टी में लाने का मतलब होगा सब कुछ नेहरू। वे स्वयं कुछ भी न रह जाएँगे। आज वे जो प्रधानमंत्री बनने के सपने देख रहे हैं, वे तो चूर-चूर हो ही जाएँगे, साधारण मंत्री-पद भी शायद ही मिल पाए। ज्यादा-से-ज्यादा पार्टी का नेतृत्व दे देंगे। लेकिन स्वयं उन पर निर्भर रहने से पार्टी नेतृत्व भी बेकार की चीज है। उनकी हाँ-में-हाँ मिलाते रहो, बस।

अ ने कहा, "नेहरू जी तैयार नहीं होंगे।"

ब भी वहाँ थी। बोली, "क्यों तैयार नहीं होंगे। हम उन पर जोर डालेंगे, तो जरूर तैयार हो जाएँगे।"

"तुम लोग जानते नहीं। नेहरू जी रूलिंग पार्टी में रहे हैं और हमारी स्थिति अभी विरोधी पार्टी की है।"

इस पर ब ने कहा, "नेहरू जी जब कांग्रेस में शामिल हुए थे, उस समय क्या वह रूलिंग पार्टी थी? मैं तो कहती हूँ, नेहरू जी यदि हमारी पार्टी में आ जाते हैं, तो पार्टी की स्थिति बिलकुल रूलिंग पार्टी जैसी हो जाएगी।"

"हाँ," क ने समर्थन करते हुए कहा, "और इन्द्र यदि खड़े हुए, तो उनके खिलाफ नेहरू जी जैसा और कोई कैंडिडेट नहीं हो सकता।"

ये दोनों मेरे लिए गड्ढा खोद रहे हैं और कुछ नहीं...अ ने मन-ही-मन कहा, आखिर चिढ़कर वे उनकी बात पर राजी हो गए। बोले, "जैसी तुम्हारी मर्जी।"

उसी दिन शाम को तीनों रथ में सवार होकर नेहरू जी से मिलने गए थे।

नेहरू जी जिस कॉलोनी में रहते थे, वह वहाँ से काफी दूर थी। बापूजी, शास्त्री जी, मालवीय जी जैसे बड़े-बड़े नेता भी इसी कॉलोनी में रहते थे।

नेहरू जी का मकान बड़ा अजीब-सा था। अन्दर जाने पर इन लोगों को लगा, जैसे किसी जेल में आ गए हों। अ ने जब नेहरू जी को अपनी बात सुनाई, तो वे एकदम गम्भीर हो गए। बोले, "लोकतंत्र के लिए इन्द्र की तुम्हीं ने खिलाफत की थी?"

"जी!" अ ने गर्व के साथ कहा।

"अच्छा तमाशा रचाया तुमने यहाँ! इन्द्र के खिलाफ ऐसा जिहाद छेड़ दिया जैसे अंग्रेजों को ही देश से निकाल बाहर करना हो।"

अ को लगा, नेहरू जी के स्वर में स्वर्ग में भी कोई फर्क नहीं आया है।

"मेरा जिहाद इन्द्र के नहीं, उनकी तानाशाही के खिलाफ है।" अ ने कहा।

"तानाशाही के खिलाफ तो मैं भी हूँ," नेहरू जी ने कहा, "लेकिन इन्द्र की हुकूमत को तानाशाही नहीं मान सकता। उनके मुल्क में जो अमन-चैन है और रिआया की खुशहाली है, उसे देखकर मुझे फख्र होता है और सोचता हूँ कहीं मेरी हुकूमत का भी इन्तजाम ऐसा होता!"

"आप नहीं जानते पंडित जी, इन्द्र कैसी मनमानी करते थे।"

सुनकर नेहरू जी हँसे। बोले, "हुकूमत के साथ ऐसा होता ही है भाई! फिर वह किसी की भी हो।"

तभी ब ने मुख्य बात पर आते हुए कहा, "तो आप पार्टी में शामिल होने और इन्द्र के खिलाफ खड़े होने के बारे में क्या सोचते हैं?"

इस पर नेहरू जी बोले, "आप लोग इस बारे में बापूजी से बात कीजिए। अगर वे इजाजत दे दें, तो मैं पार्टी का सदस्य भी बन जाऊँगा और इन्द्र के खिलाफ खड़ा भी हो जाऊँगा।"

और इसके बाद ये लोग बापूजी से मिले थे।

बापूजी का निवास-स्थान निकट ही एक आश्रम में था।

जिस समय ये पहुँचे, बापूजी अन्दर एक कमरे में ध्यानस्थ बैठे हुए थे। दो परिचारिकाओं के सहारे बाहर आए।

तीनों ने उन्हें अपना परिचय दिया।

"बापूजी, आपका यह आश्रम तो बिलकुल वर्धा आश्रम जैसा है।" ब ने कहा। वह आश्रम देखकर सचमुच बड़ी प्रभावित हुई थी।

बापूजी हँस दिये। बोले, "हाँ। आप लोग तो जानते हैं मुझे वर्धा का आश्रम बहुत प्यारा था।"

"बापूजी," अ ने कहा, "आप आश्रम में रहते हैं, ठीक है। इन्द्र ने आपको उचित स्थान दिया है। लेकिन इन्द्र ने पंडित जी के साथ न्याय नहीं किया। कैसी जेल-जैसी जगह रहने को दी है। उन्हें तो वास्तव में इन्द्रपुरी में ही अच्छी-खासी कोठी दी जानी चाहिए थी।"

"जवाहर ने माँग ही नहीं की। और करता भी कैसे! वह जानता था इन्द्रपुरी में सिर्फ देवता रहते हैं।"

"इन्द्र को खुद इन्द्रपुरी में जगह देनी चाहिए थी। नियम महान पुरुषों के लिए नहीं होते।"

"लेकिन इन्द्र महान पुरुषों की कदर करना जानते हैं। आप लोगों को शायद नहीं मालूम? इन्द्र ने जवाहर को दरबार में मंत्री-पद देने की इच्छा प्रकट की थी।"

बापूजी की यह बात सुनकर अ का मुँह खुला-का-खुला रह गया।

ब ने कहा, "तो क्या आपने उन्हें इजाजत नहीं दी?"

"नहीं, ऐसी बात नहीं। जवाहर ने ही मना कर दिया। आप लोग तो जानते हैं, जवाहर की जिन्दगी या तो जेल में बीती है या देश के सर्वोच्च पद पर। अतः वह किसी छोटे-मोटे पद का प्रस्ताव कैसे स्वीकार कर लेता, भले ही इन्द्र की ओर से हो। अब वह जेल में ही बन्द रहता है।"

"जेल में!" ब ने आश्चर्य से कहा।

"हाँ, जेल में," महात्मा जी ने मुस्कुराते हुए कहा, "उसकी यह जेल अंग्रेजों की जेल नहीं है। इन्द्र की भी नहीं। इन्द्र ने तो उसे अच्छा-खासा मकान दिया था। उसी ने उसे जेल-जैसा करा लिया है।"

"क्यों, यहाँ तो अब आराम से रह सकते थे?"

"कहने लगा, मुझे किताबें लिखनी हैं बहुत-सी। और ये मैं जेल में ही लिख सकता हूँ। ठीक भी है। जो जेल के वातावरण में लिखता हो, वह अच्छे-खासे मकान में कभी नहीं लिख सकता।"

"बड़ी अजीब बात है।" ब ने कहा।

"अजीब कैसी! बिलकुल सीधी बात है। धरती पर आप लोगों ने बड़े-बड़े साहित्यकारों-कलाकारों को शायद ठीक तरह से देखा-परखा नहीं है। ज्यों ही वे जेलों से कोठियों में पहुँचे, कलाएँ उनकी कुंठित हो गईं...अच्छा यह तो बताओ, इन्दिरा का शासन कैसा चल रहा है?"

अ को बापूजी का यह सवाल सुनकर आश्चर्य हुआ। वास्तव में यह सवाल तो पंडित जी को करना चाहिए था। लेकिन शायद पंडित जी ने जान-बूझकर टाल दिया हो। यह समझकर कि इन्दिरा जो कुछ कर रही होगी, अच्छा ही होगा या इन्दिरा के बारे में ऐसे-वैसे लोगों से बात करना फिजूल है।

जवाब ब ने दिया, "बहुत अच्छा बापूजी! आपने सुना होगा, उन्होंने दुनिया के नक्शे पर एक नया देश बना दिया है।"

"हाँ-हाँ, सुना है। मगर देश की हालत कैसी है? उसमें कुछ सुधार हुआ?"

"बहुत बापूजी," ब ने कहा, "अब तो घर-घर ट्रांजिस्टर की धुन बजती है।"

"ट्रांजिस्टर की धुन मरने दो," महात्मा जी ने कहा, "मैं पूछता हूँ, खाने-पहनने को भी मिलता है या नहीं आम आदमी को?"

"अच्छी तरह से बापूजी," अ ने कहा, "इन्दिरा जी को पिछली बार लोकसभा में अस्सी प्रतिशत सीटें मिलीं, इसी बात से जाहिर है यह। हाल में उत्तर प्रदेश में भी बाजी उन्हीं के हाथ रही।"

"फिर यह गुजरात में इतना बखेड़ा क्यों हो गया था?"

"यह तो अराजकतावादियों के किये हुआ, निरी गुंडई!" अ बोले।

"सुनते हैं, आजकल बिहार में जोरदार आन्दोलन चल रहा है सरकार के खिलाफ, जयप्रकाश के नेतृत्व में?"

इस पर ब ने कहा, "बापूजी, क्या गुजरात का आन्दोलन और क्या बिहार का। एक बात तो साफ है, इन्दिरा सरकार ने जनता में एक चेतना, एक जागृति पैदा कर दी है जो इसके पहले कभी नहीं देखी गई थी।"

सुनकर बापूजी मुस्कुरा दिये। बोले, "काफी होशियार लगती हो तुम!"

"बापूजी, हम आपके पास एक काम से आए हैं।" अ अब अपने मन्तव्य पर आए।

और महात्मा जी ने जब उनका मन्तव्य सुना, तो सुनते ही उन्होंने मना कर दिया। बोले, "क्यों खदेड़ते हो जवाहर को पॉलिटिक्स में! धरती पर लोगों ने उससे कम काम नहीं लिया। उसकी कलम बिलकुल छुड़वा दी।"

सुनकर अ मन-ही-मन प्रसन्न हो उठे।

महात्मा जी आगे बोले, "एक जवाहर को लेकर तुम कहाँ-कहाँ नाचोगे? अरे, जवाहर तुम्हें इतना प्यारा है, तो स्वयं जवाहर क्यों नहीं बनते? लेकिन नहीं, तुम्हारी श्रद्धा आदमी में होती है, उसके काम में नहीं। अरे, किसी भी आदमी पर इतनी श्रद्धा मत करो कि वह मात्र श्रद्धा का पात्र बना रह जाए।

केवल पर्व-त्योहारों या अपनी जरूरतों के वक्त ही उसे याद किया जाए। तुम लोगों ने अति श्रद्धा करके हम लोगों की बड़ी छीछालेदर की है।"

"नहीं बापूजी, ऐसी बात नहीं।" अ ने सिटपिटाते हुए कहा।

"तो आप लोगों ने जहाँ-तहाँ हमारी प्रतिमाएँ क्यों खड़ी कर दी हैं? चुनाव के दिनों में ही हम लोगों को इतना क्यों याद किया जाता है?"

अ ने बापूजी को यह जताने के लिए कि वे उनके सिद्धान्तों में भी श्रद्धा रखते हैं, कहा, "बापूजी, आप पंडित जी को नहीं दे सकते, तो अपने स्लोगन ही हमें दे दीजिए।"

"स्लोगन! कौन-से स्लोगन?"

"सत्य और अहिंसा।"

यह सुनकर बापूजी ने चिढ़कर कहा, "सत्य और अहिंसा को क्या तुम मेरे स्लोगन समझते हो?"

"माफ कीजिए," अ ने स्थिति को सँभालते हुए कहा, "स्लोगन से मेरा मतलब सिद्धान्त था।"

"खैर, तुम उन्हें जो भी कहना चाहो कहो। मैं तुमको वे नहीं दूँगा। तुम उनका ठीक से इस्तेमाल नहीं करोगे। मैं जानता हूँ, चुनावी काम बन जाने के बाद दोनों को बचे हुए पोस्टरों की तरह किसी कोने में पटक दोगे।"

बापूजी के यहाँ से निकले, तो क ने सोचा—क्यों न शास्त्री जी को आजमाया जाए। उनसे भी पार्टी की प्रतिमा अच्छी बन सकती है। इन्द्र के मुकाबले वे भी कम जोरदार उम्मीदवार सिद्ध नहीं होंगे। अत: अ से बोले, "नेहरू जी तो हमें मिल नहीं सके। क्यों न हम शास्त्री जी के लिए प्रयत्न करें?"

"शास्त्री जी...शास्त्री जी बहुत ठिंगने आदमी हैं भाई!" अ ने टालने की दृष्टि से कहा।

"कैसी बात करते हो! ऊँचा आदमी ही ऊँचा होता है क्या? शास्त्री जी कद में छोटे हैं, पर ऊँचाई में हिमालय से कम नहीं।"

"हाँ, खूब ऊँचे हैं।...चलो।" अ ने छुटकारे का उपाय न देख कहा।

शास्त्री जी का क्वार्टरनुमा मकान नेहरू जी की 'जेल' के निकट ही था। ये लोग जब वहाँ पहुँचे और उनसे अपनी बात कही, तो उन्होंने कहा, "सदस्य तो मैं बन जाऊँगा। सवाल चुनाव में खड़े होने का है। नेहरू जी अगर

इजाजत दें, तो खड़ा हो...जाऊँगा आप लोग उन्हीं से खड़े होने के लिए क्यों नहीं कहते? उनके मुकाबले मैं क्या हूँ!"

"बापूजी नहीं चाहते कि वे पॉलिटिक्स में पड़ें।"

"पॉलिटिक्स में तो मैं भी नहीं पड़ना चाहता, भाई!...फिर भी आप लोग चाहते हैं, तो नेहरू जी से बात कर लें इस बारे में। हो सकता है, वे इजाजत दे दें।"

अ शास्त्री जी के लिए नेहरू जी से बात करने नहीं गए। क से बोले, "हम नेहरू जी के पास अब नहीं जाएँगे। वे कहेंगे, बापूजी से पूछो। और बापूजी के पास जाएँगे, तो वे वही पहले जैसा कोरा जवाब दे देंगे। ऊपर से उपदेश के घूँट पिलाएँगे सो अलग।"

इन्हीं बापूजी के पास अ आज दूसरी बार जा रहे थे—उनके वोट के लिए। बापूजी के वोट का मतलब था उंनकी कॉलोनी के सभी वोट। "मैं तुम्हें वोट दूँगा," बापूजी ने कहा, "लेकिन मेरी कुछ बातें तुम्हें माननी होंगी।"

"मानूँगा बापूजी! बताइए।"

"चरखे का एक कैलेंडर अपने यहाँ लटकाना होगा।"

"लटकाऊँगा बापूजी!"

"उस कैलेंडर की हर तारीख दो अक्तूबर होनी चाहिए।"

सुनकर ब मुस्कुरा दी।

"मैं समझा नहीं बापूजी!" अ ने कहा।

"मैं समझता हूँ, तुम्हारी यह ब होशियार है। वह समझा देगी। दूसरी बात। श्रमदान करते समय कैमरे की ओर नहीं देखोगे।"

"नहीं देखूँगा।"

"और ध्यान ही नहीं दोगे कि फोटो खिंच गया है।"

अ की समझ में यह बात भी नहीं आई, फिर भी उन्होंने कह दिया, "नहीं दूँगा।"

"तीसरी बात। जनसेवा नहीं करोगे।"

अ सन्न रह गए। बापूजी यह क्या कह रहे हैं।

"क्यों, मंजूर नहीं?" बापूजी ने कहा, "यह मत समझो कि मैं उलटी बात कर रहा हूँ। जनता के हित में मैं यही चाहता हूँ कि तुम जनसेवा भूलकर भी नहीं करोगे।"

"मंजूर है बापूजी, नहीं करूँगा।"

"चौथी बात। कार में बैठोगे तो खादी नहीं पहनोगे।"

"यह कैसे सम्भव है बापूजी! खादी तो हमारे शरीर की त्वचा है!"

"और कार?"

"कार तो प्राण है बापूजी!" ब ने कहा।

"तो मैं प्राण नहीं, त्वचा छोड़ने को ही तो कह रहा हूँ। आखिरी बात। चुनाव जीत जाने के बाद मंत्री-पद के मोह में नहीं पड़ोगे।"

सुनकर अ को काटो तो खून नहीं। जिस बात के लिए वे दिन-रात खून-पसीना एक कर रहे थे, वही बापूजी उनसे छीन रहे थे। मंत्री-पद से इन्हें इतनी घृणा क्यों है? मंत्री-पद तो देशसेवा का साधन है और उसी से दूर रहने को कह रहे हैं ये! यह तो जान-बूझकर पक्षी के पर काट देना हुआ।

अ को मौन देख बापूजी को जो समझना था, समझ गए। उठते हुए बोले, "अच्छा, सोचकर जवाब भेज देना। मेरा प्रार्थना का समय हो गया है।"

बापूजी पर मन-ही-मन खीझते हुए अ भी वहाँ से उठे।

एक दिन ये लोग विमान से गुसाईं जी और कबीर साहब से मिलने निकले। दोनों की यहाँ भी विशेष प्रतिष्ठा थी। गुसाईं जी के वोट के साथ सभी वैष्णव भक्तों और कबीर साहब के साथ सभी निर्गुण भक्तों के वोट मिल सकते थे।

जब ये लोग गुसाईं जी के यहाँ पहुँचे, उस समय बाबा बाहर आँगन में एक पेड़ के नीचे माला जप रहे थे। तीनों उनके सामने जमीन पर ही बैठ गए। अ ने कहा, "बाबा, हम आपके पास एक याचना के साथ आए हैं।"

बाबा की माला का फेर पूरा नहीं हुआ था, सो वे कुछ नहीं बोले।

"बाबा, हम केवल आपके नहीं, आपके साथ सभी भक्तों के वोटों की आशा से आए हैं।"

बाबा की माला का फेर पूरा हुआ, तो उन्होंने मस्तक से लगाकर उसे एक छोटी थैली में रखा।

अ बोलते ही रहे, "बाबा, आपके मानस की रचना को अभी-अभी चार सौ वर्ष पूरे हुए हैं। हमारी योजना है कि हमारी सरकार मानस-चतुश्शती बड़ी धूमधाम से मनाएगी। विश्वास रखिए, हम यहाँ धरती-जैसा चतुश्शती का केवल

नाटक नहीं करेंगे। हम खयाल रखेंगे कि इसमें पब्लिसिटी व्याख्यान देनेवाले विद्वानों को नहीं, आपको ही मिले। बस, आप अपने वोट हमी को दें।"

बाबा सुनकर मुस्कुरा दिये। फिर बोले, "यह झगड़ा आप लोगों और इन्द्र के बीच ही है न?"

"झगड़ा नहीं बाबा! हम लोगों के बीच चुनाव है।" अ ने कहा।

"हाँ-हाँ, मुझे मैथिलीशरण ने सब कुछ बता दिया है कि आपका चुनाव क्या है, लोकतंत्र क्या है। कहते थे, गद्दी के लिए पहले हथियारों से लड़ाई लड़ी जाती थी, अब प्रचार से लड़ी जाती है। जिसके प्रचार-हथियार में ज्यादा धार होती है, वही मैदान मार ले जाता है।"

अ ने जैसे उनकी बात नहीं सुनी। बोले, "आप तो जानते हैं मुगलों की तरह इन्द्र भी तानाशाह और भोगी रहे हैं।".

बाबा सुनकर एकदम गम्भीर हो गए।

अ को लगा जैसे बाबा पसोपेश में पड़ गए हैं। कहीं विष्णु पहले ही इन्द्र का प्रचार तो नहीं कर गए? विष्णु इन्द्र के स्टाफ रिपोर्टर थे। क्यों न होते! किसी मिशन पर बार-बार इन्द्र उन्हीं को जो भेजते थे। अब तक धरती के ही मिशनों में उन्होंने लाखों का भत्ता पीट लिया होगा। लोगों की मनों श्रद्धा और चढ़ावा रूप भेंट तो आज भी लूट रहे हैं। बाबा को कोई ऊँचा प्रलोभन दिखाए बिना काम नहीं बनेगा, यह सोचकर अ ने कहा, "बाबा, मैथिलीशरण ने 'साकेत' लिखा, सो हमने धरती पर उन्हें संसद में सदस्य मनोनीत किया था। आपने 'मानस'-जैसे महान ग्रंथ की रचना की है। अतः हमने सोचा है, हम आपको अपनी संसद में मनोनीत करेंगे।"

"धन्यवाद!" गुसाईं जी ने कहा, "आप लोगों ने मेरा मानस पढ़ा है?"

"जी, पढ़ा है।" अ ने धड़ल्ले से कह दिया।

"मैं, उसमें जो लिखा है, उस पर अमल भी करता हूँ। जानते हैं, मैंने एक जगह लिखा है, कोउ नृप होउ हमें का हानी।"

अ की समझ में नहीं आया क्या जवाब दे। स्थिति को सँभाला क ने। कहा, "वह तो आपने मन्थरा के मुख से चिढ़कर कहलाया है बाबा! फिर लोकतंत्र में अब इस उक्ति का कोई अर्थ नहीं रहा।"

"फिर बाबा, आपने यह भी तो लिखा है, पराधीन सपनेहु सुख नाहीं," ब बोली, "इन्द्र तो, सभी जानते हैं, तानाशाह थे। अब अगर वे जीत जाते हैं, तो फिर तानाशाह बन जाएँगे। और तानाशाही-जैसी भयावह पराधीनता और नहीं।"

तभी अचानक वहाँ नारद जी आ गए तम्बूरे पर 'नारायण-नारायण' कहते हुए।

नारद जी को देखते ही ये लोग एकदम चुप हो गए। नारद जी खास 'नारायण' के आदमी जो थे।

"कहो, कैसे आगमन हुआ इधर?" नारद जी ने तम्बूरे पर उँगली मारते हुए इन लोगों से पूछा।

बड़े घाघ हैं ये नारद। सब कुछ जानते हैं। फिर भी पूछ रहे हैं। अ ने बात बनाते हुए कहा, "बस्ती का यह हिस्सा बड़ा सुहावना है, सो देखने चले आए थे। क्यों न हो सुहावना, जब यहाँ बाबा-जैसे सन्त बसते हों।" और क को उठने का इशारा किया।

"अच्छा बाबा, चलते हैं," क ने उठते हुए कहा और फिर नारद जी से बोले, "इधर नदी की ओर प्रकृति की शोभा, कहते हैं बड़ी मनोहारी है। उसे भी देख लें।"

"हम गुसाईं जी के यहाँ फिजूल आए," बाहर आने पर अ ने कहा, "पहले ही दिमाग में नहीं आया कि ये उस राम के उपासक हैं जो विष्णु के अवतार हैं। उन्होंने हमें कितनी सफाई से कोरा जवाब दे दिया, कोउ नृप होउ हमें का हानी। देखेंगे कैसे तटस्थ बने रहते हैं ये।"

जब उनका विमान कबीर साहब की ओर निकला, तो अ बोले, "मैं समझता हूँ, कबीर गुसाईं जी से ज्यादा समझदार होंगे।"

"कैसे?" ब ने पूछा।

"तुलसी में साम्प्रदायिकता है। मूर्तिपूजक जो ठहरे। कबीर ऐसे नहीं हैं। जात-पाँत का भेद कहाँ मानते थे। फिर वे निर्गुणोपासक थे।"

"इधर कबीर का अध्ययन किया था क्या?" ब ने पूछा।

"तुलसी ने रामचरितमानस क्या लिख दिया, अपने को महान कवि और सन्त मानने लगे। और यह रामचरितमानस ऐसा श्रेष्ठ काव्य है भी नहीं। बंगला

विद्वानों ने तो इसे साहित्यिक दृष्टि से असफल रचना माना है। कबीर और उनके साथ के सभी शेड्यूल्ड कास्ट के वोट यदि हमें मिल जाते हैं, तो देख लेना, मैं कबीर को इतना चमका दूँगा कि लोग तुलसी का नाम भूल जाएँगे। अरे, किसी को बनाना या मिटाना अपनी मर्जी का खेल है।"

"तुलसीदास जी को पता नहीं, इस मामले में लोकशाही तानाशाही से भी भयावनी होती है।" ब बोली।

जिस समय ये लोग कबीर साहब के यहाँ पहुँचे, वे करघे पर कपड़ा बुन रहे थे। इन्हें देखकर उन्होंने हाथ से बैठने का इशारा किया। तीनों पास ही एक दरी पर बैठ गए।

अ ने उन्हें अपने आने का उद्देश्य बतलाया और कहा, "बाबा, हमारी पार्टी के राज में आपको इस तरह कपड़ा नहीं बुनना पड़ेगा। मशीनें लग जाएँगी कपड़े की। आप जैसे लोगों को तो हम किसी मिल का मैनेजिंग डाइरेक्टर नियुक्त कर देंगे।"

धागों में कहीं गड़बड़ हो गई थी, कबीर उसे सुलझाने में लग गए।

"आप एक बड़े सन्त ही नहीं, बड़े कवि भी हैं। मैं समझता हूँ, तुलसी से भी ऊँचे। बंगाली विद्वानों ने आपको तुलसी से ऊँचा बताया भी है। डॉ. नीहाररंजन राय ने तो यहाँ तक कहा है कि महाकाव्य के नाते तुलसी की कविता कबीर की तुलना में कहीं नहीं टिकती। कबीर में सामाजिक विद्रोह अधिक है। तुलसी का काव्य तो शरणागत का प्रतीक है।"

ब अ की ओर देखती रह गई। धरती पर ये उसी की शायरी के वाक्य थे। इन्हें उसने प्रतिवाद करने की नीयत से 'इंडियन लिटरेचर' नामक अंग्रेजी पत्रिका से नोट किया था। अ ऐसी पत्रिकाएँ क्यों पढ़ने लगे!

अ ने अपनी बात जारी रखते हुए आगे कहा, "डॉ. राय ने यह भी कहा है कि तुलसी में अन्य भक्त-कवियों की-सी रागात्मकता भी नहीं है। उनका सन्देश खोखला है और उनके साहित्यिक गुण शून्य हैं।"

कबीर सिर्फ सुनते रहे।

"तुलसी से श्रेष्ठ कवि होते हुए भी धरती पर आपका इतना प्रचार-प्रसार नहीं हुआ जितना तुलसी का। मैं आपको विश्वास दिलाता हूँ कि हमारी सरकार आपकी महत्ता को स्थापित करने की पूरी-पूरी कोशिश करेगी। आपकी रचनाओं

पर पारितोषिक घोषित करेगी। 'साहित्य अकादमी' से भारी संख्या में प्रतियाँ छपवाकर जनता में बाँटेगी।"

कबीर के माथे पर न जाने क्यों सिलवटें पड़ गईं।

"हमें यदि आपका वोट और आपके सभी शेड्यूल्ड कास्ट भक्तों के वोट मिल जाते हैं, तो मैं आपको यह भी आश्वासन देता हूँ कि हमारी सरकार आपकी विचारधारा के अनुरूप मूर्तिपूजा का विरोध करेगी। गुंडों के हाथ मन्दिरों की मूर्तियाँ तुड़वा फेंकेगी। पूजा-अर्चा जैसे उपासना के आडम्बरों को खत्म करने के लिए बागों में फूल नहीं खिलने देगी, जंगलों के चन्दन वृक्ष कटवा फेंकेगी और रुद्राक्ष-मालाओं का आयात बन्द कर देगी।"

अब कबीर साहब ज्यादा देर तक सुन नहीं सके। वे करघे पर से उठे और अन्दर चले गए।

अ, ब, क तीनों को इससे बड़ा आश्चर्य हुआ। तभी अन्दर से एक औरत आई जो शायद दासी थी। आते ही कहा, "आप लोग क्या कबीर साहब से मिलने आए हैं?"

"हाँ।"

"वे तो यहाँ पर नहीं हैं। जिनसे आप बात कर रहे थे, वे कबीर साहब के एक सहायक हैं।"

"कबीर साहब क्या इन्द्रपुरी गए हुए हैं?"

"जी नहीं। आपको शायद मालूम नहीं। कबीर साहब छह महीने इस स्वर्ग में रहते हैं और छह महीने दूसरे स्वर्ग में। अभी पिछले महीने ही वे दूसरे स्वर्ग में गए हैं।" दासी ने कहा।

यानी चुनाव के बाद लौटेंगे! उफ्, यहाँ भी काम नहीं बन सका। अ ने सोचा और ठंडी साँस छोड़ते हुए वहाँ से उठे।

अ को यह बात बड़ी विचित्र लगी कि कबीर दो-दो स्वर्गों में रहते हैं। क्या ऐसा भी चलता है यहाँ? विमान में बैठे, तो उन्होंने क से इस बारे में पूछा। क ने कहा, "भाई, ठीक ही तो है जो कबीर अलग-अलग स्वर्गों में रहते हैं। धरती पर उनके फूल दो अलग-अलग जमातों ने नहीं बाँट लिये थे?"

एक दिन ये लोग गौतम मुनि के आश्रम की ओर निकले। अ को विश्वास था, गौतम मुनि आपना वोट उन्हीं को देंगे। लेकिन वे चाहते थे, गौतम उनका

ऋषि-मुनि समाज में प्रचार करें। उनका खयाल था, अहिल्या के अपमान को याद कर वे इन्द्र के खिलाफ प्रचार को अवश्य तैयार हो जाएँगे। तपस्वी हुए तो क्या! पत्नी के अपमान को भूले थोड़े ही होंगे।

जिस समय ये लोग पहुँचे, गौतम मुनि सांध्यकालीन प्राणायाम से अभी-अभी निवृत्त हुए थे। सबने जाते ही उनके पैर छुए। गौतम ने आशीर्वाद दिया, "निग्रही बनो।"

"हम आपसे एक और आशीर्वाद चाहते हैं महात्मन!" अ ने कहा। "बोलो-बोलो, क्या चाहते हो?"

तीनों उनके सामने एक आसन पर बैठ गए। अ ने कहा, "आपकी सेवा कर सकूँ, ऐसा अशीर्वाद दीजिए। हम चाहते हैं कि आप-जैसे महात्माओं के ये आश्रम उजड़े-उजड़े न रहें। ये जनता के भरे-पूरे विद्यापीठ बन जाएँ।"

"हमारे आश्रम आज भी छोटे-मोटे विद्यापीठ हैं वत्स! तुम्हें जो भी विद्या सीखनी हो, आश्रम में तुम्हारा स्वागत है।"

"महात्मन, मैं अपने उद्धार के लिए नहीं, सर्वसाधारण के उद्धार के लिए आपके पास आया हूँ और आपका आशीर्वाद चाहता हूँ। मैं चाहता हूँ, इन आश्रमों के लिए मैं वह कर दिखाऊँ जो अब तक इन्द्र नहीं कर सके।"

गौतम मुनि अ का आशय समझ गए। हँसकर बोले, "हमारा आशीर्वाद, अर्थात् हमारा वोट ही चाहते हो न तुम?"

"आपका ही नहीं महात्मन! समस्त ऋषि-मुनियों के चाहता हूँ। मुझे विश्वास है, आपके संकेत मात्र से मेरी यह अभिलाषा पूरी हो सकती है।"

"हाँ बाबा!" ब ने कहा, "समस्त मुनि समाज के वोट हमें मिलने ही चाहिए। अहिल्या माताजी का अपमान करनेवाला भोगी इन्द्र आखिर कितने वर्षों तक राज्य करता रहेगा?"

सुनकर गौतम एकदम गम्भीर हो गए। कुछ क्षणों के लिए वातावरण में मौन छा गया। फिर बोले, "हम तपस्वियों को राजनीति से क्या लेना-देना है!"

"ऐसा न कहिए बाबा!" ब ने कहा, "आप जैसे ज्ञानी-ध्यानी, त्यागी-तपस्वी जब राजनीति से तटस्थ हो जाते हैं, तो वह पतन की ओर अग्रसर होने लगती है—बौद्धिक और सांस्कृतिक पतन की ओर। भले ही फिर भौतिक ऊँचाइयों में वह आकाश को छूती हो।"

क ने कहा, "महात्मन, आप ठीक कहते हैं। योगियों-तपस्वियों को राजनीति से क्या मतलब, क्योंकि आप लोग सांसारिक झंझटों से अलग रहते हैं। लेकिन आप नहीं जानते, अब ऐसा जमाना आ गया है कि आप-जैसे तपस्वियों को इन एकान्त आश्रमों में नहीं, सांसारिक लोगों के बीच नगरों में बसना चाहिए। दुनिया के लिए न सही, खुद अपने लिए। तपस्वियों की पूछ अब जंगलों के नहीं, नगरों के आश्रमों में होती है।"

"हाँ बाबा!" ब ने कहा, "आश्रम का नगर या देश जितना ऊँचा, लोगों की नजरों में तपस्वी भी उतना ही ऊँचा। अपार श्रद्धा उमड़ पड़ती है उसकी ओर...पुरुषों की, स्त्रियों की। आपके यहाँ इन स्वर्ग के आश्रमों में भी कैसा सूना-सूना लगता है। धरती पर तपस्वियों के आश्रम देखिए, कैसे भरे-पूरे होते हैं। कोई चीज ऐसी नहीं जो मौजूद न हो। इसीलिए कुछ तपस्वी अपने को 'योगी' नहीं 'भगवान' कहते हैं। पता नहीं, भगवान भी यह जानते हैं या नहीं?"

सुनकर गौतम मुनि मुस्कुरा दिये।

ब ने आगे कहा, "युगों से आप इन आश्रमों में ध्यान-समाधि लगा रहे हैं, फिर भी आपको अभी तक इस बात का साक्षात्कार नहीं हुआ कि समाधि की तल्लीनता सांसारिक सुख...स्त्री-संग में भी सम्भव है। हमारे धरती के तपस्वियों ने कुछ ही वर्षों की साधना से यह साक्षात्कार कर लिया है। इससे स्पष्ट है कि सच्ची साधना इन एकान्त और शून्य आश्रमों में नहीं, नगरों के भरे-पूरे भवनों में ही हो सकती है। इसलिए आइए, जंगलों को त्यागकर आप लोग नगरों में आइए।"

"लोगों की...खासकर स्त्रियों की अपार भीड़ जब आपकी ओर उमड़ पड़ेगी, तब आप अनुभव करेंगे, आपकी तपस्या एकदम चौगुनी फलीभूत हो उठी है।" क बोले।

"इन स्त्री-पुरुषों में ऊँचे-ऊँचे घरानों के, ऊँचे-ऊँचे ओहदों के, इतना ही नहीं, चकाचौंध-भरी फिल्मी दुनिया तक के लोग होंगे। इन सबसे आश्रम धन्य हो उठेगा।" ब बोली।

क ने आगे कहा, "आप अपने इन आश्रमों की चिन्ता मत कीजिए। उजड़ भी जाएँगे तो क्या हानि, जब आपके शहरों के आश्रम सुख-चैन के सभी साधनों से भरे-पूरे होंगे!"

"वैसे अनेक विद्यापीठ खोलने की हमारी योजना है," अ बोले, "आप चाहेंगे, तो आपके नाम पर भी यहाँ एक विद्यापीठ खोल देंगे।"

तभी अन्दर से अहिल्या आ गईं। तीनों ने उठकर उन्हें प्रणाम किया।

"ये लोग वोट माँगने आए हैं भाई, क्या उत्तर दें?" गौतम ने अहिल्या से पूछा।

"देवी," ब ने कहा, "हमें विश्वास है कि समस्त ऋषि समाज इन्द्र के विरुद्ध वोट देगा।"

"अवश्य देगा। आप लोग चिन्ता मत कीजिए," अहिल्या ने कहा, "लेकिन एक बात मैं आप लोगों से कहना चाहती हूँ। बुरा मत मानिए।"

"हाँ-हाँ, अवश्य कहिए।"

"आपकी पार्टी ने एक बड़ी भूल की है। इन्द्र के विरुद्ध विश्वामित्र जी को खड़ा करना चाहिए था। आज भी उनके मन में इन्द्र के सिंहासन की अभिलाषा है। उनको खड़ा करते, तो वे इन्द्र से अपना पिछला बदला भी ले लेते तपस्या भंग कराने का।"

"हमारे दिमाग में आई थी यह बात," अ ने बात बनाते हुए कहा, "लेकिन हमने सोचा शायद वे राजी न हों। तपस्वी जो ठहरे। लेकिन आप विश्वास रखिए। अगली बार हम उनको अवश्य मौका देंगे।"

"धन्यवाद," अहिल्या ने कहा, "मैं उन तक पहुँचा दूँगी आपकी बात।"

"तो हम इस विश्वास के साथ आप लोगों से आज्ञा चाहते हैं कि समस्त ऋषि-मुनियों के वोट हमें ही प्राप्त होंगे।" अ ने उठते हुए कहा।

"अजी, यह क्या," अहिल्या बोली, "आप ऐसे ही कैसे चले जाएँगे। आप लोगों के लिए सोमरस लाती हूँ।"

आश्रम से बाहर आने पर रथ में बैठते हुए अ बोले, "आज तो बड़ा अच्छा काम हुआ भाई!"

अ की उन क्रान्तिकारियों से भी मिलने की योजना थी, जो भारत की आजादी के लिए शहीद हुए थे। एक दिन वे चन्द्रशेखर आजाद के यहाँ निकले। संयोग

की बात कि उस दिन भगत सिंह का शहीद-दिवस था। आजाद के मकान के निकट ही एक मन्दिर के बड़े प्रांगण में समारोह का आयोजन किया गया था। ये लोग जिस समय आजाद के यहाँ पहुँचे, वे उधर ही निकलने की तैयारी में थे। अ ने जब उन्हें बताया कि हमें सब क्रान्तिकारियों के वोट चाहिए, तो वे बोले, "आप बड़े अच्छे मौके पर आए हैं। आज भगत सिंह का शहीद-दिवस है। समारोह में सभी क्रान्तिकारी आपको मिल जाएँगे। जब समारोह सम्पन्न हो जाए, तो उनसे मिल लीजिए।"

"धन्यवाद!" अ ने कहा।

तभी ब बोली, "आप यदि समारोह के बाद मंच पर ही अ को दो शब्द कहने का मौका दें, तो बड़ा काम बन जाए।"

"मुझे कोई आपत्ति नहीं है।" आजाद ने कहा।

इसके बाद आजाद इन्हें समारोह-स्थल पर ले गए। स्वयं तो अध्यक्ष की प्रतीक्षा में द्वार पर खड़े रहे और इन्हें एक स्वयंसेवक के सहारे अन्दर बैठाया। पहली ही पंक्ति में।

प्रांगण काफी बड़ा था और पूरा भरा हुआ था। यह देखकर अ ने क से कहा, "यहाँ तो बहुत लोग हैं भाई! इनमें देखो तो कांग्रेस के भी कोई हैं?"

अ की बगल में बैठे एक क्रान्तिकारी ने यह सुना, तो वह बोला, "क्या आप धरती पर कांग्रेसी थे? इन लोगों में एक भी कांग्रेसी नहीं है। सभी-के-सभी क्रान्तिकारी हैं। पिछली शताब्दी के और इस शताब्दी के वे क्रान्तिकारी जो देश के लिए मर-मिटे थे या फाँसी पर चढ़ गए थे।"

"ओह, तो भारत की आजादी के लिए इतने लोगों ने अपने प्राणों की आहुति दी थी। मैंने तो दो-चार के ही नाम सुने थे। इतिहासों में भी इन लोगों का कहीं उल्लेख नहीं मिलता।" अ बोले।

"क्या कांग्रेसियों को आपने निमंत्रित नहीं किया?" क ने पूछा।

"किया था। लेकिन वे हम लोगों के समारोहों में कभी नहीं आते। वैसे वे स्वर्ग में हैं ही कितने-से। जो हैं वे भी पुराने लोगों में से ही हैं। नयों में से तो इधर कोई आ नहीं रहे हैं। लगता है आजादी ने कांग्रेसियों की उम्र लम्बी कर दी है।"

"अध्यक्ष कौन है आज की सभा का?"

"अली अहमद साहब हैं।" क्रान्तिकारी ने कहा।

"ऐसे राष्ट्रीय समारोहों की अध्यक्षता के लिए गांधी जी को बुलाते या नेहरू जी को।"

"नहीं, ये लोग हमारा निमंत्रण स्वीकार नहीं करते। एक-दो बार हम इन लोगों के पास इस सम्बन्ध में गए थे।"

"मैंने तो अली अहमद का नाम कभी सुना ही नहीं है।"

"अरे, आप सन 1915 के मांडले षड्यंत्र के उन चार क्रान्तिकारियों को नहीं जानते जिनके साथ अंग्रेजों ने अत्यन्त अमानुषिक व्यवहार किया था? अली अहमद उन्हीं में से एक हैं। वे फैजाबाद के रहनेवाले थे।"

"फिर भी किसी बड़े शहीद को अध्यक्ष बनाना चाहिए था।"

"आपने शहीदों को राजनेता समझ लिया है क्या कि यह छोटा शहीद और यह बड़ा शहीद? शहीदों में छोटा शहीद या बड़ा शहीद कैसे, जब सभी के लक्ष्य और बलिदान समान हों?"

"बात यह है भाई! "ब ने कहा, "जिस शहीद का नाम राजनेता की जबान पर चढ़ गया, वह बड़ा। बाकी के छोटे।"

"यह बात तो शायद शहीदों पर ही नहीं, और व्यक्तियों पर भी लागू है, नहीं?" क्रान्तिकारी ने मुस्कुराते हुए कहा।

अ ने कहा, "माना कि सभी शहीद समान हैं, तो आप भगत सिंह का ही शहीद-दिवस क्यों मना रहे हैं?"

"भगत सिंह बड़े हैं, इसलिए नहीं मना रहे। हम प्रतिवर्ष किसी एक ही शहीद का दिवस मनाते हैं। इस वर्ष भगत सिंह का मना रहे हैं। इससे सभी के साथ न्याय होता है और समारोह की छीछालेदर भी नहीं होती। वे ही पिटे-पिटाए भाषण सुनने को नहीं मिलते।"

"आपके यहाँ अध्यक्ष क्या मुसलमान ही होता है?"

"क्रान्तिकारी हिन्दू और मुसलमान लफ्जों को भूल से भी अपने मुँह से नहीं निकालता। नहीं, निकलते ही नहीं। ऐसी होती है उसकी मानसिकता। जान-बूझकर मुसलमान अध्यक्ष वे बनाते हैं जिन्हें धर्मनिरपेक्षता का ढिंढोरा पीटना होता है या मुसलमानों के वोट बटोरने होते हैं।" क्रान्तिकारी ने कहा।

तभी आजाद और भगत सिंह के साथ अध्यक्ष महोदय आ गए। उनके आते ही सब लोग एकदम उठ खड़े हुए। आजाद ने, जो इस समारोह के

सूत्रधार थे, अपने संक्षिप्त भाषण में अली अहमद का परिचय दिया और उनसे अध्यक्ष की कुर्सी पर आसीन होने की प्रार्थना की।

समारोह जिस ढंग से सम्पन्न हुआ, वह देखते ही बनता था। सीमित लोगों के संक्षिप्त किन्तु मधुर एवं सारगर्भित भाषण। फिर भाषणों में पिष्टपेषण नहीं। अध्यक्ष का भाषण भी आकाश में भटक रही कटी पतंग के समान नहीं। अतिशयोक्ति तो एक के भी मुख से नहीं।

भगत सिंह के भाषण में ओज था, करुण चीत्कारयुक्त। पुष्पहारों से वे इतने लद गए थे कि उतारते-उतारते उनके हाथ जरूर थक गए होंगे। हार भी कैसे तरह-तरह के थे। उन हारों को देखते हुए अ सोचने लगे, कल चुनाव जीत जाने पर उन्हें भी इसी तरह हार पहनाए जाएँगे। लेकिन यह कैसा फंक्शन है, जिसके फोटो न लिये जा रहे हों। वे अपने फंक्शन के फोटो ही नहीं, फिल्म उतारने की भी व्यवस्था करेंगे। जनता भी देखे, चुनाव जीतना क्या होता है! फिर इन्द्र का भी जी जलेगा देखकर।

समारोह समाप्ति की घोषणा के पूर्व चन्द्रशेखर आजाद ने लोगों को बतलाया कि एक राजनेता श्रीमान अ उनके सामने दो शब्द कहना चाहते हैं।

अ ने मंच पर जाकर क्रान्तिकारियों को सम्बोधित करते हुए कहा, "भाइयो, मेरा अहोभाग्य कि मुझे यहाँ आप लोगों के दर्शन प्राप्त हुए। आप सब वे महान लोग हैं जिन्होंने अपने देश के लिए प्राणों की बलि दे दी। आप-जैसी महान आत्माओं से भारत की जनता, उसका इतिहास धन्य-धन्य हो उठा है। देश के लिए मर-मिटनेवाले आप लोग दैहिक दृष्टि से भले ही मौत का ग्रास बन गए हों, देश के इतिहास में आपके नाम...आपका बलिदान अमर हो गया है। मुझे यह बताते हुए बड़े गर्व का अनुभव होता है कि आपकी महान कुर्बानियाँ आज आपके देश के राजनेताओं को देश के लिए सब कुछ बलिदान करने की नित्य प्रेरणा देती रहती हैं।..."

इसके बाद अ ने बतलाया कि उन्होंने स्वर्ग में लोकतंत्र के लिए कैसा संघर्ष किया और कैसे उसमें सफलता मिली। वे खुद इन्द्र के खिलाफ खड़े हैं। इसलिए नहीं कि उन्हें सत्ता का लोभ है, बल्कि इसलिए कि स्वर्ग में लोकतंत्र की जड़ मजबूती से जमाना है, जो इन्द्र के पुनः सत्तारूढ़ हो जाने पर कदापि सम्भव नहीं। वे युगों से तानाशाह रहे हैं। अन्त में अपनी पंचवर्षीय

योजना पर प्रकाश डालते हुए अ ने निवेदन किया कि वे सब उनकी पार्टी को ही वोट दें।

अ का भाषण समाप्त होने पर मंच पर बैठे आजाद पुन: खड़े हुए और बोले, "भाइयो, आप लोग इजाजत दें, तो मैं कुछ निवेदन करना चाहता हूँ।"

सभी एक मुख से बोल उठे—इजाजत है।

इस बीच अ मंच की एक कुर्सी पर आसीन हो गए।

आजाद ने कहा, "बड़ी प्रसन्नता की बात है कि स्वर्ग में लोकतंत्र आ गया है और यहाँ के नागरिकों को अपनी सरकार चुनने का अधिकार प्राप्त हो गया है। अब जो चुनाव हो रहे हैं उनमें एक ओर इन्द्र का दल है और दूसरी ओर श्रीमान अ का। अब सवाल है हम अपने वोट किसे दें।

"श्रीमान अ मेरी अपनी जानकारी के अनुसार हाल के दिनों में ही स्वर्ग में आए हैं। और इधर आने के पूर्व वे नीचे हमारे देश के एक प्रान्त के मंत्री थे। उन्होंने अपने भाषण में हमें बतलाया है और हम सभी जानते थे कि उन्होंने इन्द्र के खिलाफ यहाँ संघर्ष किया और अब वे उनके मुकाबले चुनाव में खड़े हैं। वे चाहते हैं कि हमारे वोट उनको मिलें।

"इस सम्बन्ध में मैं उन्हें अपनी दो बातें कहना चाहता हूँ, यद्यपि मैं जानता हूँ कि हममें से हर एक को अपनी-अपनी मर्जी के अनुसार वोट देने का अधिकार है। आप लोग मेरी बात से सहमत हो सकते हैं और नहीं भी। असहमत होने की सूरत में आप अपनी आपत्तियाँ भी बेझिझक पेश कर सकते हैं। मैं श्रीमान अ को आश्वासन देता हूँ कि हमारे वोट आपको ही मिलेंगे। हाँ, इस आश्वासन के साथ हमारी कुछ शर्तें हैं, जिनका आपकी सरकार को पूरा-पूरा ध्यान रखना होगा। ये शर्तें क्या हैं, श्रीमान अ अच्छी तरह से सुन लें।

"पहली शर्त तो यह है कि जिस प्रकार आपने इस बार जाने या अनजाने हम क्रान्तिकारियों को राजनीति में नहीं घसीटा और चुनावों के चक्कर में नहीं डाला, भविष्य में भी ऐसा ही करेंगे। स्वयं हममें से भी कोई आपकी पार्टी में पहुँच जाए, तो आप उसे चुनाव-टिकट नहीं देंगे और दिया भी तो उस पर मंत्री-पद का भार नहीं डालेंगे। दूसरी बात, आपके शासन में जब भी और जहाँ भी कोई अन्याय या अत्याचार की बात हो, तो उसके प्रतिकार का भार

आप हमी लोगों के कन्धों पर डालेंगे। स्वयं इस भार से दूर रहेंगे। मैं आपको विश्वास दिलाता हूँ कि इस काम में हम लोगों को शहीद भी होना पड़ा, तो हम बिना आगा-पीछा सोचे बराबर शहीद हो जाएँगे। तीसरे, यदि हमारे प्रतिकार से अन्याय-अत्याचार दूर हो जाते हैं, तो उसका श्रेय आप हमें नहीं देंगे। उसे अपने नाम दर्ज करते रहेंगे। चौथे, आप नित्य हमें क्रान्तिकारी कहते रहेंगे, भूल से भी देशभक्त नहीं कहेंगे। पाँचवें, भले ही हम नेक-से-नेक काम में शहीद हो गए हों, हमारे पीछे आप हमारी माँ, बहनों या भाइयों को कभी कोई पुरस्कार या पेंशन नहीं देंगे, फिर वे कितने ही असहाय बनकर भूखों मर रहे हों। और अन्तिम बात, आप हम शहीदों की प्रतिमाएँ भी कहीं स्थापित नहीं करेंगे, जिससे आपके दल की प्रतिष्ठा को बट्टा न लगे।

"भाइयो, बस यही पाँच-छह बातें हैं। श्रीमान अ विचार कर लें और हमें जवाब दें। मैं जानता हूँ ये सभी बातें ऐसी हैं जिनका पालन किसी पार्टी और उसकी सरकार को कर पाना मुश्किल है। लेकिन ये ऐसी बातें हैं जिनके पालन से कोई भी पार्टी या सरकार स्वयं तो महान बनेगी ही, अपने राष्ट्र और राष्ट्र के इतिहास को गौरवान्वित भी करेगी।

"भाइयो, आपमें से जिनको मेरी किसी भी बात पर आपत्ति हो, तो वे उठकर कह सकते हैं। हाँ, अपनी बात कहते समय इस बात का बराबर ध्यान रखें कि आप सच्चे क्रान्तिकारी रहे हैं, देश के लिए आपने निःस्वार्थ भाव से प्राणों की आहुति दी है।"

किसी ने कोई आपत्ति नहीं उठाई। सबने एक स्वर में कहा, "हम आपकी बात से सहमत हैं।"

यह सुनकर आजाद ने कहा, "बस तो फिर, श्रीमान अ हमें यदि आश्वासन दे देते हैं कि वे हमारी एक-एक बात का ध्यान रखेंगे और उन पर अमल करने की पूरी-पूरी कोशिश करेंगे, तो आप सब की ओर से मैं उन्हें आश्वासन देता हूँ कि हम लोगों के वोट उन्हीं को मिलेंगे।"

यह सुनना था कि अ एकदम उठ खड़े हुए और बोले, "मैं आपको आश्वासन देता हूँ कि मेरा दल और मेरी सरकार आपकी एक-एक बात का पालन करने की भरसक कोशिश करेगी।"

अ की बात समाप्त हुई-न-हुई कि उधर प्रांगण करतल ध्वनि से गूँज उठा।

अ मन-ही-मन इतने खुश हो उठे थे कि घर लौटने के लिए जब रथ में बैठे, तो बोले, "आज तो हमारा बड़ा शुभ दिन था, भाई!"

"शुभ दिन...या अशुभ दिन?" ब ने कहा।

"अशुभ कैसे? तुम समझती हो, चन्द्रशेखर जी ने हमें झूठा आश्वासन दिया है?"

"चन्द्रशेखर जी राजनेता थोड़े ही हैं जो झूठा आश्वासन देंगे," ब ने कहा, "क्या कहें, तुम लोग कुर्सी के पीछे इतने दीवाने होते हो कि तुम्हें यह भी खयाल नहीं रहता कि हमसे कोई क्या आश्वासन ले रहा है।"

"क्यों, तुम समझती हो, मैंने उन्हें कोई गलत आश्वासन दे दिये हैं या ऐसी असम्भव बातें मान ली हैं, जिन्हें हमारी सरकार पूरा नहीं कर सकेगी?"

ब ने अपना माथा ठोंक लिया और कहा, "नहीं, गलत नहीं और असम्भव भी नहीं। बिलकुल सही और सहज सम्भव बातें मानी हैं तुमने। खूब पालन करो उनका और अपनी पार्टी के नाम के साथ-साथ अपने राष्ट्र को भी गौरवान्वित करो।"

अ ने सुना था कि स्वर्ग में धरती के वैज्ञानिकों की एक प्रयोगशाला है और वहाँ ये वैज्ञानिक शोधकार्य करते रहते हैं। इनके वोटों के लिए अ एक दिन इस प्रयोगशाला की ओर निकल पड़े।

जिस समय ये वहाँ पहुँचे, वैज्ञानिकों का टी-टाइम था। अतः अ को सभी कॉमन रूम में मिल गए।

एक वैज्ञानिक ने उनका स्वागत किया और कहा, "कहिए, कौन चाहिए आपको?"

"देखिए, मैं आप सभी लोगों से मिलने आया हूँ। बात यह है..."

और अ ने वैज्ञानिकों को बताया कि इन्द्र के खिलाफ चुनाव में खड़े होनेवाले अ वही हैं। स्वर्ग में लोकतंत्र की स्थापना के लिए जो संघर्ष हुआ, उसमें उन्हीं का हाथ था। और अन्त में निवेदन किया कि वे लोग तानाशाह इन्द्र को नहीं, उन्हीं को अपने वोट दें।

"आप यहाँ चुनाव वगैरह के चक्कर में पड़े ही क्यों?" एक बड़े-से वैज्ञानिक ने कहा, "क्या धरती पर भी ऐसे ही फालतू कामों में वक्त जाया करते थे?"

अ से कुछ जवाब नहीं बन पड़ा। ब और क आज साथ नहीं थे जो ऐसे मौकों पर उन्हें सँभाल लेते थे।

"इनके कपड़ों और डीलडौल से तो यही लगता है कि धरती पर ये ऐसे ही चक्करों में रहते होंगे।" कोने में बैठे एक वैज्ञानिक ने सिगरेट का धुआँ छोड़ते हुए कहा।

"मैं वहाँ वर्षों तक एक प्रान्त के मंत्रिमंडल में था।" अ ने अपनी धाक जमाने की दृष्टि से कहा।

"यानी आप राजनीति की एक ऊँची प्रयोगशाला के एक वैज्ञानिक थे," उनका स्वागत करनेवाले पहले वैज्ञानिक ने कहा, "जहाँ तक हम जानते हैं, आप अपनी सभी प्रयोगशालाओं में प्रतिवाद, भ्रष्टाचार गुंडागिरी, भाई-भतीजावाद-जैसे तत्त्वों को लेकर उन्हें ऐसे सूत्रों-फार्मूलों में बद्ध करने की खोज में संलग्न रहते थे जो चुनाव-दर-चुनाव आपकी जगी हुई सत्ता को मजबूत बनाते चले जाएँ। इच्छित फार्मूलों तक पहुँचने के लिए आप इन विभिन्न तत्त्वों की खप सकनेवाली मात्रा पर मात्रा जनता पर आजमाते थे। जनता पर आपके ये प्रयोग ऐसे ही थे, जैसे हम अपने प्रयोग चूहों पर करते हैं।"

"नहीं, हमने प्रयोग नहीं किये," अ ने कहा।

उस वैज्ञानिक ने जैसे सुना ही नहीं। आगे बोला, "जातिवाद-भ्रष्टाचार आदि के प्रयोग में आपने कभी इस बात का विचार नहीं किया कि ये जनता के लिए कितने खतरनाक सिद्ध हो सकते हैं। ऐसे खतरनाक कि देश की शिक्षा-संस्कृति के लिए एटम बम की भाँति विध्वंसक बन सकते हैं। नहीं, आपने विचार नहीं किया। आप बस नित्य यही सोचते थे कि हर सूरत में चुनाव-दर-चुनाव सत्ता हमारे ही हाथों में रहे। खैर, इसके लिए आप अकेले दोषी नहीं थे। आप लोगों का वह एक टीम वर्क था। अब आप स्वर्ग में आ गए हैं। मैं उम्मीद करता हूँ, यहाँ आप ऐसे नुस्खों को आजमाने के चक्कर में नहीं रहेंगे।"

"मैं आपको वचन देता हूँ कि ऐसा कोई काम नहीं करूँगा।" अ ने एक अपराधी की भाँति कहा। क्या करते, वोट जो चाहिए थे। और फिर उन लोगों

को प्रलोभन देते हुए वे बोले, "देखिए, मेरी सरकार आपकी प्रयोगशाला को, आप जितनी चाहेंगे, ग्रांट देगी।"

"नहीं, हम चाहते हैं, पूरी प्रयोगशाला सरकार ही अपने हाथ में ले ले," उसी पहले वैज्ञानिक ने कहा, "और इसमें आप ऐसे अधिकारियों को नियुक्त कर दें कि हममें से कुछ वैज्ञानिक आत्महत्या करने को विवश हो जाएँ। ...बोलिए, आपको मंजूर है?"

"जैसा आप कहें, हमें क्या," अ ने कहा, "लेकिन आप आत्महत्या की बात क्यों करते हैं? अपने काम से ऊब या अप्रियता के कारण ही न? इस सूरत में आप देह से छुट्टी की क्यों सोचते हैं? प्रयोगशाला से छुट्टी की क्यों नहीं सोचते? बाहर भी आपको शोध के कम अवसर नहीं हैं। जैसे आतिशबाजी की नई-नई चीजें बना सकते हैं, रासायनिक पदार्थों की मदद से जादू के नये-नये खेल खोज सकते हैं या बच्चों के तरह-तरह के खिलौने तैयार कर सकते हैं। साथ ही, मैं समझता हूँ, अभी जूतों के पॉलिश पर भी जैसा चाहिए काम नहीं हो पाया है। ब्रश से रगड़कर अब भी उसे चमकाना पड़ता है। पॉलिश में ही ब्रश बैठाया जा सकता है।"

"आपके सुझावों के लिए धन्यवाद!"

अ अब उठे और हाथ जोड़ते हुए सबसे कहा, "तो मैं उम्मीद करता हूँ आप सभी अपने वोट मेरी पार्टी को देंगे।"

घर लौटते हुए अ को न जाने क्यों ऐसा लगा कि उनका स्वागत करनेवाला और फार्मूले की बात छेड़नेवाला वैज्ञानिक कहीं विनोद शाह तो नहीं था, जिसने धरती पर आत्महत्या कर ली थी।

अ देवताओं के यहाँ भी गए। देवताओं को भी उन्होंने उनकी रुचि, योग्यता और प्रतिष्ठा के अनुरूप प्रलोभन दिये। उनकी ओर जब भी निकलते, शशांक को जरूर साथ लेते, क्योंकि वे ही उन लोगों के बारे में अच्छी तरह जानते थे। दूसरे अ शशांक को दिखाना चाहते थे कि जो शिक्षित हैं, उनमें किस प्रकार प्रचार किया जाता है।

जो मनहूस देवता थे, केवल विशिष्ट परिवार में जन्मने या विशिष्ट स्कूलों में पढ़ने के कारण अपने को अति श्रेष्ठ मानकर समाज-विमुख प्रतिष्ठा जीना पसन्द करते थे, अ ने उनसे कहा कि हम आपको उच्च सरकारी पदों पर नियुक्त कर देंगे।

ऐसे देवता जो अपने को प्रकांड पंडित मानते थे और आलसी होते हुए भी प्रतिष्ठा, नाम और पद के भूखे थे, उन्हें आश्वस्त किया कि हम आपको विश्वविद्यालय में किसी डिपार्टमेंट का हेड नियुक्त कर देंगे।

ऐसे अघोरी देवता, जो खाने में कुछ भी खा सकते थे, उन्हें वचन दिया कि हम आपको जनकार्य विभाग में नियुक्त कर देंगे। वहाँ आप ईंट-चूना, मिट्टी-गारा ही नहीं, सीमेंट-लोहा भी खा सकेंगे।

ऐसे देवता जो दो और दो पाँच कर दिखाने का चमत्कार जानते थे, उन्हें सरकारी कामों के कांट्रैक्टर बना देने के लोभ दिखाए।

जिन धन्वन्तरियों की प्रैक्टिस जैसे-तैसे चलती थी, उन्हें मेडिकल ऑफिसर या सिविल सर्जन नियुक्त कर देने का वादा किया।

जो थल में जल और जल में थल का भ्रम पैदा कर देने में माहिर थे, उनसे कहा, "बड़े दुख की बात है कि इन्द्र के राज्य में आपकी विद्या का कोई उपयोग नहीं। जब यहाँ वकालत का पेशा ही नहीं तो आप कैसे चलाते होंगे। इन्द्र का शासन इतना पिछड़ा हुआ है कि यहाँ वकालत के पेशे को कोई स्थान ही नहीं। मैं आपको विश्वास दिलाता हूँ कि हमारी सरकार राज्य का ऐसा विकास करेगी कि उसमें आप जैसे लोगों को अपनी विद्या का उपयोग करने का पूरा-पूरा अवसर मिलेगा। फिर तो आप चुटकी बजाते हजारों-लाखों की कमाई कर सकेंगे।"

जो साहित्यकार थे उनसे बोले, "आपको भाषा-समितियाँ, साहित्य अकादमियों, आकाशवाणी, दूरदर्शन, सरकारी पत्रिकाओं आदि में काम करने का अवसर देंगे। तब तो आप कलम चलाएँ या न चलाएँ, साहित्यकार बने ही रहेंगे। साथ ही आपका सामान्य साहित्य भी उच्च कोटि का कहा जाएगा।"

अन्य देवताओं को इस प्रकार प्रलोभन दिये—

जो मूर्ख, किन्तु सम्पन्न थे, उनसे फिल्म बनाने के साधन जुटा देने की बात कही। जिनके बाल बढ़े थे, भड़कीले रंगों के बेढंगे कपड़े पहनते थे और हाथ-पैर नचाने में माहिर थे, उनके सामने फिल्म कैरियर का बखान किया और कहा—सरकार हर तरह कोशिश करेगी कि फिल्मी परदे का बेपरद विकास हो। व्यापारियों से बोले कि उन्हें अनाप-शनाप दाम बढ़ाने, जमाखोरी करने, कर-चोरी, तस्करी आदि की छूट रहेगी। जमाखोरी और ऊँची कीमतों के लिए

वे चाहेंगे, तो सरकार चीजों की जिलाबन्दी या प्रान्तबन्दी भी कर देगी। बड़े किसानों से बोले—बैंकों का राष्ट्रीयकरण कर दिया जाएगा, जिससे ऋणों की वसूली के लिए उन पर कोई जोर-जबरदस्ती न हो सके।

उधर ब का शुभांगी के साथ देव-स्त्रियों में प्रचार चल रहा था। तरह-तरह के आश्वासन उसने भी दिये।

जो कुँवारी थीं, उनसे कहा कि हमारे राज्य में गर्भपात की छूट रहेगी। जो सुन्दर थीं, उन्हें ग्रामसेविका या नर्स बना देने के प्रलोभन दिये। जो सुन्दर नहीं थीं पर थोड़ा-बहुत लिख-पढ़ सकती थीं, उन्हें अध्यापिका बना देने और वेतन के साथ महँगाई भत्ते के नाम पर मेकअप अलाउंस देने की बात कही। विवाहिताओं को नौकरियों के साथ-साथ ड्यूटी के समय घर की बातों में समय जाया कर सकने के आश्वासन दिये। जो सुस्त थीं, उन्हें टेलीफोन एक्सचेंज की नौकरी देने की बात कही और जो स्मार्ट थीं, उनके लिए मंत्रालय में अतिरिक्त जगहें क्रिएट कर देने का वचन दिया।

चुनाव की तिथि ज्यों-ज्यों निकट आ रही थी, दोनों ओर से प्रचार जोर पकड़ता जा रहा था।

एक दिन क ने चिन्तित स्वर में अ से कहा, "मुझे लगता है, हमारी पार्टी मात खा जाएगी।"

"क्यों, क्यों मात खा जाएगी, जब हमारा प्रचार पूरे जोर-शोर से चल रहा है?" अ बोले।

"धरती पर विरोधी पार्टी कम जोर-शोर के साथ प्रचार नहीं करती थी। फिर भी जीतते हम लोग ही थे।" क बोले।

ब भी वहाँ थी। क की बात का समर्थन करती हुई बोली, "हाँ, यहाँ भी वही होगा। इन्द्र सत्ता में होने का फायदा उठा ले जाएगा।"

"क्या लोग, देश और जनता के प्रति हमारी जो निष्ठा है, उससे जरा भी प्रभावित नहीं होंगे?"

"धरती पर विरोधी पार्टियों का यही तो रोना था कि जनता निष्ठा की ओर नहीं, सत्ता की ओर खिंच जाती है।" ब ने कहा।

क बोले, "मैं समझता था, लोकमत को प्रभावित करना बाएँ हाथ का खेल है। लेकिन यहाँ आकर जाना, यह दाएँ का भी नहीं, यह तो सत्ता का खेल है।"

"हाँ," ब ने कहा, "तुम लोगों को इस बात का अनुभव नहीं कि सत्ता-वलय से अलग रहकर लोकमत कैसे प्रभावित किया जाता है।"

"तुम ठीक कहती हो," क बोले, "यहाँ मैं बिना सत्ता-वलय के अपने को निरा अपाहिज-सा अनुभव कर रहा हूँ। इसीलिए मैं चिन्तित हूँ।"

"हमारे नारों को और गहरा रंग दे दो।" अ ने कहा।

"क्या होगा इससे?" ब बोली, "यहाँ के लोग नंगे-भूखे नहीं हैं, न निरक्षर और पिछड़े हुए जो नारों के मंत्र से मुग्ध हो जाएँगे!"

"बेईमान और लोभी भी नहीं। नहीं तो हम धरती की तरह यहाँ भी वोट खरीद लेते।"

"कोई उपाय सोचो भाई!" अ ने हताश स्वर में कहा, "हमारी लुटिया कितनी ही फूटी हो, डूबनी नहीं चाहिए।"

"तुम ही अपने पिछले अनुभवों से कुछ सुझाओ।"

"जातिवाद, भाषावाद, साम्प्रदायिकता, क्षेत्रवाद वगैरह की आग भड़का दो।"

"और इसका लांछन विरोधी पार्टी पर लगा दो। वाह खूब!" ब ने कहा, "लेकिन यहाँ के समाज में जातिवाद वगैरह की बारूद नहीं है जो आग लग सके। इन्द्र को वोटों की जरूरत ही नहीं पड़ी कभी, सो उन्होंने यहाँ ऐसी बारूद बिछाने की ओर ध्यान नहीं दिया।"

अ का जैसे दिल ही बैठ गया। बोले, "लगता है हमारी लुटिया डूब जाएगी। एक ओर हमारे पास सत्ता नहीं है, दूसरी ओर लोग कंगाल, नंगे, भूखे और बेईमान नहीं हैं। उफ, कोई ऐसी सूरत नहीं बन सकती कि यहाँ के लोग एकदम नंगे-भूखे, असहाय और अभावग्रस्त हो जाएँ? फिर तो हमारे नारे एकदम प्रभाव दिखाने लगेंगे। पैसा भी फिर इतना झोंक देंगे कि वोट आप खिंचते चले आएँ। अरे, ये दीन-हीन लोग ही तो सच्चे भरोसे के लोग होते हैं। जिसे हम मजबूत सरकार कहते हैं, इन्हीं कमजोर लोगों से बनती है। कितना अच्छा हो, अगर स्वर्ग की खड़ी फसलें रातो-रात नष्ट हो जाएँ...भीषण वर्षा या तूफान से। ऐसे उत्पात उठ खड़े हों, जिनमें सारे उद्योग-धन्धे एकदम चौपट हो जाएँ। सामान्य जनता तभी कंगाल बनेगी, भूखों मरेगी और हमारी ओर आकृष्ट होगी।"

"जातिवाद और साम्प्रदायिकता की बारूद भी भड़क उठे और इसके लिए कहीं से एकदम दर्जन-दो दर्जन गुंडे आ जाएँ, नहीं?" ब ने व्यंग्य किया।

"क्यों नहीं यहाँ शैवों और वैष्णवों के बीच वैमनस्य पैदा कर दिया जाए? इससे हो सकता है, पूरे-के-पूरे शैव हमारी ओर आ जाएँ। भाई, किसी भी सूरत में हमारा जीतना जरूरी है। बस, एक बार चुनाव जीत जाएँ, अगली बार की चिन्ता नहीं। तब तो सत्ता हमारे हाथ में होगी और जनता को भी हम ऊँचे नारों से आकृष्ट होने लायक बना देंगे।"

"यानी नंगी-भूखी और कंगाल ही न?" ब ने कहा।

वह अ की अब तक की बातों से चिढ़ गई थी। पुन: बोली, "तो तुम्हारी योजनाएँ थोथी हैं, सारे आश्वासन खोखले हैं। जनता के साथ ऐसा विश्वासघात मुझे बिलकुल पसन्द नहीं। हमारा आदर्श देश को, जनता को ऊपर उठाने का होना चाहिए, पार्टी के हाथ में सत्ता बनाए रखने का नहीं।"

"देश को, जनता को भी हम ऊपर उठाएँगे, लेकिन यह तो तभी सम्भव होगा, जब हमारे हाथ में सत्ता होगी और सत्ता के लिए तुम जानती हो..."

ब ने बीच ही में कहा, "मुझे तुम्हारी यह ढुलमुल नीति बिलकुल पसन्द नहीं। साफ-साफ सुन लो, मैं तुम्हारी इस ढुलमुल नीति के साथ जरा भी सहयोग नहीं कर सकती। कल यदि आप चुनाव जीत जाते हैं, तो याद रखिए मैं आपकी जैसी विचारधारा के लोगों के खिलाफ आवाज उठाती रहूँगी।"

"तुम होश में तो हो?" अ ने क्रुद्ध होकर कहा, "इस तरह की बातें जानती हो, पार्टी के साथ बगावत है। मैं तुम्हें पार्टी से निकाल बाहर कर सकता हूँ।"

"निकाल बाहर करने की जरूरत नहीं। मैं खुद ही इस्तीफा दे दूँगी।"

इतना कहकर क्रोध में लाल-पीली होते हुए ब वहाँ से चली गई।

"यह क्या किया तुमने?" क ने कहा, "तुम्हें ब को इस तरह नाराज नहीं करना चाहिए था।"

इस पर अ ने कहा, "पार्टी का एक डिसिप्लिन होता है, जिसका पालन करना हर सदस्य का फर्ज है। ब के व्यवहार से लगता है, हमारी पार्टी में अभी से 'नया रक्त' पैदा हो गया है।"

"हो जाए," क ने समझाया, "समय के साथ ऐसा होता ही है। लेकिन होशियारी इसमें नहीं कि हम नये रक्त को पार्टी से निकाल बाहर करें। इससे

तो वह और खतरनाक सिद्ध होगा और हमारी समाजवादी प्रतिमा भी भंग हो जाएगी। हमें तो वास्तव में बाहर से भी नये रक्त को अपनी ओर खींचना चाहिए और अपनी छद्म नीतियों का इस चतुराई से पालन करना चाहिए कि वे भी खुश और हम भी खुश।"

दोनों के बीच इस तरह की बातें हो ही रही थीं कि तभी ब का इस्तीफा अ के पास आ पहुँचा।

यह देख अ और क दोनों उसकी ओर निकल पड़े। और अच्छा हुआ फौरन ही चल पड़े, क्योंकि जिस समय ये पहुँचे, ब पानी के एक-एक घूँट के साथ नींद की गोलियाँ निगल रही थी। अभी दो ही गोलियाँ निगली थीं कि ये पहुँच गए। क ने जब यह देखा, तो फौरन उसकी ओर बढ़े और शीशी झपट ली, यह कहते हुए कि क्या पागलपन कर रही हो! इससे सिद्धान्तों के प्रति निष्ठा सिद्ध नहीं होगी। हाँ, अखबारों में चार दिन नाम भले ही चमक जाए।

पराजय और प्रत्यागमन

देखते-देखते चुनाव का दिन आ धमका। स्वर्गलोक का पहला ही चुनाव। घर-घर से लोग बड़े उत्साह से वोट डालने निकल पड़े।

और फिर वह घड़ी भी निकट आ गई जब अ के और इन्द्र के भी भाग्य का निर्णय हो जाना था।

अ अपने क्वार्टर में बड़ी व्यग्रता से निर्णय की प्रतीक्षा कर रहे थे। ज्यों-ज्यों समय बीतता जा रहा था, उनके दिल की धड़कनें बढ़ती जा रही थीं। एजेंट जब ख़बर लाते कि वे लीड कर रहे हैं, तो उनकी आँखों के सामने इन्द्र का महल, उनका दरबार और दरबार का सिंहासन नाच उठता।...कभी दिखता कि इन्द्र नतमस्तक होकर इन्द्राणी और अपने बच्चों के साथ महल छोड़कर बाहर चले जा रहे हैं।...कभी मन-ही-मन कह उठते—कहाँ इन्द्रपुरी में रहने को जगह नहीं मिली थी और कहाँ अब उसी इन्द्रपुरी के राजमहल में ठाट से रहेंगे। और फिर हिसाब लगाते कि मंत्रिमंडल में कौन-कौन रहेगा।...किन्तु जब इन्द्र के लीड करने की खबर मिलती, तो चारों ओर अँधेरा-ही-अँधेरा छा जाता।

आखिर जीत इन्द्र की ही हुई। अ बुरी तरह परास्त हो गए। उनकी पूरी पार्टी ने ही बुरी तरह मात खाई। कुल 525 में से सिर्फ 11 उम्मीदवार सफल हुए जिनमें शशांक भी थे।

अ के सारे सपने धूल में मिल गए।...सब कुछ जैसे शून्य में बिला गया।...रह गई बस यातना, पीड़ा और वेदना। उन्हें लगा, वे स्वर्ग में नहीं, नरक में हैं। नरक में भी शायद किसी को ऐसी भयंकर यंत्रणा न भोगनी पड़ती हो।

जब संवेदना व्यक्त करनेवाले चले गए, तो वे पलँग पर जा पड़े और घंटों शून्य नजरों से छत की ओर देखते रहे। बीच-बीच में संवेदनाओं के स्वर गूँज उठते थे, जो उनके हृदय को बुरी तरह चुभ जाते थे।

कोई दो-तीन दिन बाद इन्द्र के दरबार का एक कर्मचारी अ के पास एक पत्र लेकर आया। पत्र इन्द्र का था, जिसमें उन्होंने अ को उनसे मिलने के लिए लिखा था।

पत्र पढ़ते ही अ क्रोध से भर गए। क्यों बुलाया है इन्द्र ने मुझे? अपमानित करने के लिए? यह जताने के लिए कि देख लिया मेरे खिलाफ बगावत करने का नतीजा क्या होता है! मेरी नाक काटने निकले थे, अपनी नाक दिखाओ तो जरा। नहीं-नहीं, मैं नहीं जाऊँगा इन्द्र के पास।

उन्होंने उस कर्मचारी से कह दिया, इन्द्र से कह दो कि मैं नहीं आऊँगा।

और उस दिन शाम को स्वयं इन्द्र उनके यहाँ आए।

उन्हें आया देखकर अ हैरत में पड़ गए। अपने हारे हुए प्रतिस्पर्धी के यहाँ स्वयं वे कभी नहीं गए थे।

इन्द्र का उन्होंने स्वागत जरूर किया, किन्तु दबा हुआ रोष उफन उठा। बोले, "आप मुझे अपमानित करने आए हैं न? क्या मुझे पराजित करके आपका दिल नहीं भरा?"

"मैं आपको अपमानित करने नहीं आया हूँ," इन्द्र ने शान्त स्वर में कहा, "लोकतंत्र में हार-जीत तो लगी ही रहती है। मैं आपके पास एक ऑफर लेकर आया हूँ।"

"ऑफर कैसा ऑफर!" अ ने कहा, "देखिए, मैं आपकी चालों में आनेवाला आदमी नहीं हूँ।"

"कैसी बात करते हैं आप!" इन्द्र बोले, "चालें...राजनीतिक चालें सीखने में मुझे अभी समय लगेगा। जब देखूँगा, विरोधी पक्ष प्रबल होता जा रहा है, तब शायद सीखनी पड़ जाएँ।"

अ इस पर कुछ नहीं बोले।

"देखिए," इन्द्र ने आगे कहा, "आप पराजित भले ही हो गए हों, स्वर्ग में लोकतंत्र की स्थापना का श्रेय तो आपको ही जाता है और इस श्रेय के लिए मैं चाहता हूँ कि आपको किसी प्रान्त का गवर्नर बना दूँ।"

"नहीं, मुझे श्रेय का पुरस्कार नहीं चाहिए। कितना ही ऊँचा क्यों न हो।" अ ने कहा।

"आपत्ति क्या है, जब अपने देश में स्वतंत्रता का पुरस्कार आपका अधिकार ही था।"

तभी दासी चाय ले आई।

"लीजिए, चाय लीजिए।" अ ने कहा।

"आप जब तक गवर्नरी नहीं लेते, मैं चाय नहीं लूँगा।" इन्द्र ने हँसते हुए कहा।

इन्द्र की मुस्कुराहट देखकर अ को लगा, इन्द्र का ऑफर ऊपरी नहीं, दिली है। फिर भी अपने देश के गवर्नरों के चेहरों को याद कर वे एकदम कुछ निर्णय नहीं कर सके। बोले, "चाय ठंडी हो जाएगी, आपका ऑफर तो नहीं।"

इन्द्र हँस दिये और ट्रे की ओर हाथ बढ़ाया।

मौसम आदि की बातों के साथ जब दोनों चाय पी चुके, तो इन्द्र ने उठते हुए कहा, "देखिए, आप मेरे ऑफर पर सोचकर बाद में भी जवाब दे सकते हैं। और यदि आप गवर्नरी पसन्द न करें, तो स्वयं अपनी ही कोई अभिलाषा प्रकट कर सकते हैं। बराबर पूरी की जाएगी। यों जनतंत्री सरकार किसी को गवर्नरी से बढ़कर ऊँचा पुरस्कार और क्या दे सकती है।"

अ दो दिन लगातार सोचते रहे, फिर भी कोई निर्णय नहीं कर पाए।

गवर्नरी के अलावा वे दूसरे पदों के बारे में भी सोचते रहे। क्या माँगें इस स्वर्ग में इन्द्र से? मंत्रिमंडल में स्थान नहीं मिल सकता। मंत्रिमंडल में प्रवेश नहीं तो स्वर्ग में रहकर भी स्वर्ग नहीं। किसी विश्वविद्यालय की वाइस-चांसलरी ली जा सकती है या केन्द्रीय लोकसेवा आयोग की अध्यक्षता। फिर गवर्नरी ही क्या बुरी है!

आखिर तीसरे दिन अचानक उनके दिमाग में आया क्यों न इन्द्र से कहें—मुझे वापस धरती पर भेज दीजिए...मेरे ही देश में। दुबारा जन्म लेकर वहाँ वही

पिछले जन्म की जिन्दगी क्यों न जीऊँ ठाट से—वही मंत्री बनकर! बस, एक बार धरती पर पहुँच जाऊँ, आगे की मैं खुद देख लूँगा। स्वर्ग की नगरी में वे ठाट कहाँ जो अपने देश के मंत्री-पद में हैं।...यहाँ स्वर्ग में मंत्री-पद की भविष्य में भी उम्मीद करना बेकार है। अपने देश-जैसी गरीब-दीनहीन-अनपढ़ जनता ही नहीं यहाँ, जो उम्मीद की जाए। बस, धरती पर लौट जाना ही तय रहा।

अ ने इन्द्र से जब यह बात कही, तो इन्द्र ने स्वीकार कर ली। कहा, "ठीक है, जैसी आपकी इच्छा। अच्छा होता यदि स्वर्ग में ही गवर्नर बनकर रह जाते या ऐसी कोई इच्छा प्रकट करते कि आपको स्वर्ग न छोड़ना पड़ता। इससे हम आपसे लोकतंत्रीय शासन का मार्गदर्शन प्राप्त कर सकते। खैर, मैं ब्रह्मा जी से आपके बारे में कह दूँगा। वे आपको आपके देश में भेज देंगे। मैं उनसे सिफारिश करूँगा कि वे आपको एक सुशिक्षित और सुसंस्कृत परिवार में भेजें। पहले-जैसे परिवार में नहीं।"

"नहीं-नहीं," अ ने कहा, "आप उनसे ऐसी कोई सिफारिश मत कीजिए। उनसे बस इतना कहिए कि वे मुझे ऐसे परिवार में भेजें जहाँ कमाई—मेहनत, योग्यता वगैरह पर निर्भर न हो।"

"मतलब जहाँ काले धन की बहुतायत हो, ऐसे ही परिवार में न?" इन्द्र ने मुस्कुराते हुए कहा।

सुनकर अ भी मुस्कुरा दिये।

"ठीक है, ऐसा ही होगा।" इन्द्र बोले।

"एक बात और, यदि आपको आपत्ति न हो।" अ ने कुछ सकुचाते हुए कहा।

"कहिए, कहिए।"

"मेरे देश में मेरी पार्टी की टोपी का रंग बाहर से सफेद और अन्दर से काला है। इन रंगों में कभी कोई परिवर्तन न हो।"

इन्द्र सुनकर हँसे। बोले, "क्यों, लौटकर फिर वही टोपी धारण करनी है क्या? खैर, ऐसा ही होगा।"

उस दिन रात को नींद आने से पहले अ नाना प्रकार के सपने देखते रहे...धरती के सपने। उन्हें लगा स्वर्ग में पराजित होकर उन्होंने महान स्वर्ग पा लिया है।

अ ने क और ब से कहा कि वे भी उनके साथ धरती पर चलें। इन्द्र से इसके लिए कहें। इन्द्र मान जाएँगे।

लेकिन उन दोनों ने धरती पर लौटना अस्वीकार कर दिया। क ने कहा, "मैं स्वर्ग में ही रहूँगा। और अब मैं दल बदल रहा हूँ। इन्द्र की पार्टी में काम करूँगा।" ब ने कहा, "मैं भी यहीं रहूँगी। सोचती हूँ, मंत्रालय में पर्सनल असिस्टेंटशिप के लिए अर्जी भेज दूँ।"

सुनकर अ बड़े निराश हुए।

अ ने भारत में पुनः जन्म ले लिया है।

इस लोक की दुर्घटना ने उन्हें दूसरे लोक पहुँचा दिया था। उस लोक की दुर्घटना उन्हें पुनः इस लोक ले आई।

दूसरे लोक की दुर्घटनाएँ, फिर वे स्वर्ग की हों या नरक की, अ को... नहीं, अ को ही नहीं, उनके भाईबन्द म-र-क-ट को भी इस देश में लाती रहेंगी...उन्हें बार-बार जन्म देती रहेंगी। अतः जो प्रबुद्ध हैं, वे सोचने को विवश हैं कि क्या आनेवाली पीढ़ियाँ अपने वर्तमान में आज के वर्तमान के ही दर्शन करती रहेंगी?